DAS unglaubliche Buch der COLLAGEN

Paula Gonzalez

MIDAS

Das unglaubliche Buch der Collagen

Midas Collection
Ein Imprint der Midas Verlag AG
ISBN 978-3-03876-298-0

2. Auflage

Übersetzung: Claudia Koch
Lektorat: Gregory C. Zäch
Layout: Ulrich Borstelmann
Cover: Agentur 21

Midas Verlag AG
Dunantstrasse 3, CH-8044 Zürich
E-Mail: kontakt@midas.ch
www.midas.ch

Englische Originalausgabe:
Laurence King Publishing Ltd, London
an imprint of Orion Publishing Group

Printed in China

MIX
Papier | Fördert gute Waldnutzung
FSC® C008047

Die deutsche Nationalbibliothek verzeichnet diese Publikation in der Deutschen Nationalbibliografie; detaillierte bibliografische Daten sind im Internet unter www.dnb.de abrufbar.

DAS unglaubliche Buch der COLLAGEN

Paula Gonzalez

MIDAS

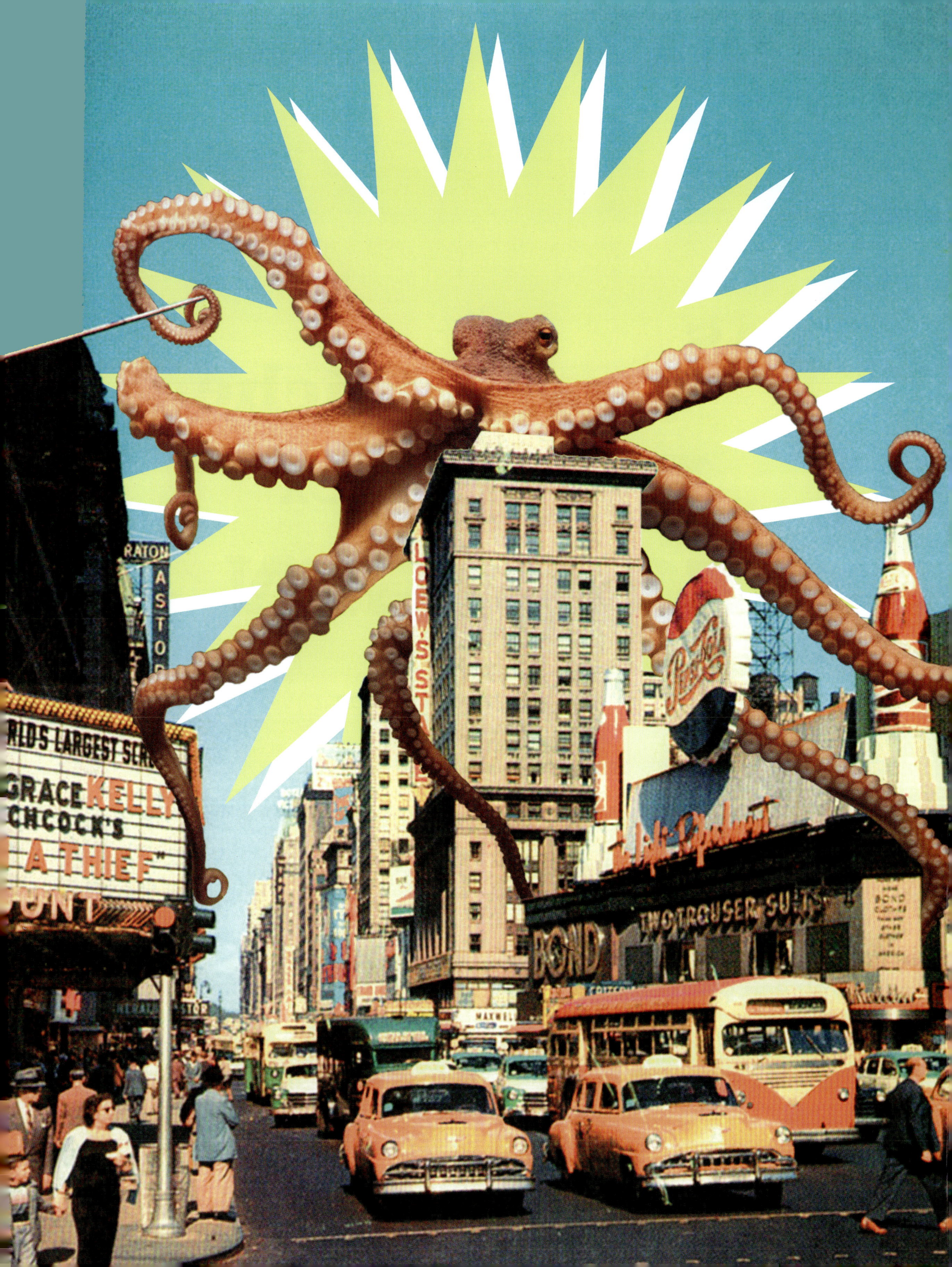
RLD'S LARGEST SCR
GRACE KELLY
CHCOCK'S
"A THIEF"
RATON
ASTOR
TWO TROUSER SUITS
BOND

Inhalt

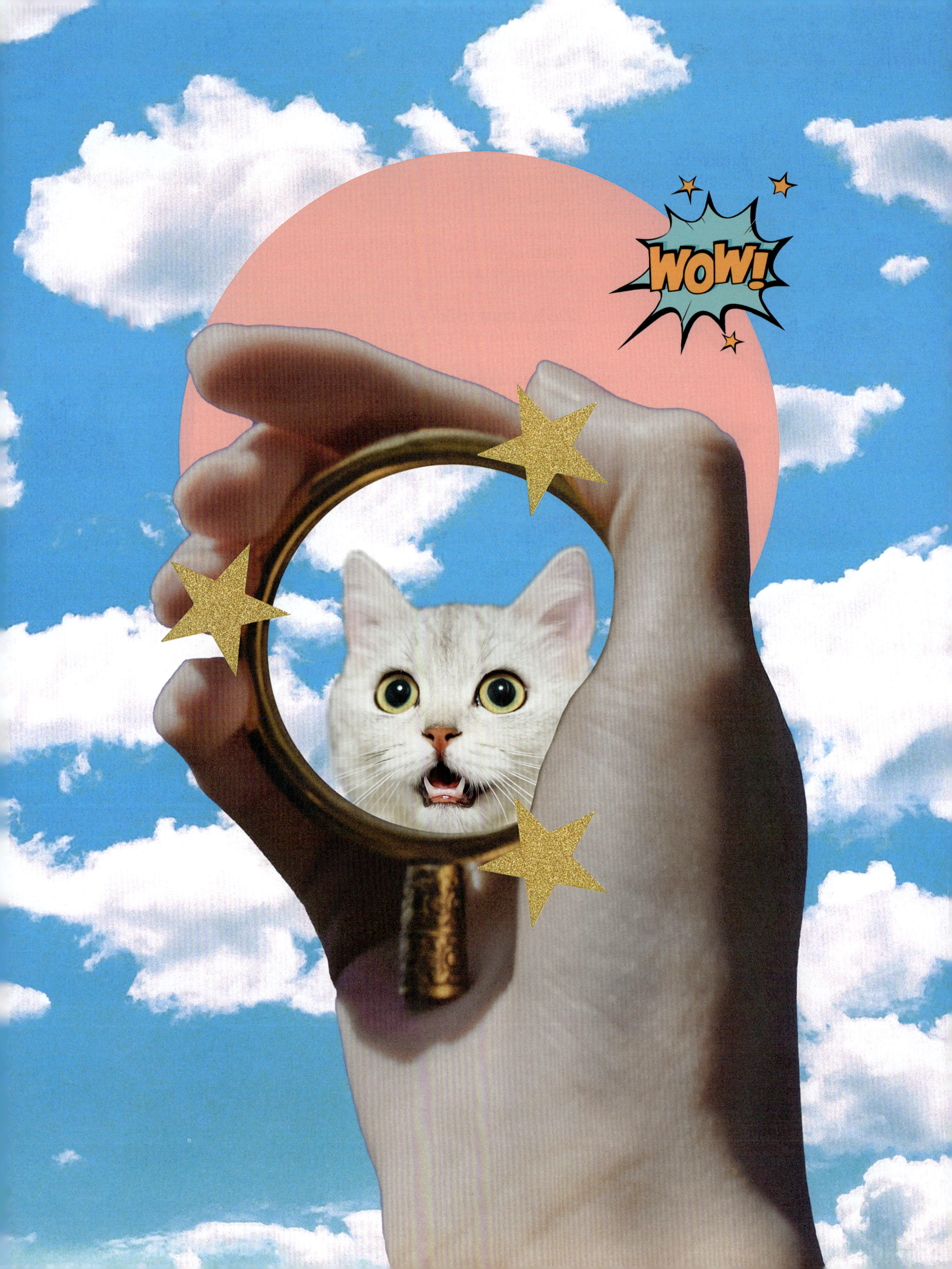
WOW!

Ein-führung

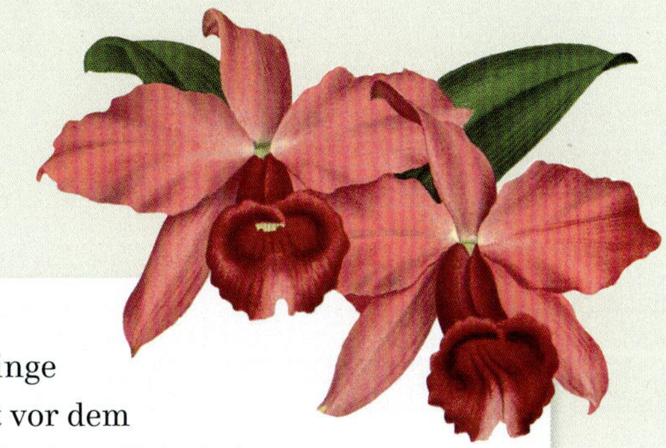

Ich konnte noch nie malen oder zeichnen. Aber ausschneiden und aufkleben? Das konnte ich. Und Sie können das auch.

Ich habe erst mit über 30 mit der Collage angefangen. Ich fand mich nicht besonders gut darin, aber es hat mir wirklich Spaß gemacht. Ich dachte, es wäre gut, etwas nur zum Spaß zu machen, anstatt es zu beherrschen oder es zu Geld zu machen. Langsam begannen mir meine Projekte ein bisschen zu gefallen. Manchmal mochte ich sie sogar, und so fing ich an, sie vorsichtig Fremden im Internet zu zeigen. Es dauerte Monate, bis ich meine Collagen Leuten zeigte, die ich tatsächlich kannte.

Jede Kunst, auch die Collage, ist in erster Linie für Sie da. Sie müssen es nicht einmal Kunstmachen nennen, wenn Sie das nicht wollen. Nennen Sie es Bildkuratierung, Assemblage oder Dekoration. Ich will nicht hören: »Ich bin nicht kreativ.« Jeder ist es. Es ist nur so, dass einige Menschen diese Seite von sich mehr entdeckt haben als andere.

Um damit zu beginnen, müssen wir den Kunstprozess entmystifizieren. Warum ist es für Kinder so einfach, Kunst zu machen, aber für Erwachsene so beängstigend? Es ist einfach ein Spiel. Fangen Sie jetzt an, ohne Ausreden. Denken Sie daran, dass es keinen Sinn ergeben oder ernst sein muss. Es kann absurd und albern und einfach und sogar hässlich sein. Auch hässliche Kunst verdient es, gemacht zu werden.

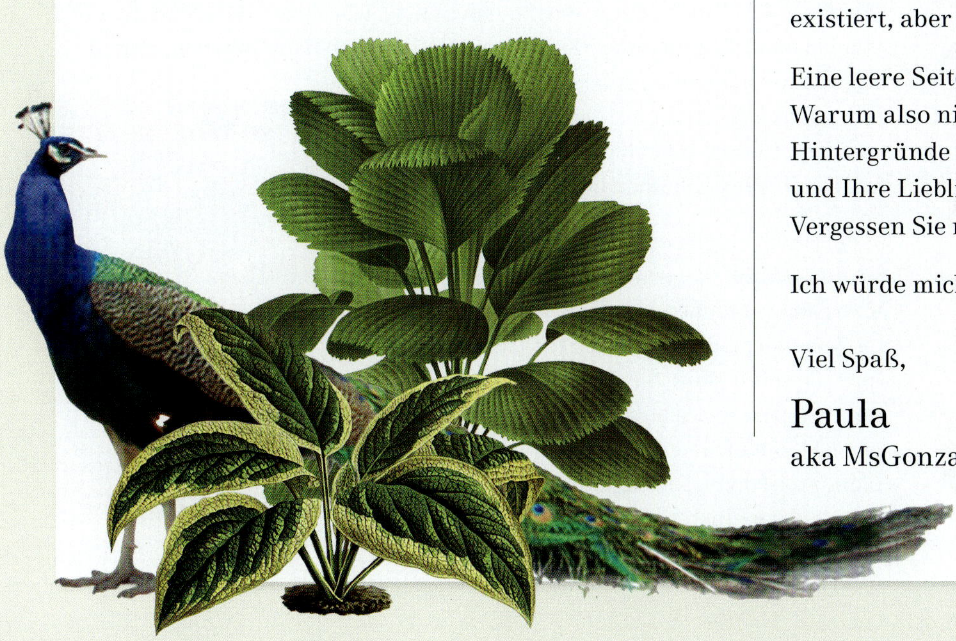

Heutzutage verbringe ich die meiste Zeit vor dem Computer und collagiere digital eingescannte Bilder. Aber es hat etwas Besonderes, den Bildschirm auszuschalten und nur mit den Händen, Schere und Kleber zu arbeiten.

Ich habe über 1500 Elemente zusammengetragen, in der Hoffnung, dass sie Ihre Kreativität anregen – egal, ob Sie sich für Collagen, Scrapbooking, Vision Boarding oder einfach nur für das Aufkleben von Dingen interessieren. Alle Bilder sind mit einem Schatten versehen, um das Ausschneiden zu erleichtern. Ein Skalpell und eine Schneidematte könnten für fummelige Arbeiten nützlich sein.

Ich liebe die Retro-Bilder der 60er-Jahre und auch die älteren Vintage-Illustrationen. Das Spiel mit dem Maßstab macht Spaß (und ist empfehlenswert), und das Hinzufügen von Menschen ist eines meiner Lieblingselemente der Collage. Ich habe deshalb eine möglichst große Vielfalt an Menschen dargestellt. Es gibt in diesem Buch auch moderne und sogar futuristische Elemente. Mischen Sie alles und sehen Sie, wohin es Sie führt.

Ich habe keine Anleitung für eine Collage erstellt, weil es, ehrlich gesagt, nicht viel zu tun gibt. Man schneidet aus, man klebt auf. Manchmal hat man einen Plan, manchmal nicht. Wenn das der Fall ist, spielt man so lange herum, bis man etwas findet, das einem gefällt. Wie Picasso sagte: »Inspiration existiert, aber sie muss dich bei der Arbeit finden.«

Eine leere Seite kann einschüchternd wirken. Warum also nicht mit einem der vollständigen Hintergründe vom Ende des Buches beginnen und Ihre Lieblingselemente darauf platzieren? Vergessen Sie nicht, Ihre Kreationen zu teilen!

Ich würde mich freuen, sie zu sehen.

Viel Spaß,

Paula
aka MsGonzalez

Inspiration

Auf den folgenden Seiten zeige ich Ihnen einige Beispiele, was Sie mit Collage anfangen können. Nutzen Sie sie ruhig als Inspiration, aber lassen Sie sich dadurch nicht einschränken. Vielleicht wollen Sie die Bilder lieber auf den Kopf stellen, ihnen den Kopf abreißen oder sie übermalen – die Möglichkeiten sind endlos.

Porträts

Eine der einfachsten und zugleich effektivsten Arten der Collage ist das Hinzufügen von Elementen zu einem alten Gemälde. Es gibt Tausende von Gemälden, die öffentlich zugänglich sind. Dieses Porträt einer Dame wurde 1842 von Karl Schweikart gemalt. Mir gefällt die Idee, diese Frau in der Zeit voranzubringen und ihr eine neue Geschichte zu geben. Vielleicht hat sie in einer epischen Schlacht ein Auge verloren oder eine Gruppe von Piraten angeführt. Vielleicht verließ sie das Haus immer nur mit einem herzförmigen Lutscher oder ihrer Herzbrille, vielleicht war sie eine große Geschäftsfrau, die von Grund auf ein Vermögen anhäufte, oder eine Art Robin Hood, der die Reichen bestahl, um es den Armen zu geben!

Hier sind nur 4 Beispiele, aber es gibt Hunderte von Möglichkeiten. Wenn Sie einen maximalistischen Ansatz wünschen, können Sie ihr mehr als ein Element hinzufügen (etwas in ihrer Hand und etwas auf ihrem Gesicht) oder einige Elemente in den Hintergrund stellen. Mehr oder weniger, das bleibt Ihnen überlassen.

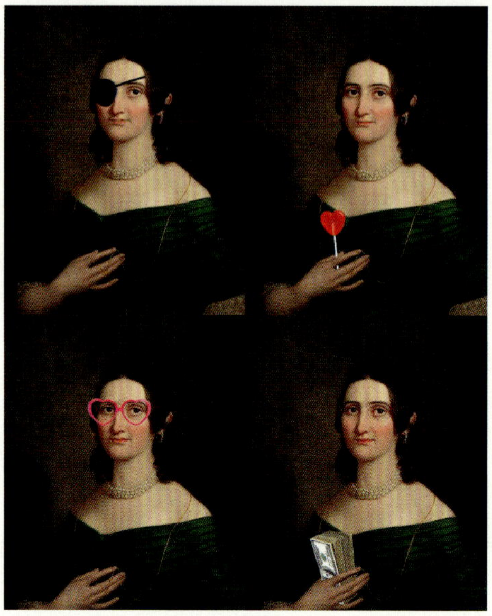

Persönliche Note

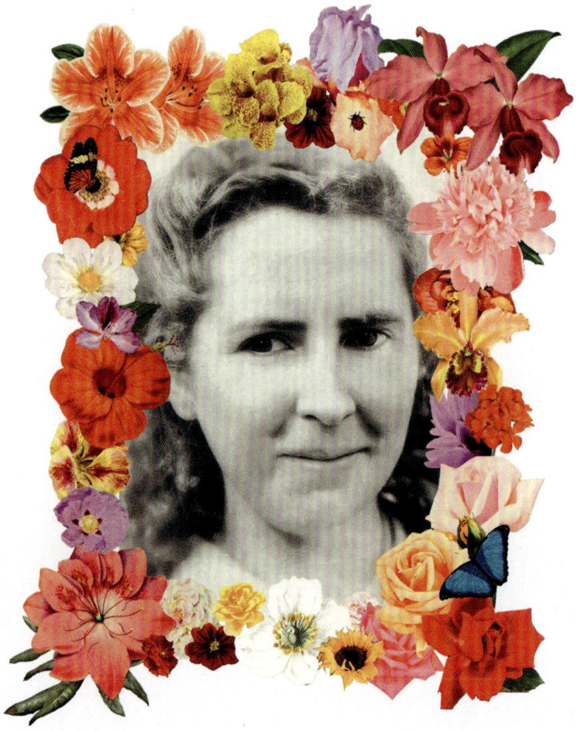

Tatsache ist, Collagen sind die besten Geschenke. Niemand wird dein Zeichentalent (oder das Fehlen desselben) in Frage stellen und jeder wird ein bisschen emotional, weil Sie an ihn oder sie gedacht haben.

Ich glaube, meine Großmutter hätte sich über dieses mit Blumen eingerahmte Porträt gefreut. Und das in einem Buch! Von ihrem Lieblingsenkelkind! Sie hätte wahrscheinlich gesagt, dass sie nicht mag, wie sie auf dem Foto aussieht, aber sie hätte sich über die Blumen gefreut, denn sie liebte Blumen, und ihr Haus war von ihnen umgeben. Sie war eine strahlende Frau und ich vermisse sie, und diese Collage fängt diese Strahlkraft und ihre Liebe zu Blumen ein.

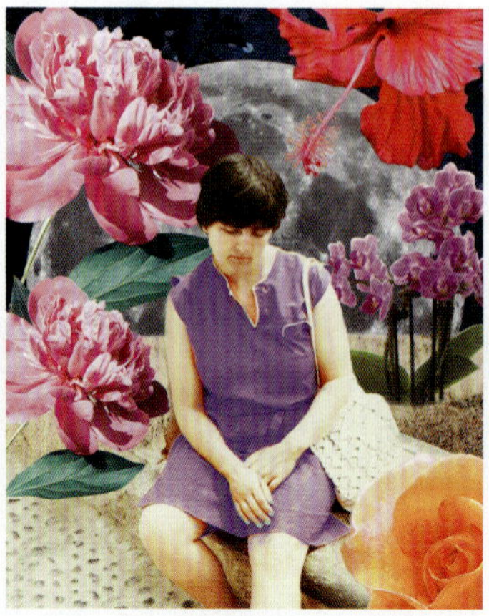

In diesem Buch gibt es viele Menschen, die Sie für Porträts verwenden können, aber am besten versuchen Sie es mit einem Foto von jemandem, den Sie lieben (das können auch Sie selbst sein). Sie eignen sich auch hervorragend für Geburtstagskarten. Die nachdenkliche Frau in Lila ist mein allererstes Porträt, das ich für den Geburtstag meiner Mutter gemacht habe.

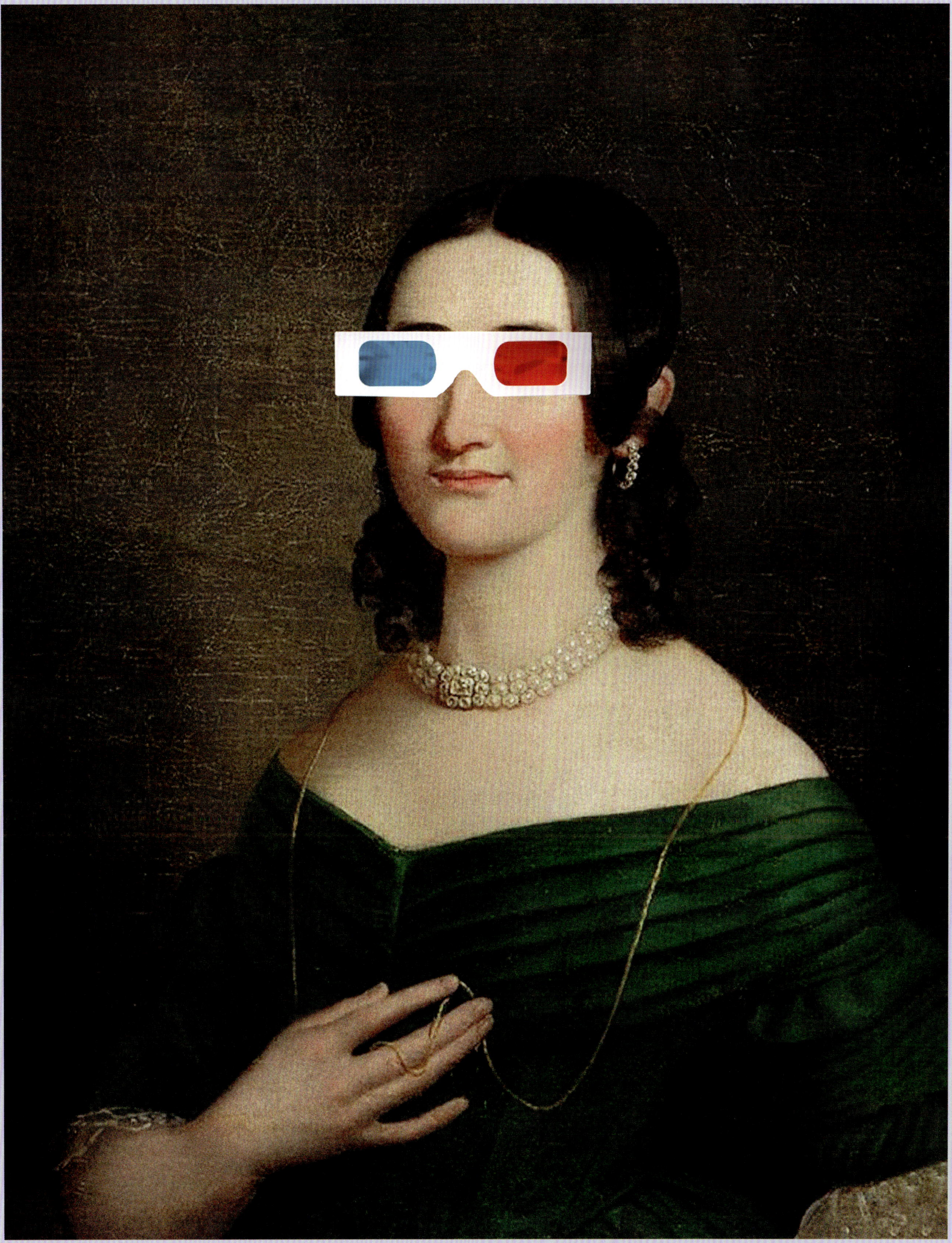

Maximalismus vs. Minimalismus

Ich bin von Natur aus nicht minimalistisch veranlagt; ich mag kräftige Farben und große Formen und füge gerne Text und Linien und alles, was ich kann, hinzu, wie Sie auf den nächsten Seiten sehen werden. Aber eine schlichte, einfache Collage hat etwas so Poetisches.

Stellen Sie sich der Herausforderung, mit nur zwei oder drei Elementen etwas Schönes zu schaffen, zumindest einmal. Bei der Collage können Sie so einfach oder so kompliziert vorgehen, wie Sie wollen. In diesem Bild kommt eine riesige Frau mit ihrer Armee von Raumschiffen in einem maximalistischen Traum in die Stadt. Einer von ihnen stiehlt frech ein Auto: Dazu habe ich die Unterseite eines gelben Dreiecks abgerundet und die Oberseite abgeschnitten, sodass es aussieht, als käme es direkt aus dem UFO. In diesem Buch gibt es zwei ganze Seiten mit Formen, aber Sie können das mit jedem beliebigen Papier zu Hause machen. Für einen noch futuristischeren Effekt könnten Sie sogar Küchenfolie verwenden! Ein Kompliment an den armen Kerl, der an ihrer Hand hängt. Ich bin sicher, dass es ihm gut gehen wird.

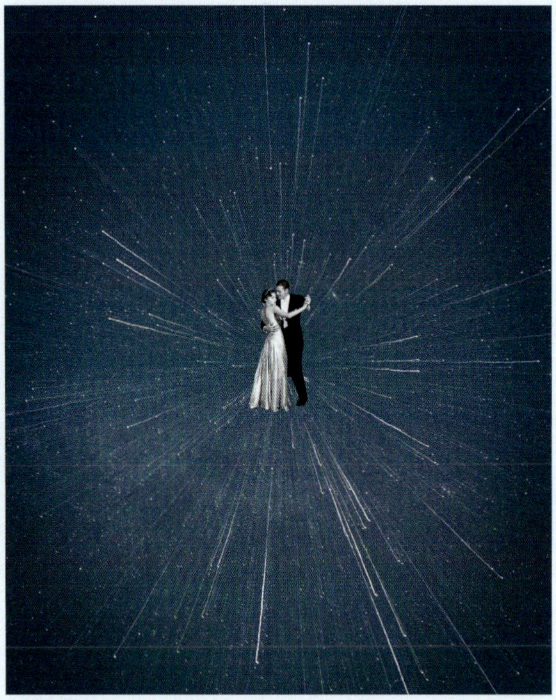

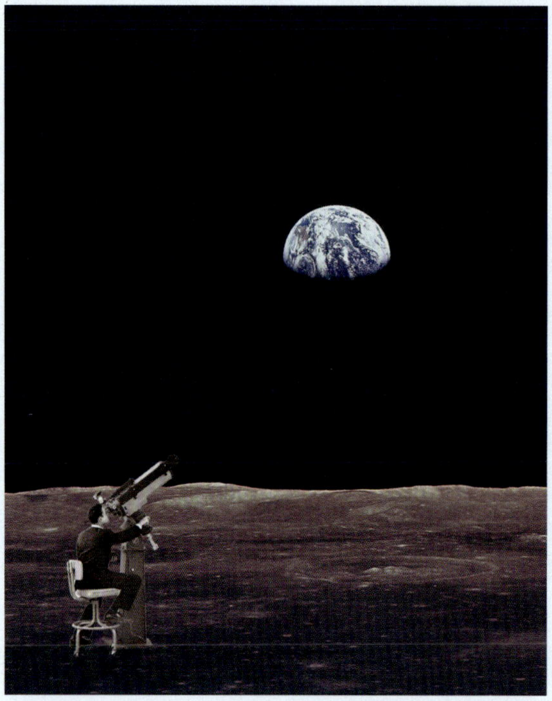

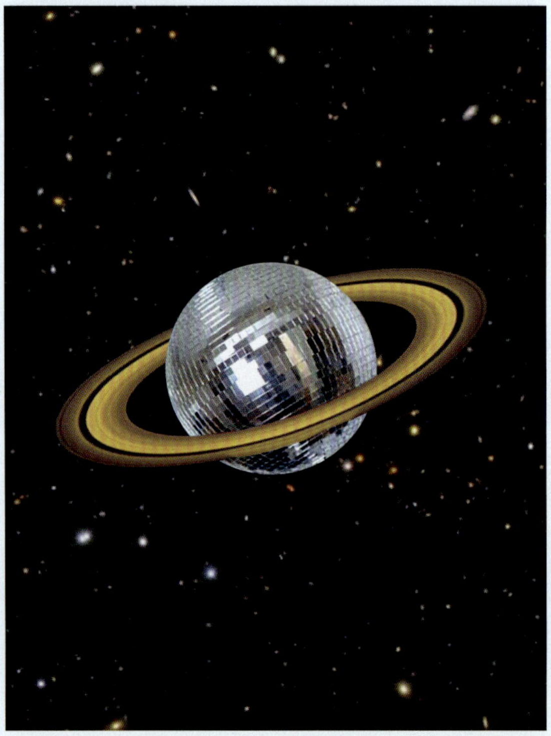

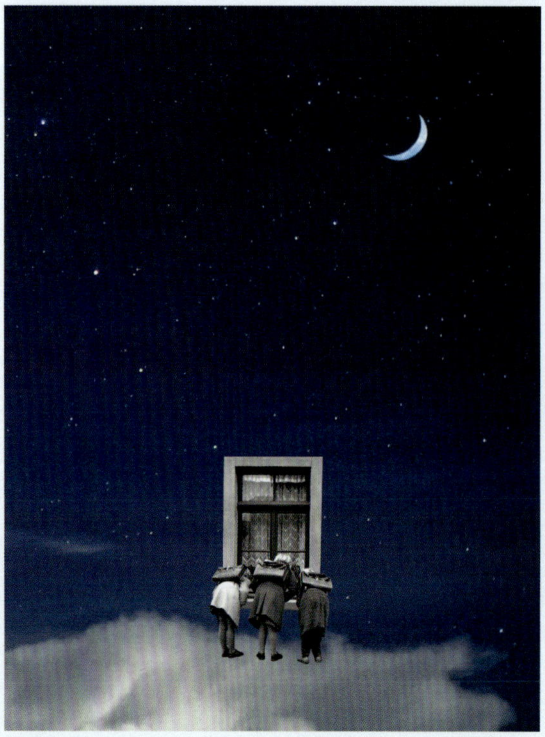

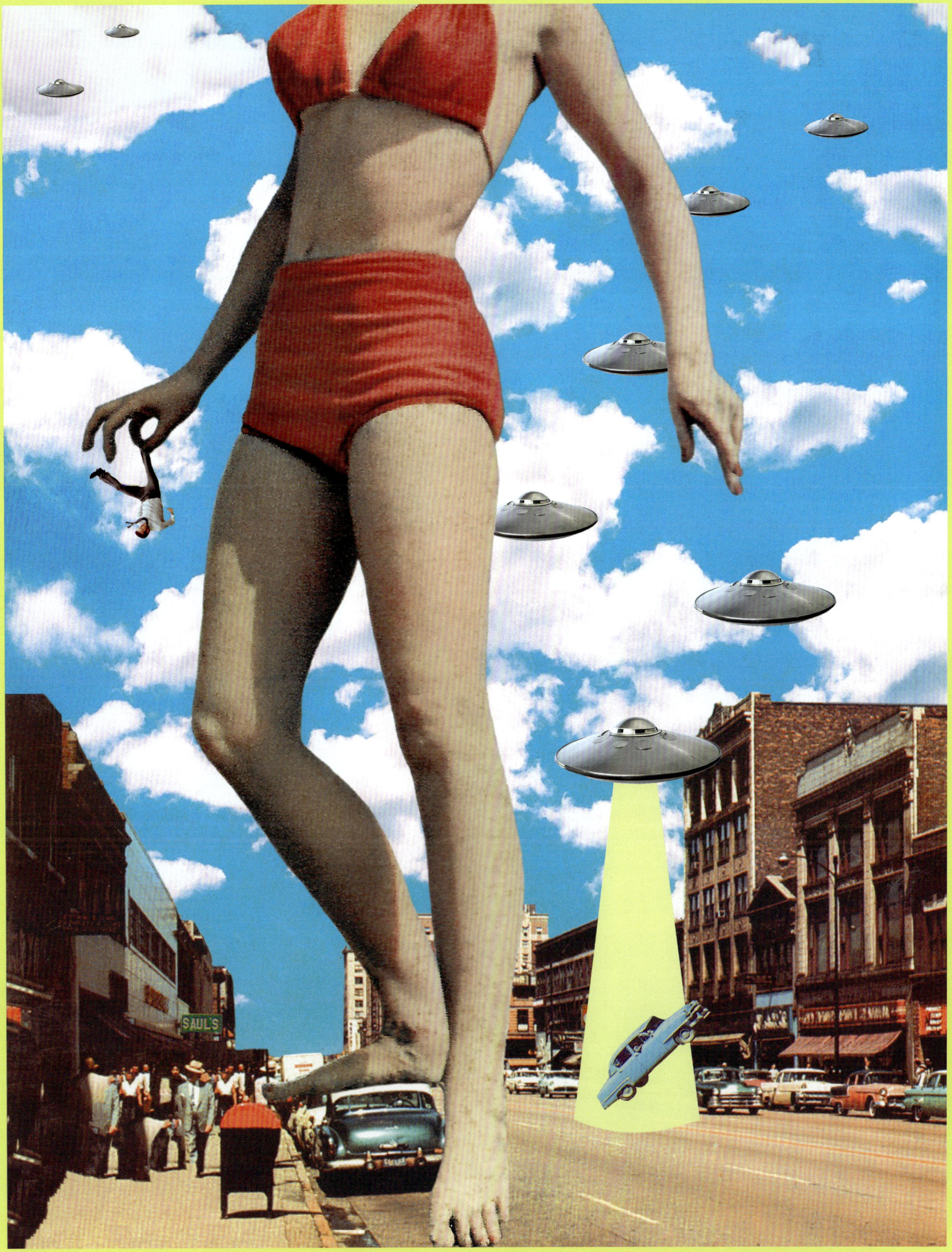
SAUL'S

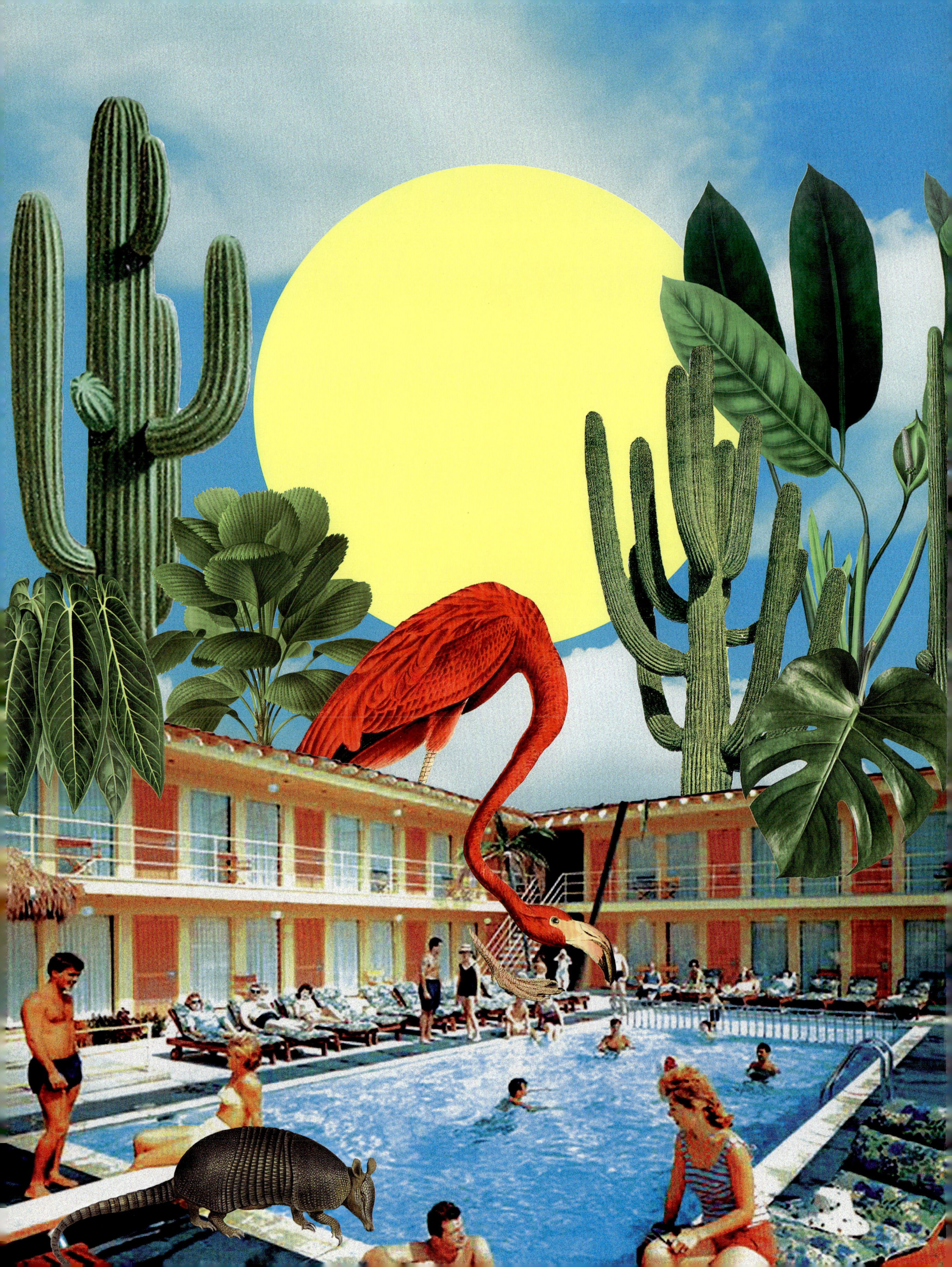

Formen hinzufügen

In diesem Stück wurde eine alte Motel-Postkarte durch einige riesige Pflanzen und ein paar Tiere aufgepeppt, die sich auch gerne am Pool abkühlen würden.

Es hat etwas Surreales, wie Menschen ihre Freizeit verbringen. Wir verlassen unsere Häuser, um an einen wärmeren Ort zu gehen und mit anderen gestressten Mitmenschen an einem Gewässer abzuhängen. Ich schätze, wir sind auch Tiere (vielleicht sollte das der Titel dieser Collage sein).

Sie werden sehen, dass ich zwei Seiten mit Formen in dieses Buch aufgenommen habe. Ich verwende diese Art von Formen immer wieder, entweder um einen Effekt zu erzielen oder um die Collage zusammenzufügen. In diesem Fall ist die Sonne gelb, aber sie könnte auch eine andere Farbe haben, oder vielleicht gibt es gar keine Sonne, vielleicht ist der Mond an diesem Ort nicht zu sehen, oder er wurde durch eine riesige Discokugel ersetzt.

Für diese von Comics und Animes inspirierte Collage habe ich Dreiecke als Sonnenstrahlen verwendet. Das verrät mein Alter, aber die Comics und Animes der 90er-Jahre und die Filme mit schlechten Spezialeffekten waren in meiner Kindheit allgegenwärtig, und ich schreibe den Power Rangers und ihren bizarren Monstern widerwillig einen großen Einfluss auf meine Ästhetik zu.

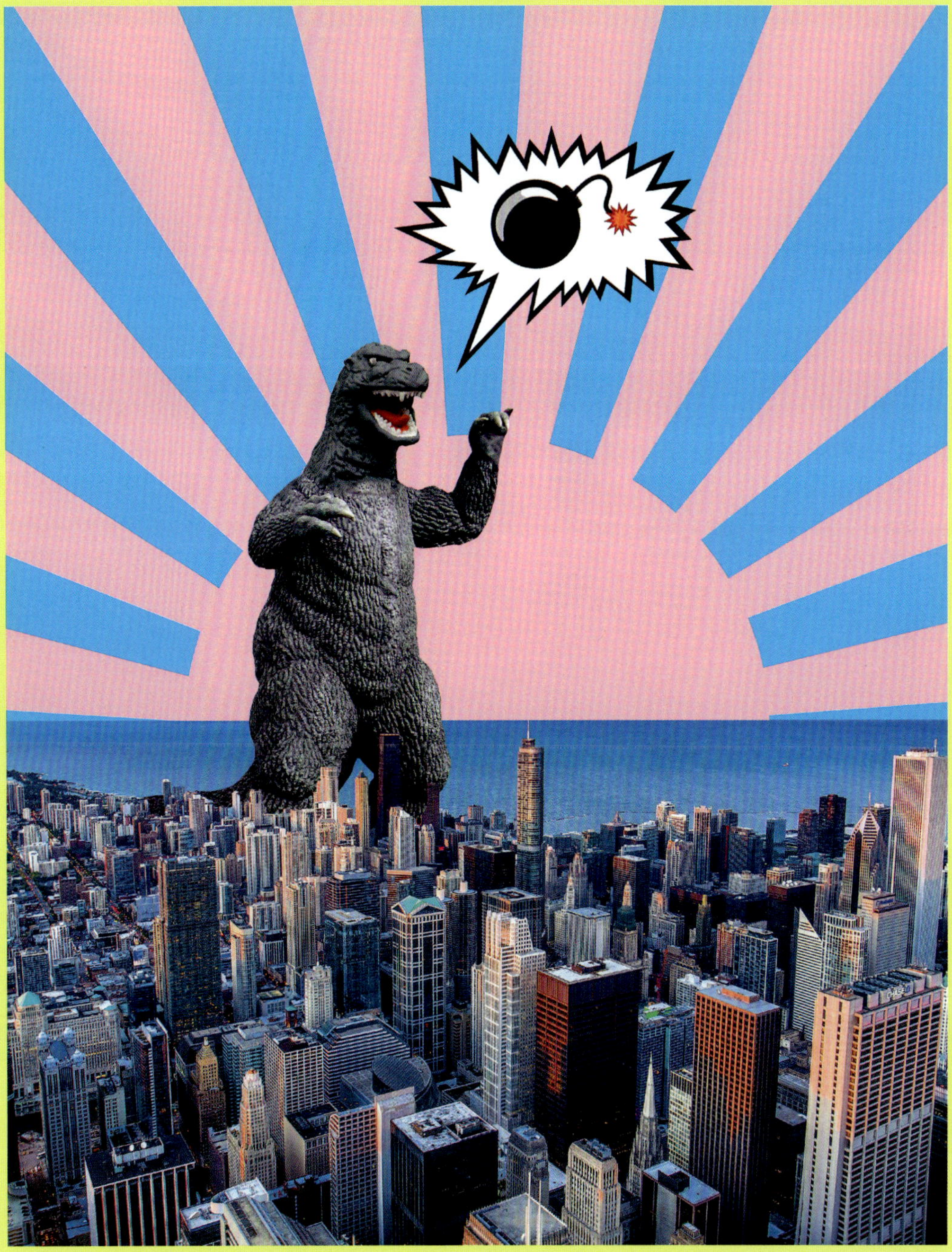

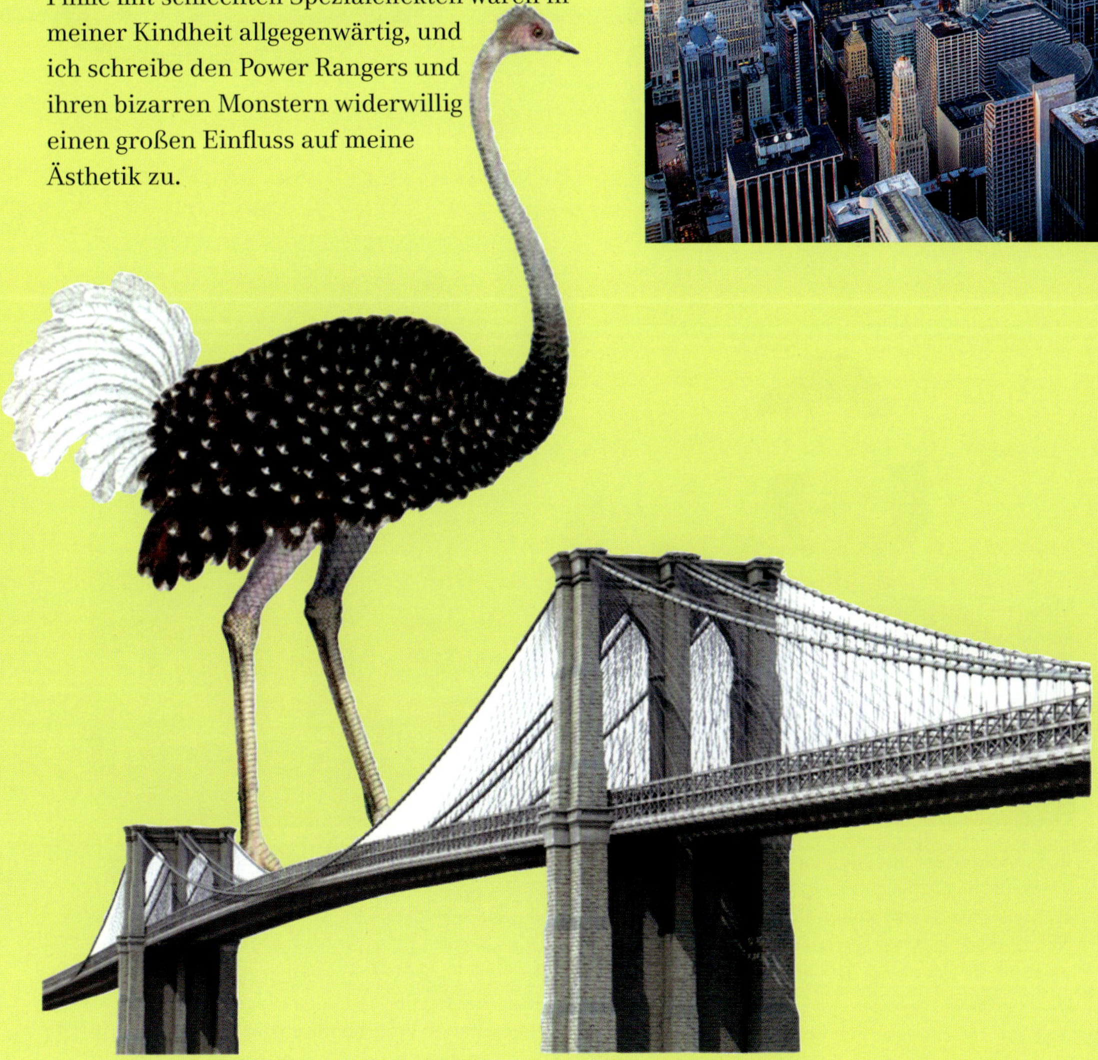

Hier kommt eine große Echse, die einem bestimmten japanischen Monster ähneln könnte (aber nicht ist), dessen Name wahrscheinlich urheberrechtlich geschützt ist, in die Stadt und sinnt auf Rache. Vielleicht hat jemand die letzte Pommes auf seinem Teller gegessen oder er ist wütend darüber, wie wir unseren Planeten behandeln. Was auch immer es ist, seine wütenden Gefühle sind berechtigt und er drückt sie aus! Die Collage ist ein gutes Medium, um etwas Persönliches zu sagen, aber auch um etwas über die Welt zu sagen. Vielleicht ist es hier beides.

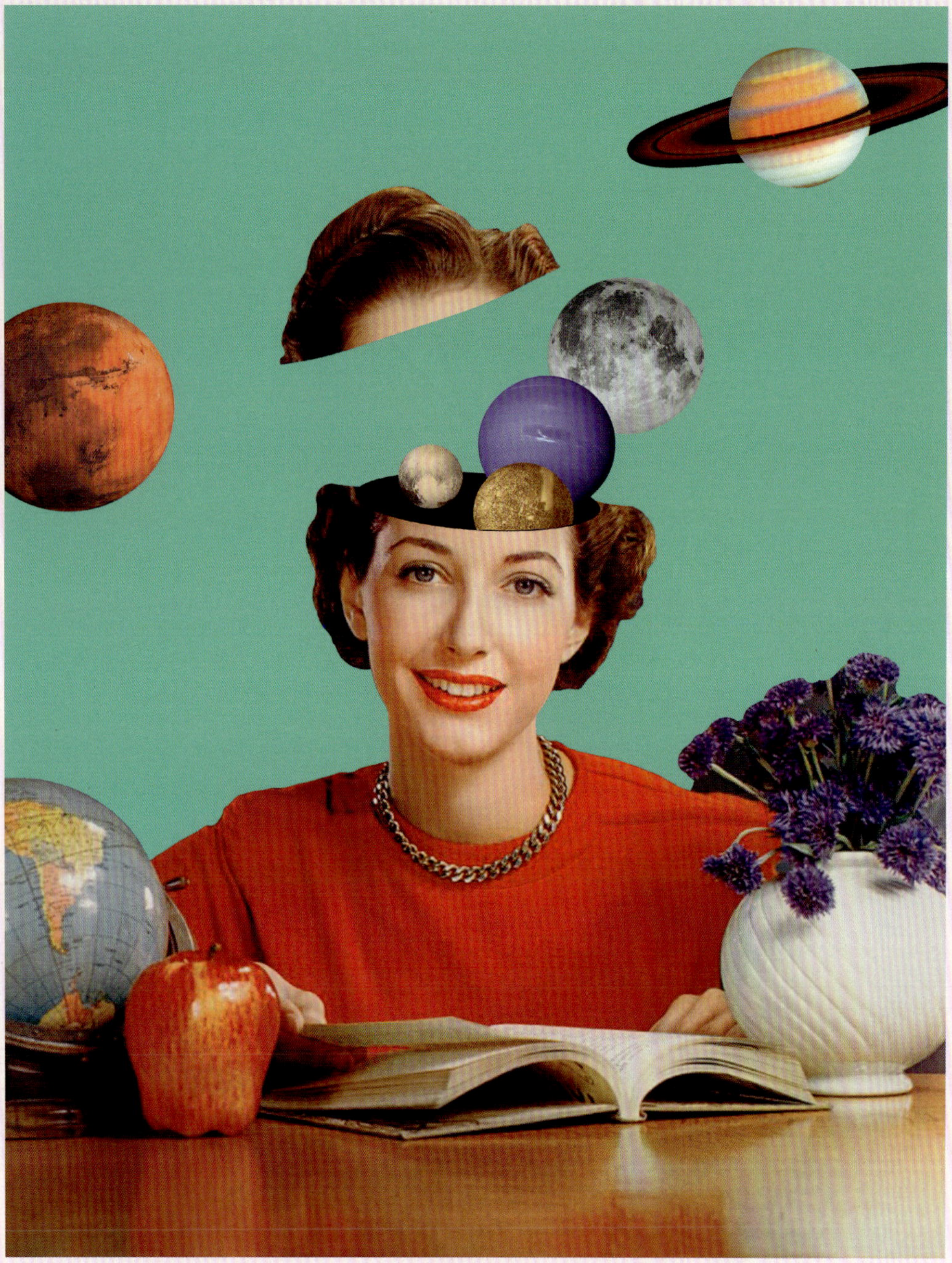

Eine weitere Dimension

Eine meiner Lieblingsbeschäftigungen ist es, einer Collage mit schwarzen Formen, die die Illusion eines Lochs erzeugen, eine zusätzliche Dimension zu verleihen. Lassen Sie uns gemeinsam eine machen:

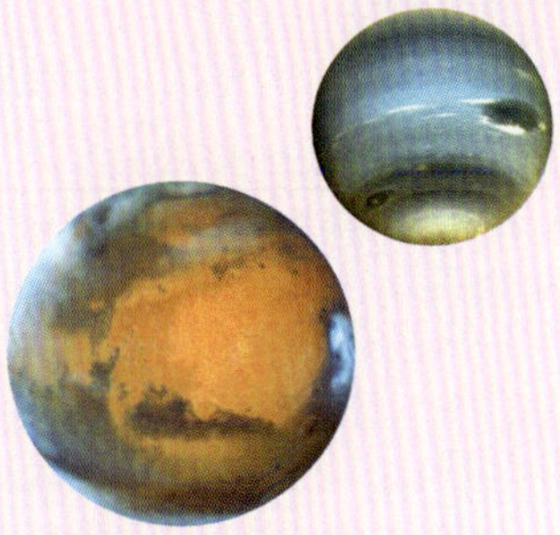

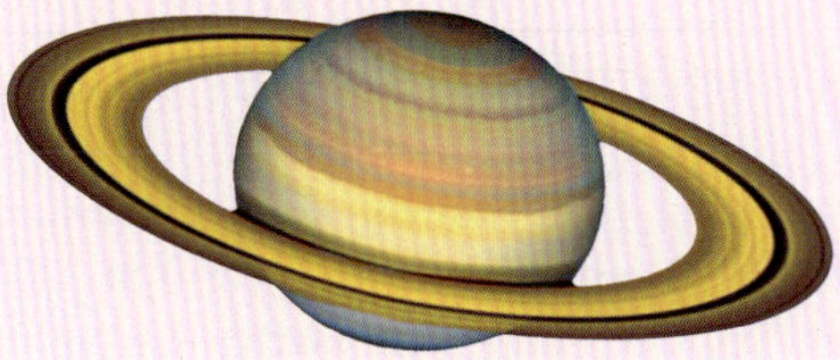

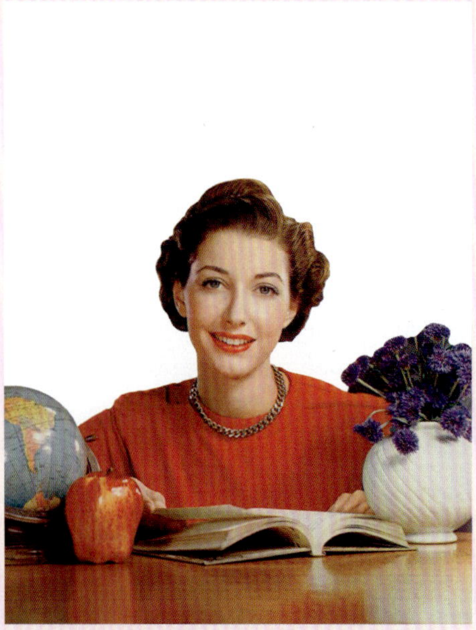

1. Schneiden Sie Ihr Motiv aus: in diesem Fall unsere sehr zufriedene Frau, die neben ein paar zufälligen Gegenständen liest.

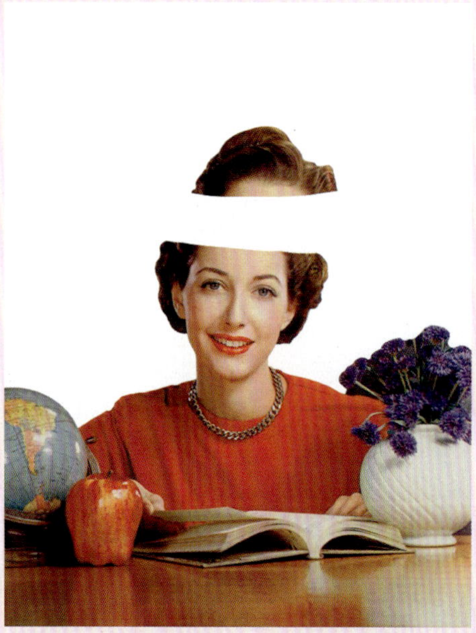

2. Schneiden Sie ihre Stirn in der Mitte durch. Wenn du dir nicht sicher bist, wo du schneiden sollst, kannst du mit einem Bleistift eine Linie ziehen, aber es ist schwer, damit etwas falsch zu machen, da es von der schwarzen ovalen Form verdeckt wird.

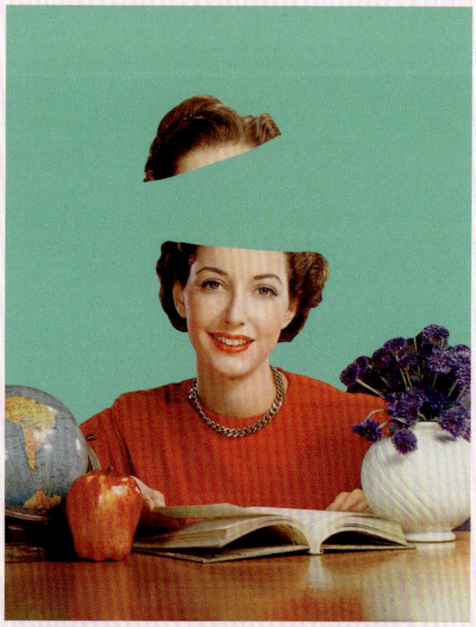

3. Platzieren Sie die Frau und ihre fliegende Stirn auf einem Hintergrund, wobei Sie genügend Platz zwischen dem Gesicht und der fliegenden oberen Hälfte des Kopfes lassen sollten. Diese Vorlage eignet sich für jede Art von Hintergrund, auch für die in diesem Buch enthaltenen Weltraumthemen, aber ich habe ein einfaches grünes Papier gewählt, damit man die Formen besser erkennen kann.

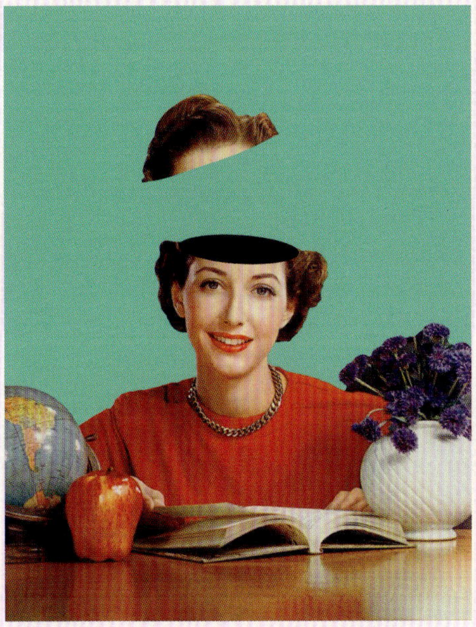

4. Schneiden Sie eine der schwarzen ovalen Formen aus diesem Buch aus und legen Sie sie auf den unteren Teil des Kopfes.

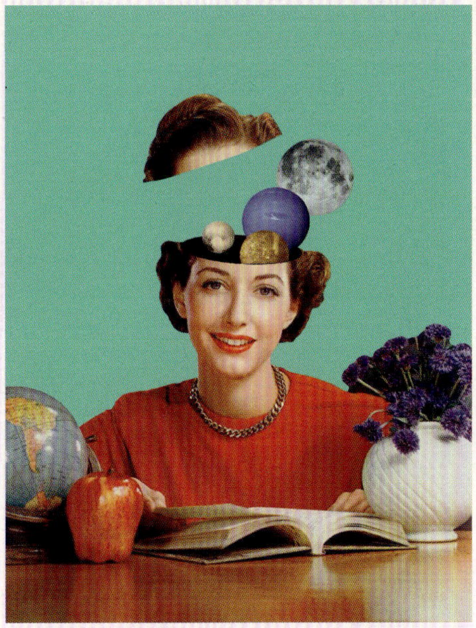

5. Dann kommt der lustigste Teil: Wählen Sie aus, was aus ihrem Kopf herauskommen soll. Ich habe Planeten verwendet, aber wie wäre es mit Tentakeln, Tieren oder Blättern? Oder einfach alles. Ihr Kopf explodiert eindeutig von dem, was sie gerade liest. Wenn nötig, beschneide den unteren Teil der Elemente, damit er in die ovale Form passt.

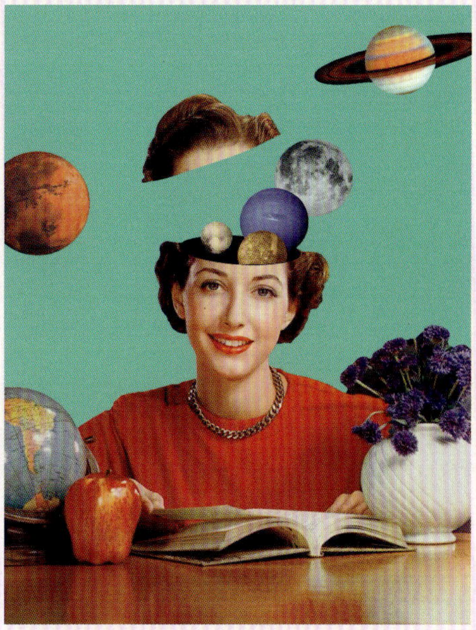

6. Fügen Sie noch ein paar zusätzliche herumfliegende Teile hinzu, in diesem Fall Jupiter und Saturn, et voilà!

Surreale Collage vs. Konzeptionelle Collage

So macht man doch Brombeeren, oder? Ich denke gerne, dass sie eine Bestellung für Brombeeren bekommen hat, aber nur noch Himbeeren übrig hatte. Ich liebe die surreale Kunst, die Verdrehung der Realität, wenn etwas nicht stimmt und man zweimal hinschauen muss. Ich wollte Ihnen ein Beispiel für eine surreale Collage zeigen, im Gegensatz zu einem abstrakteren Konzept wie der Meeresszenen-Collage. Bei dieser Collage wollte ich keine surreale Szene aufbauen, sondern das Gefühl von Sommernächten einfangen, in denen ich aufwuchs. Die Meeresbrise, der Geruch von frischem Fisch, der am Abend zubereitet wird, und die nicht enden wollenden Wiederholungen alter Fernsehsendungen. Es ist ein sehr persönliches Konzept (mit einer Anspielung auf meine schrecklichen Versuche, als Kind Rollschuh zu laufen).

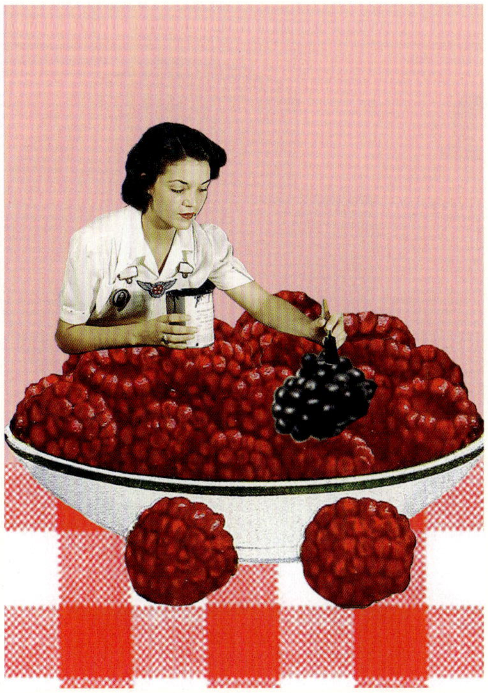

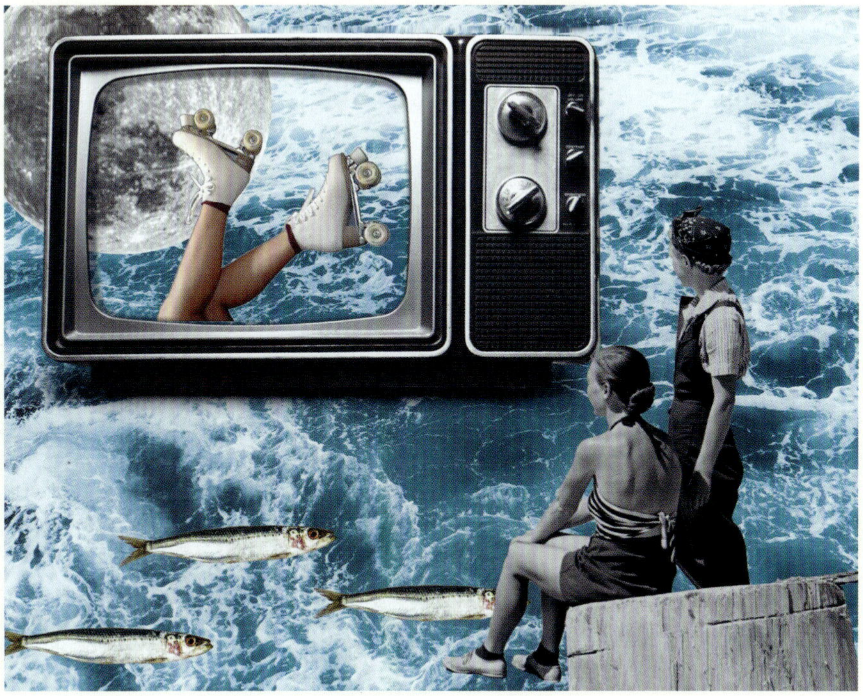

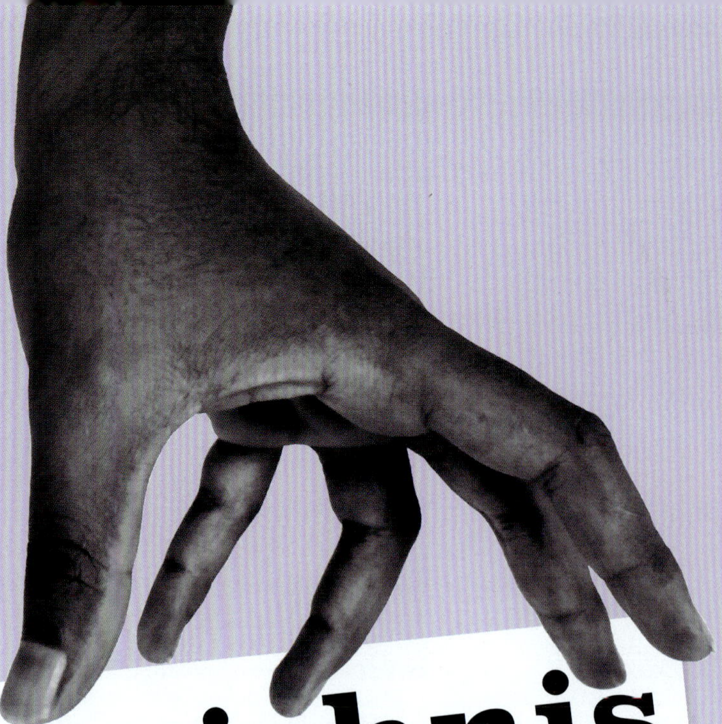

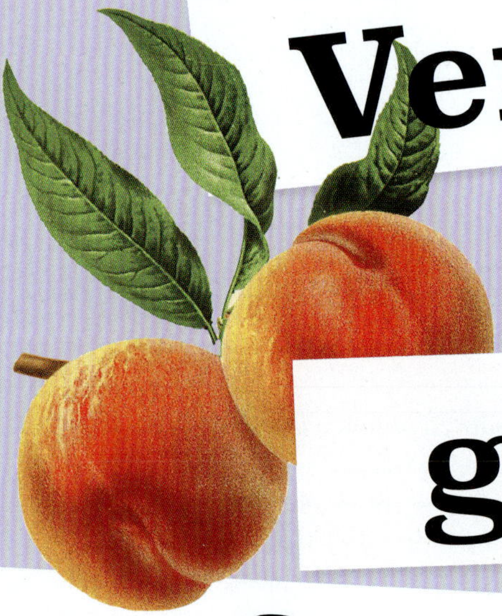

Verzeichnis von ganz vielen außergewöhnlichen Dingen

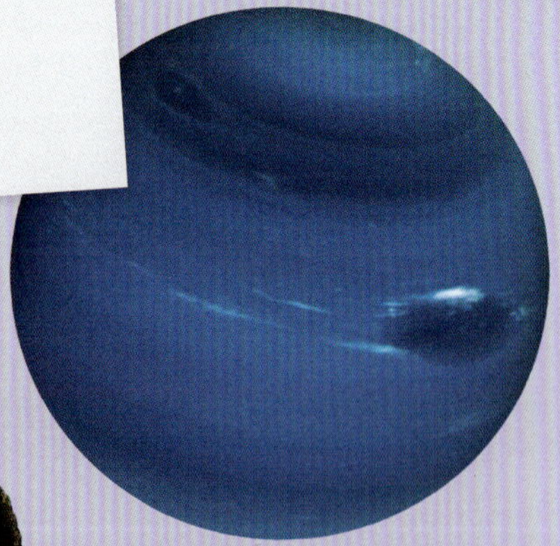

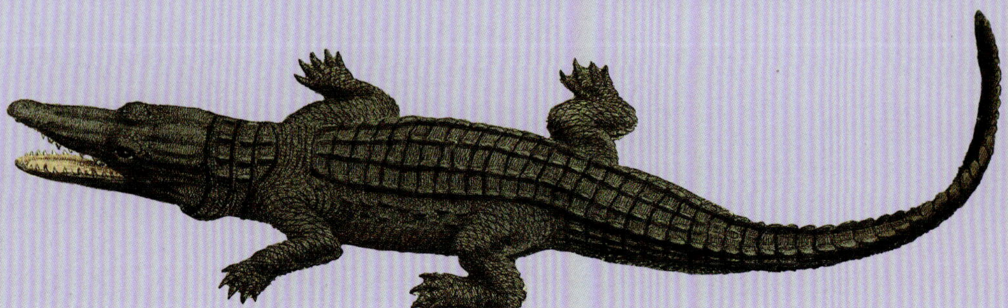

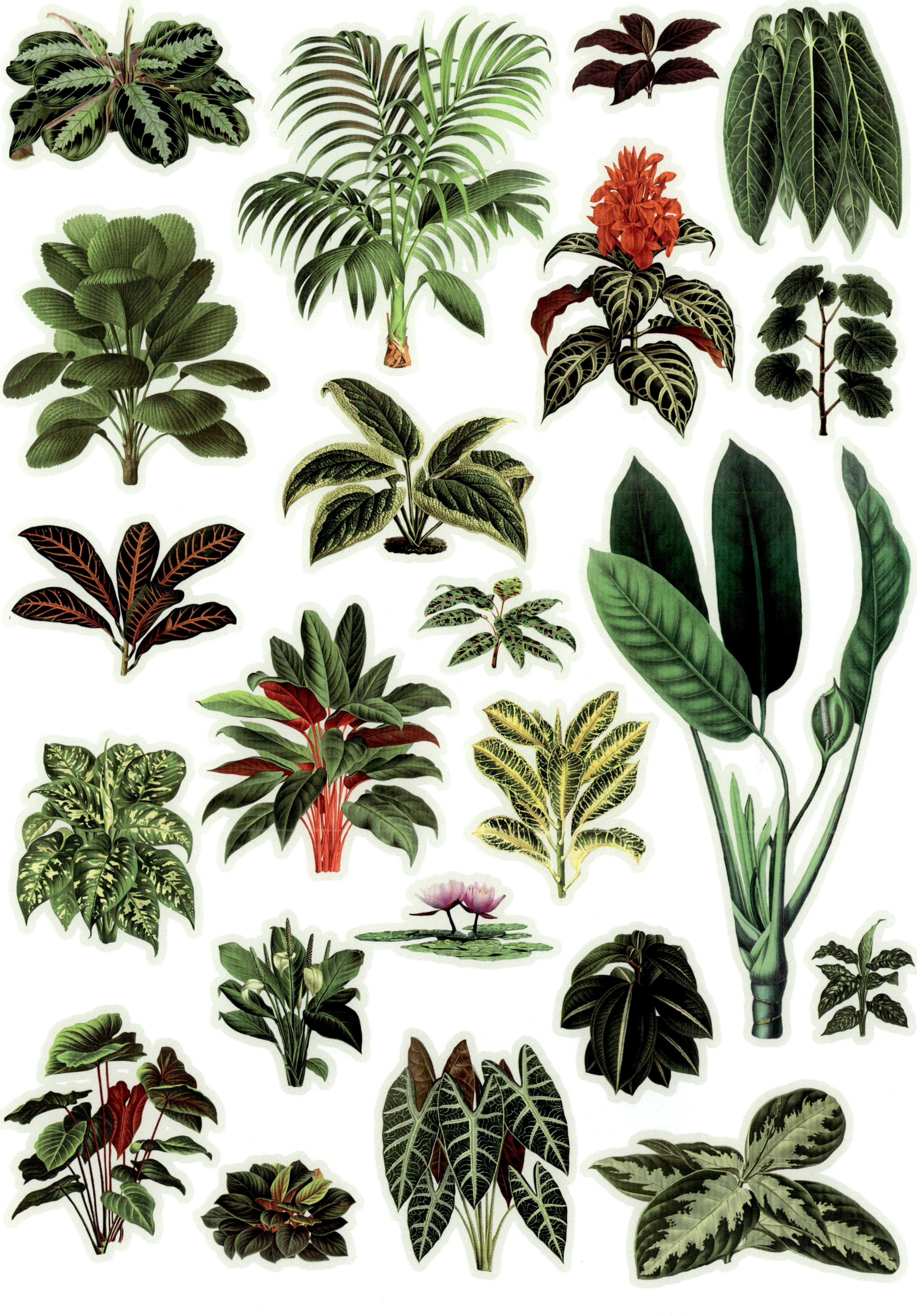

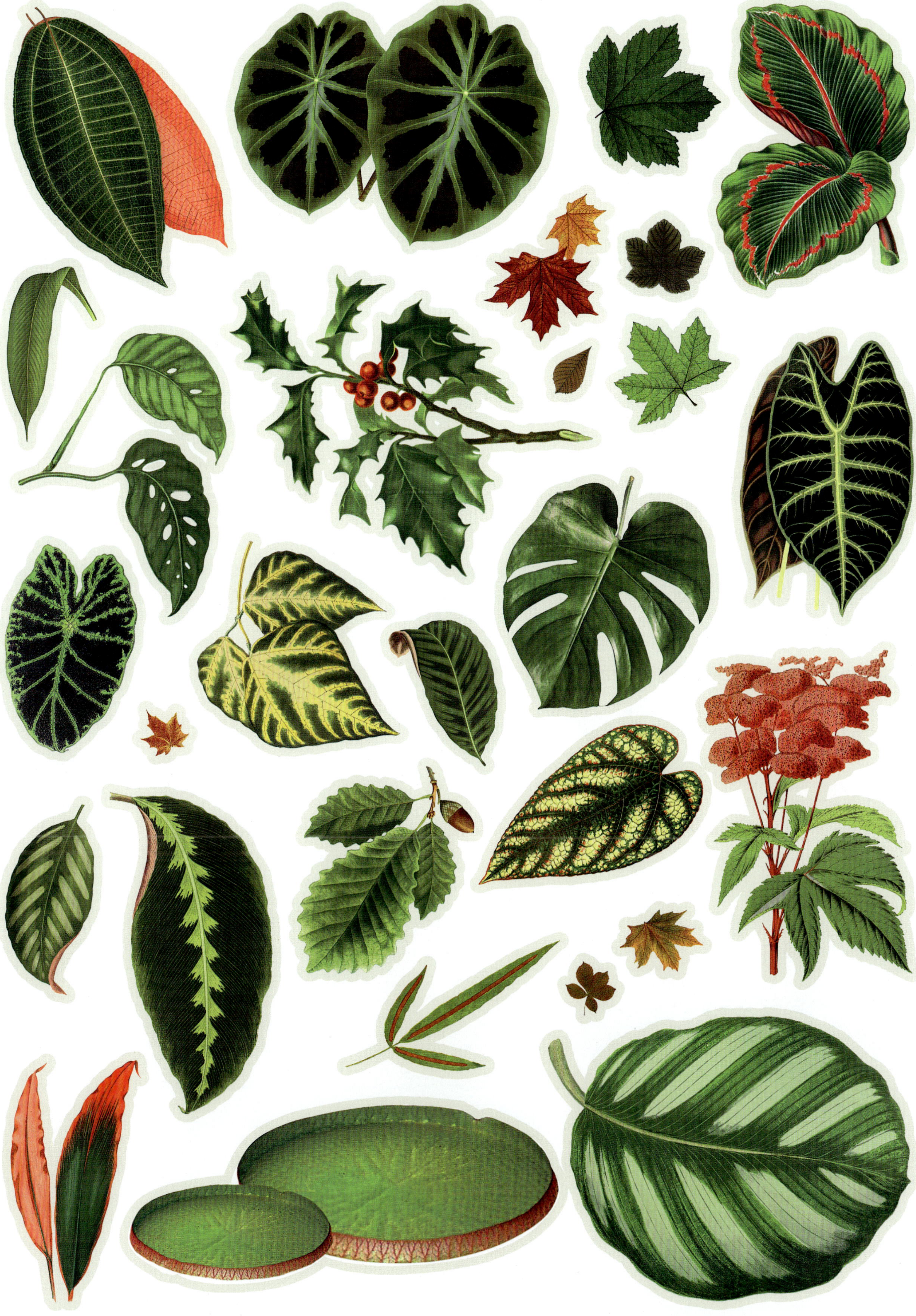

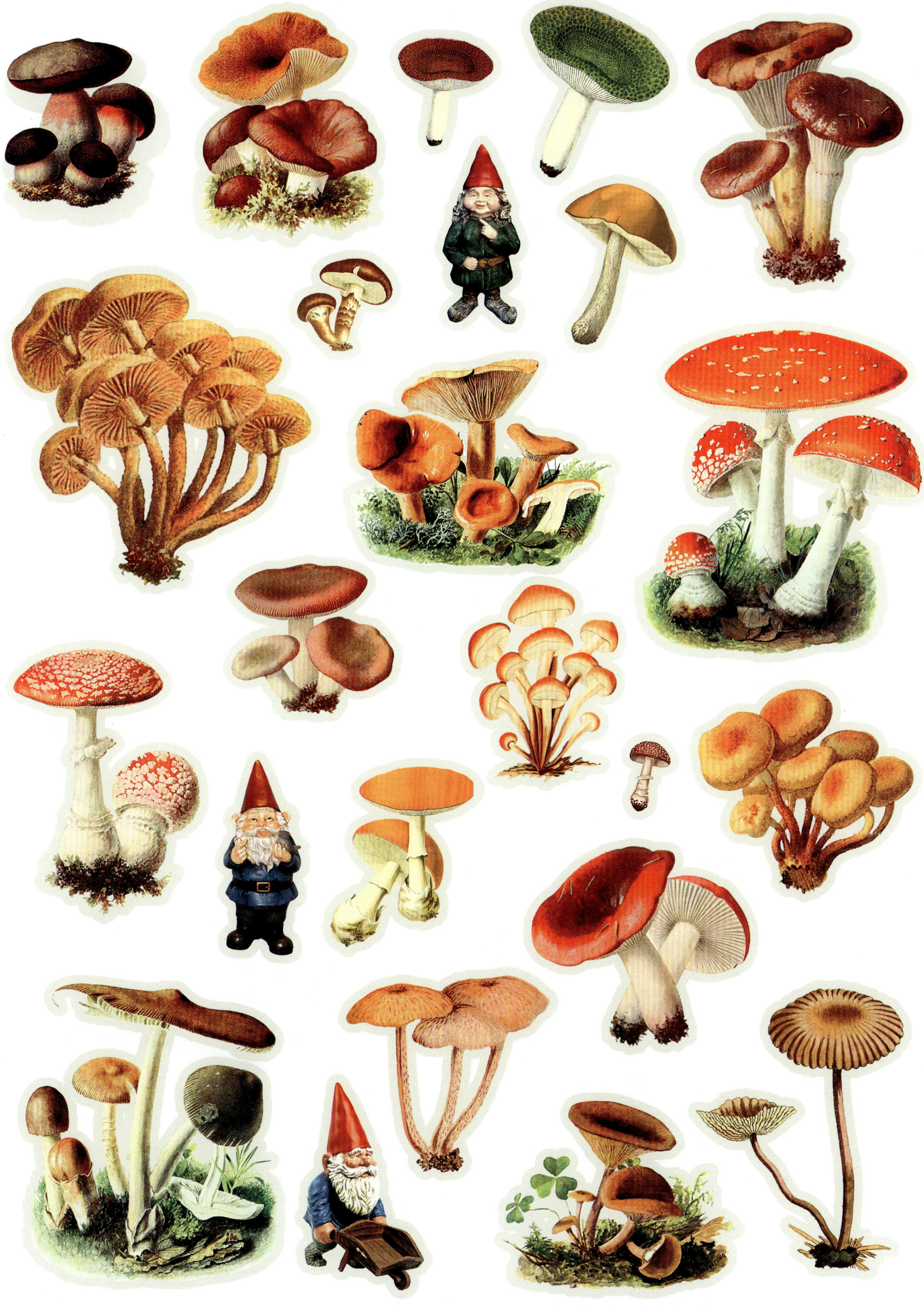

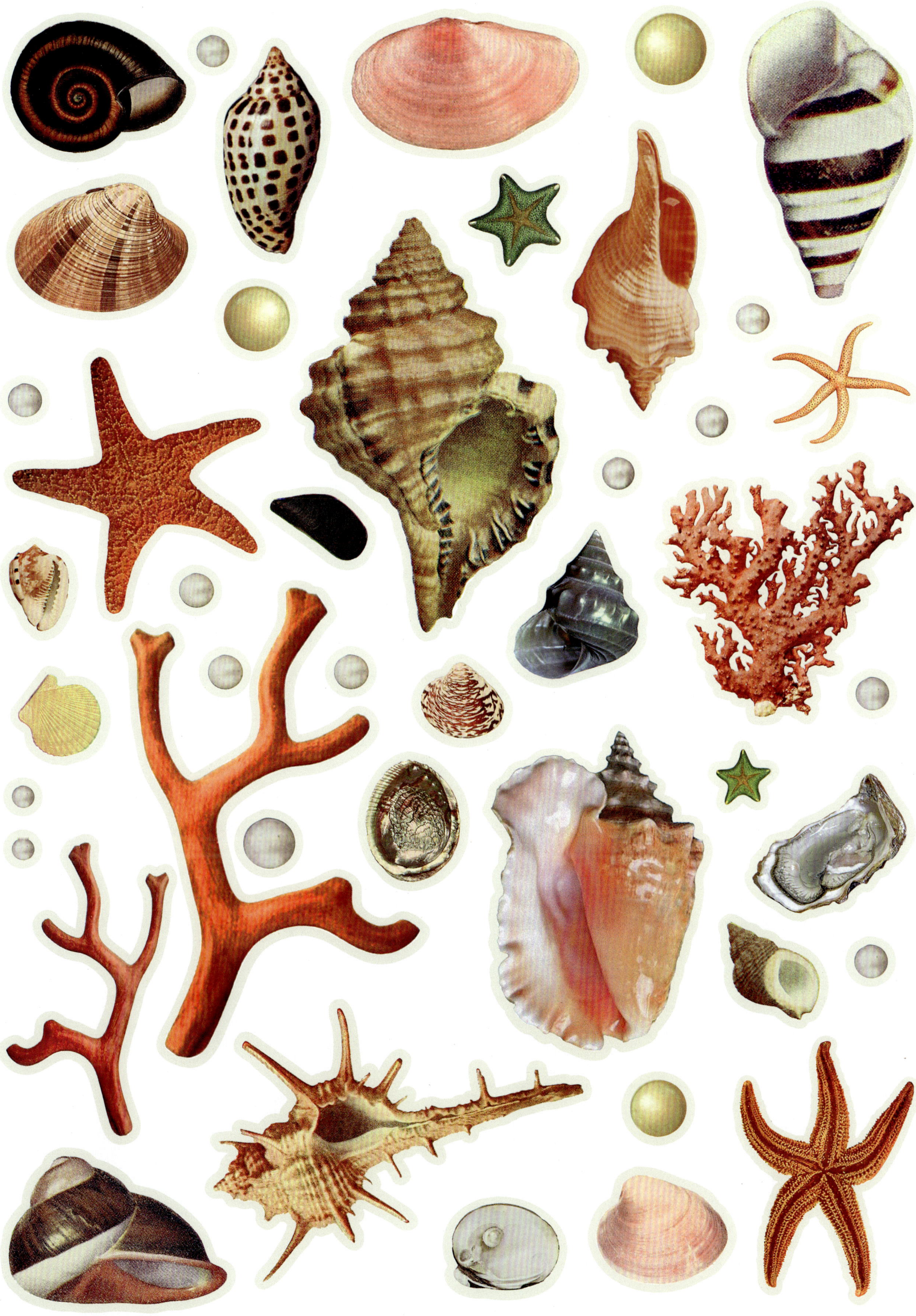

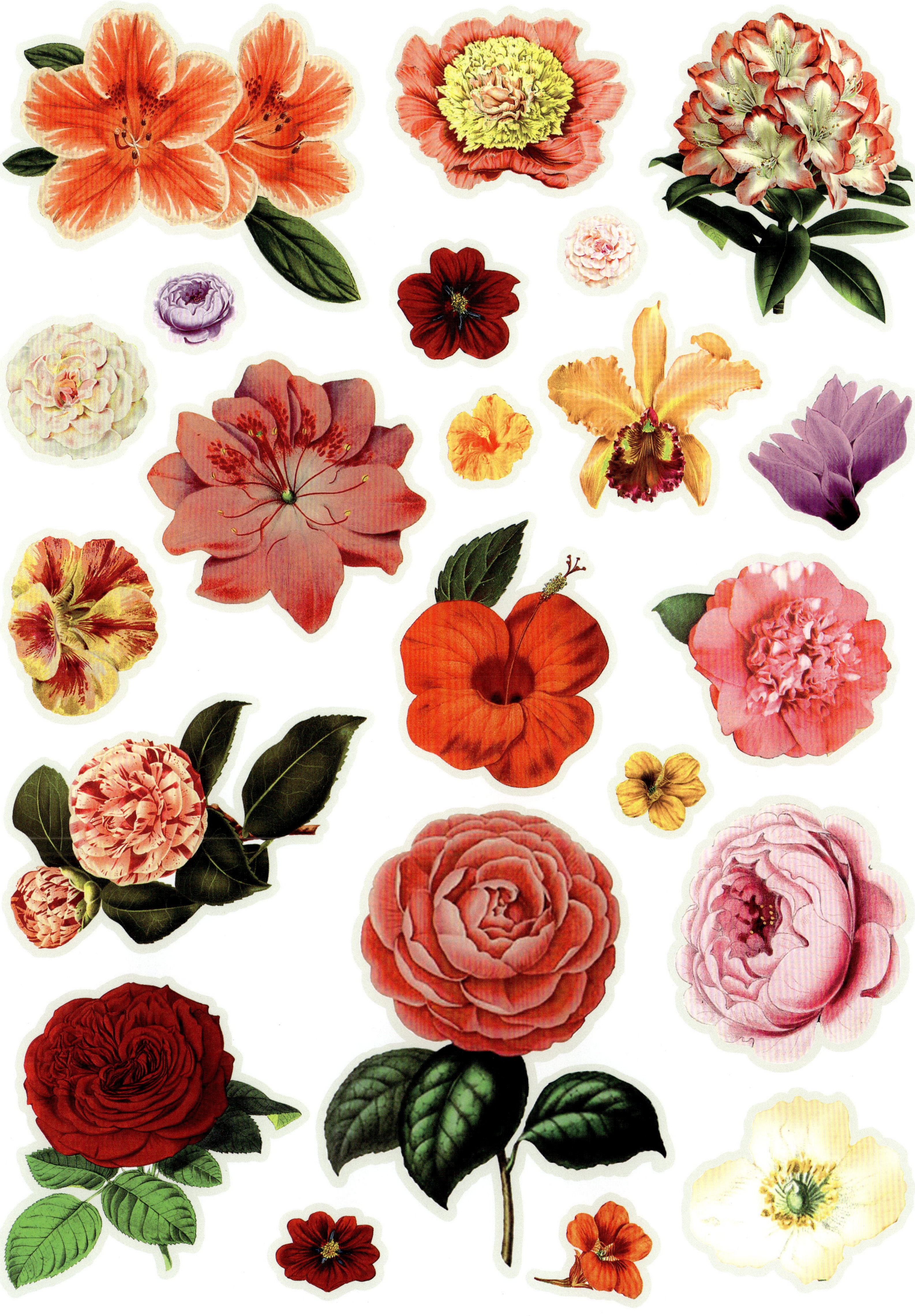

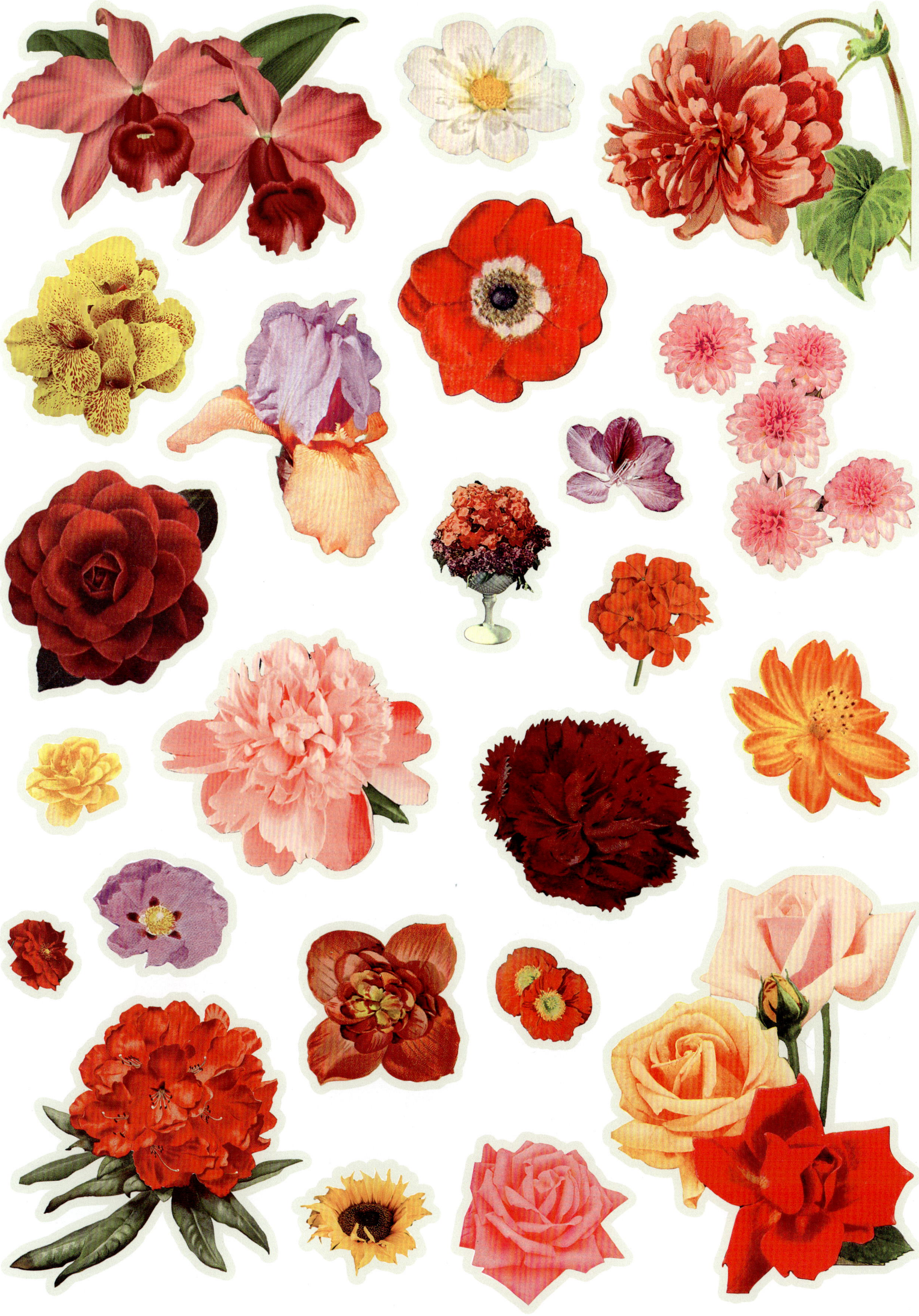

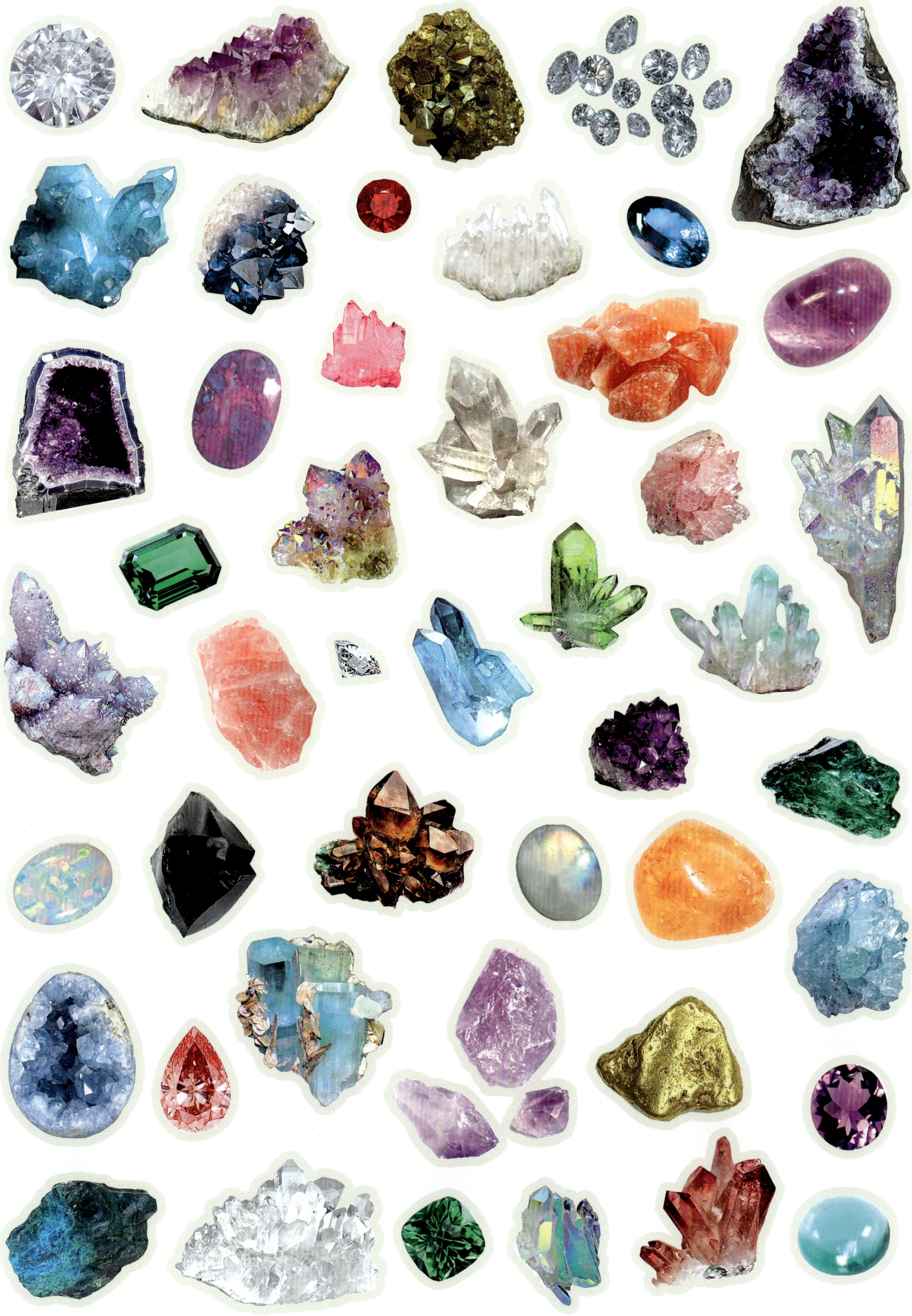

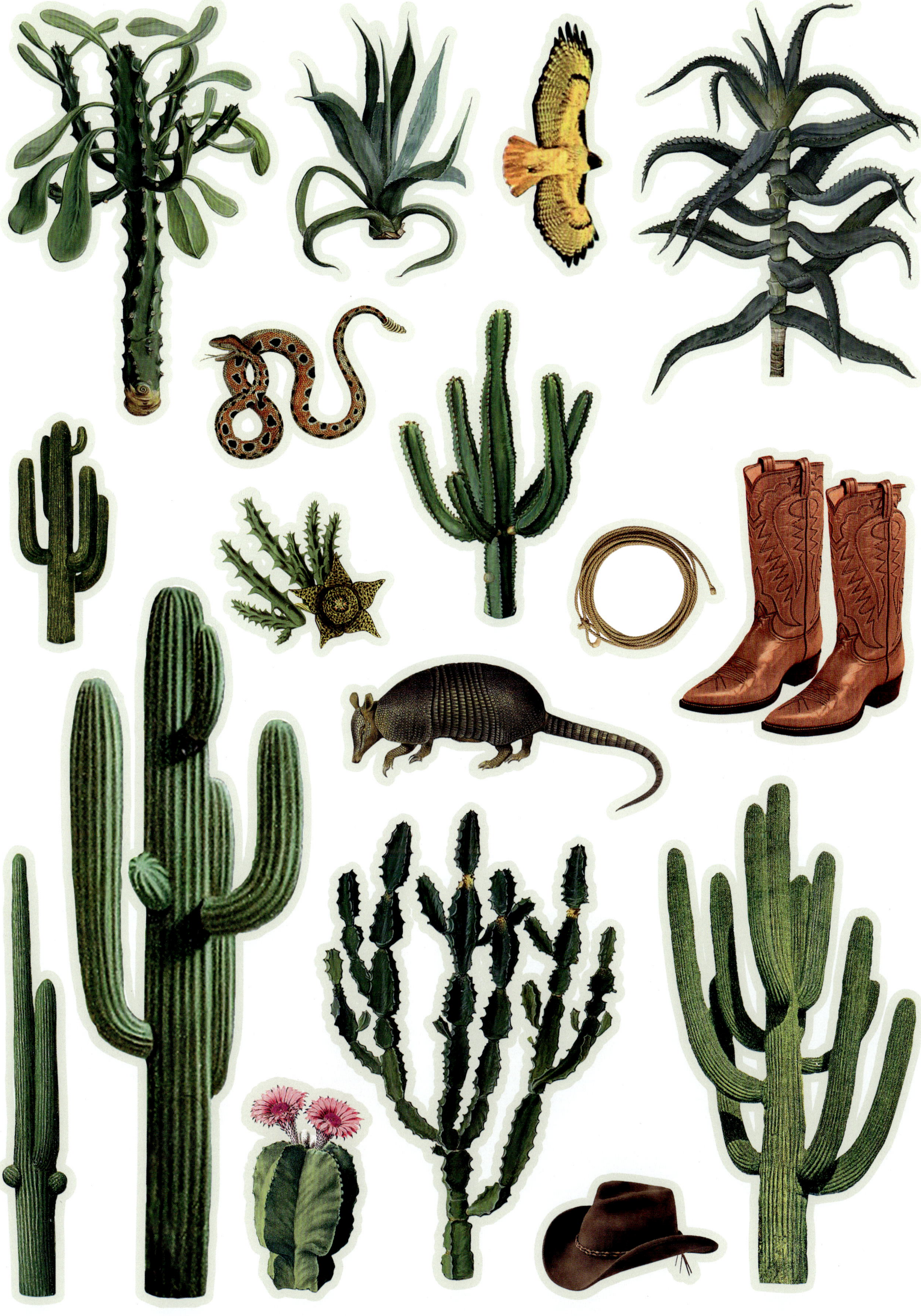

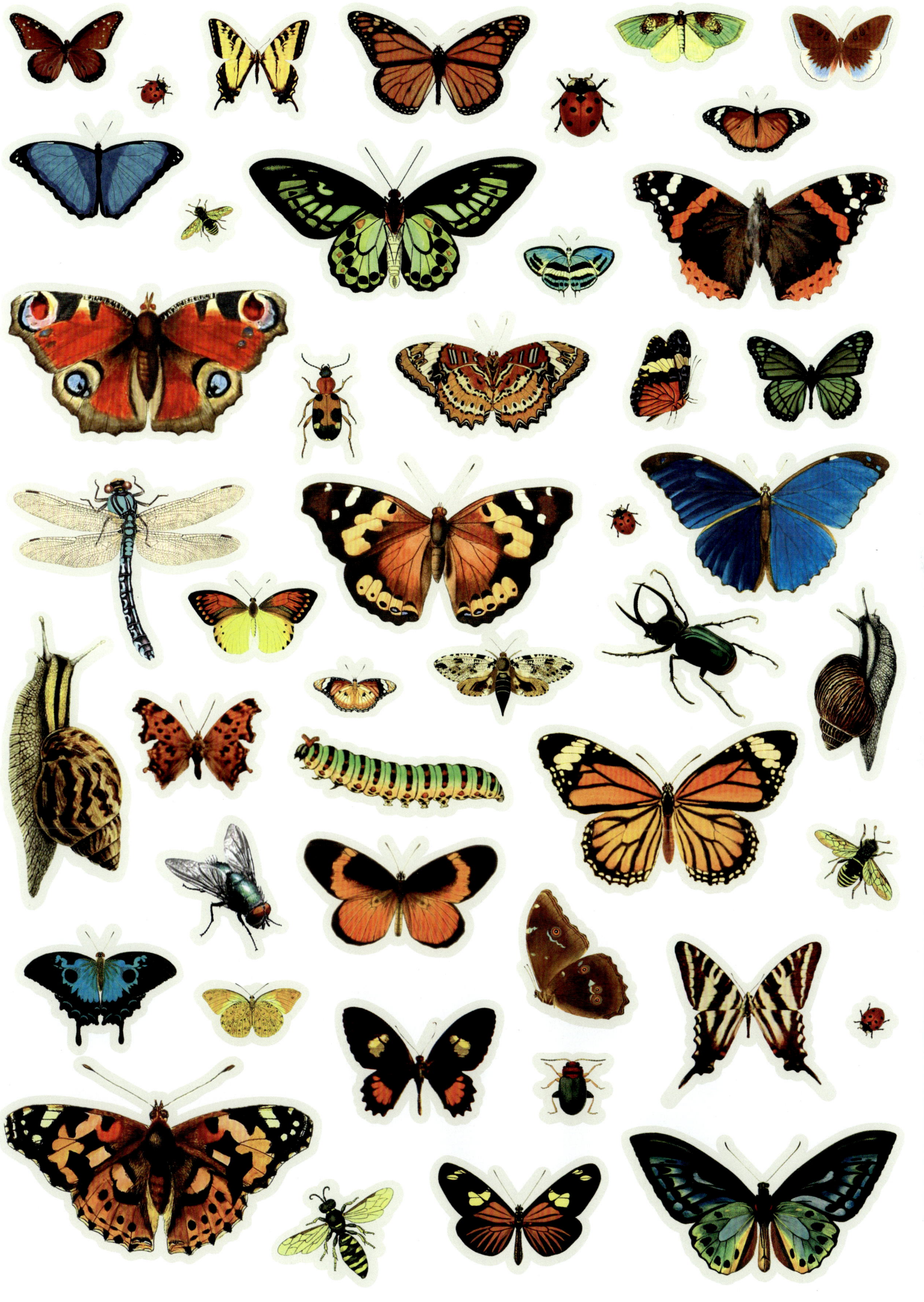

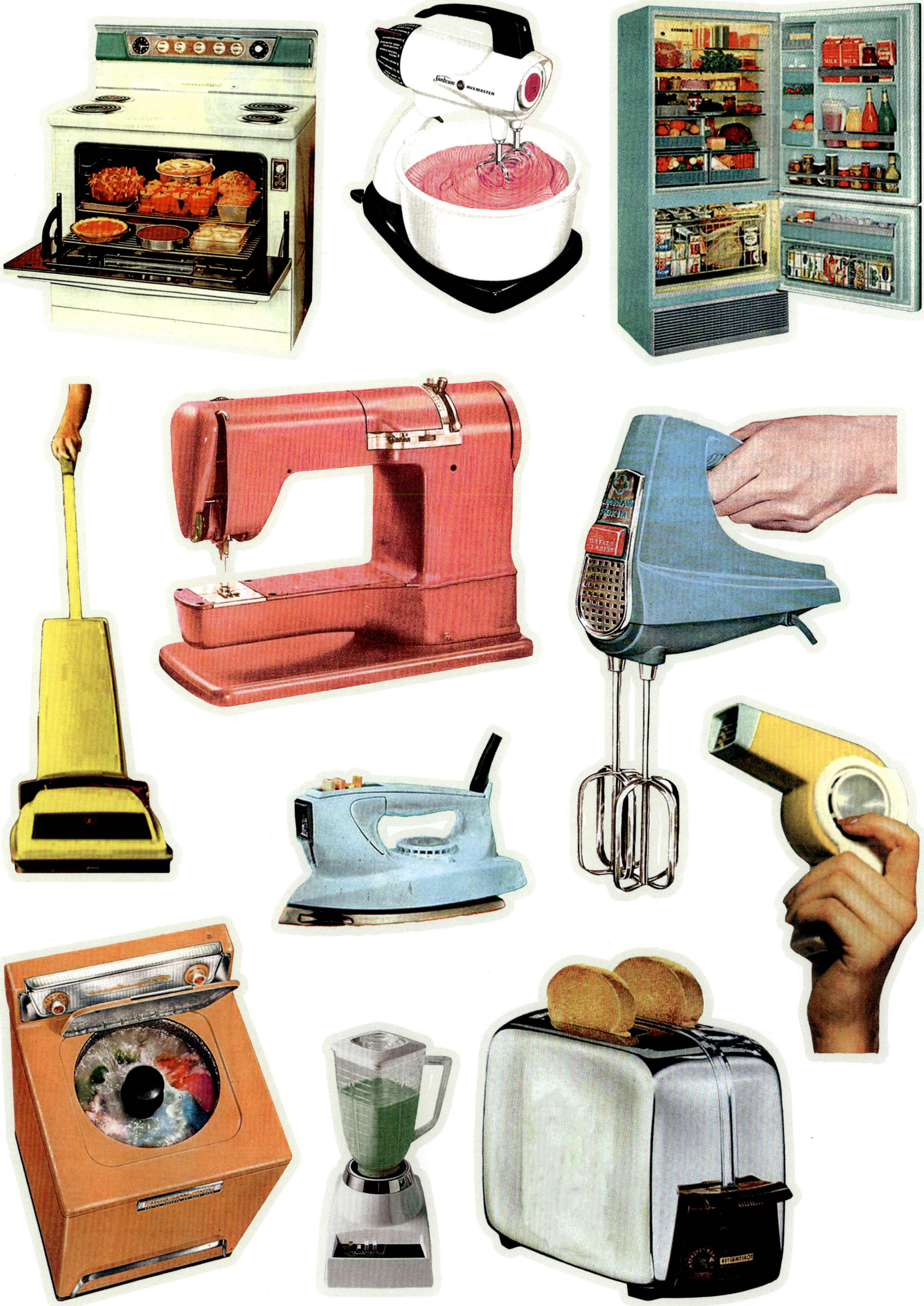
Sunbeam
MIXMASTER
MILK
MILK

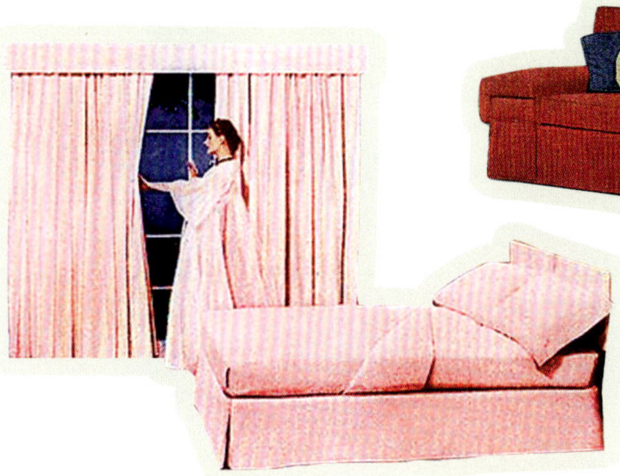
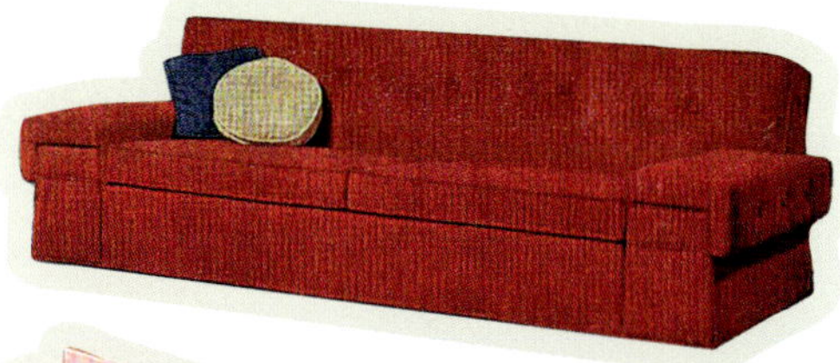
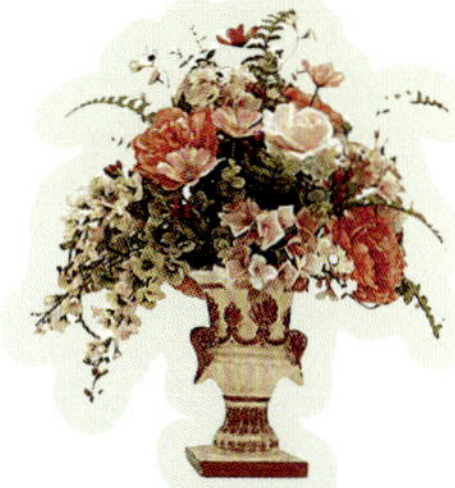
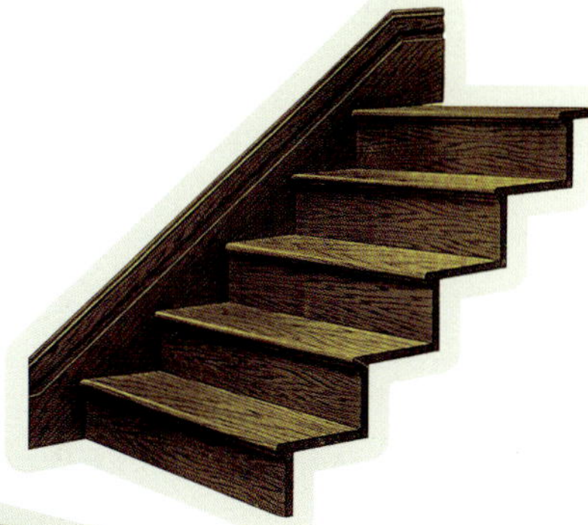
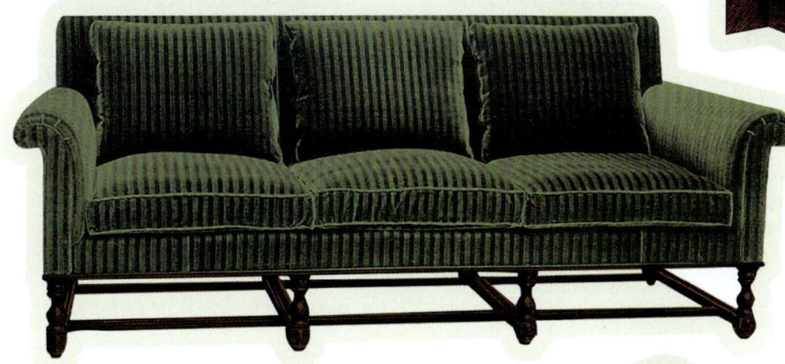
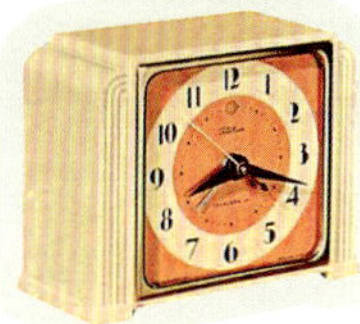
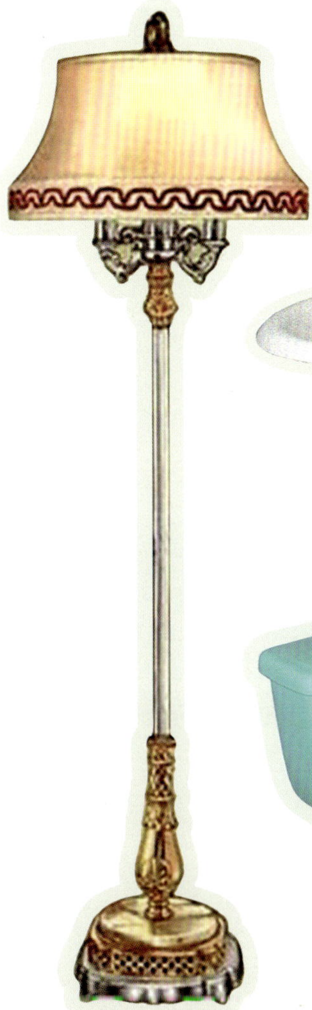
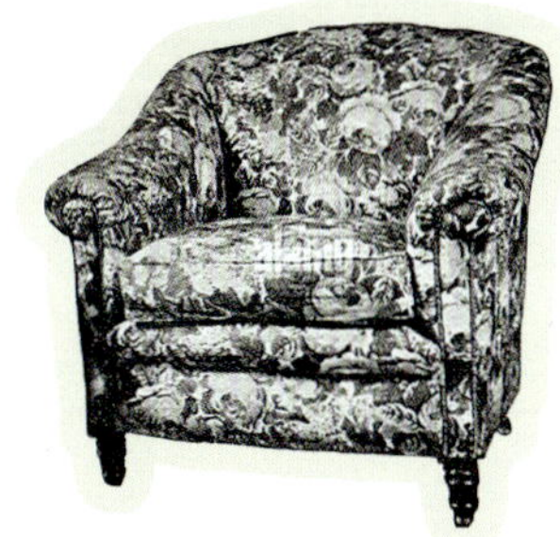
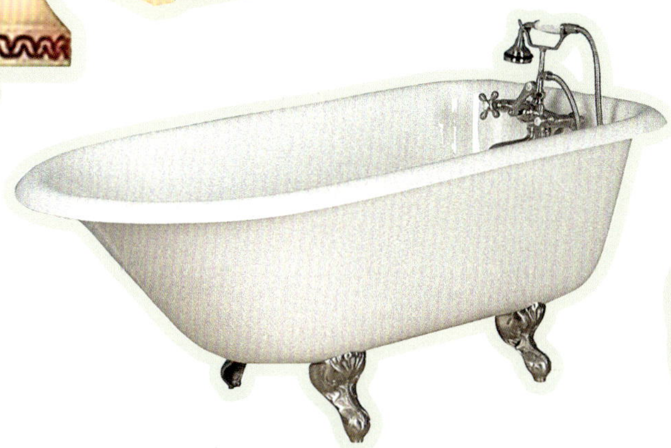
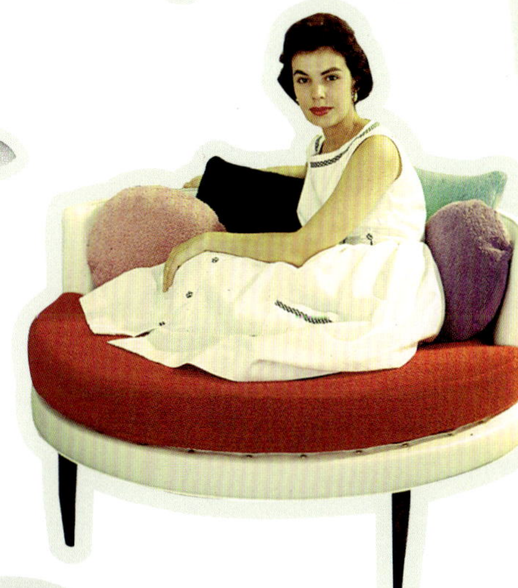
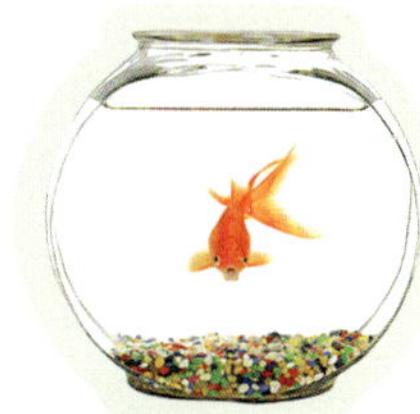
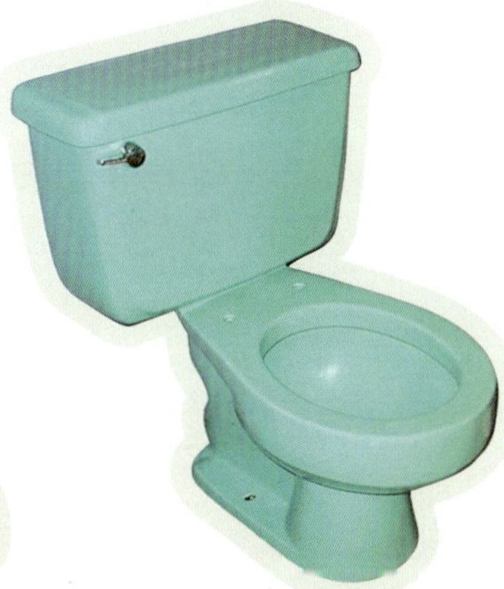
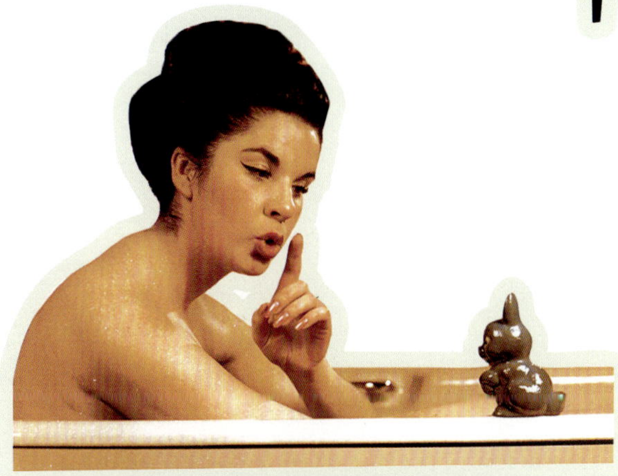
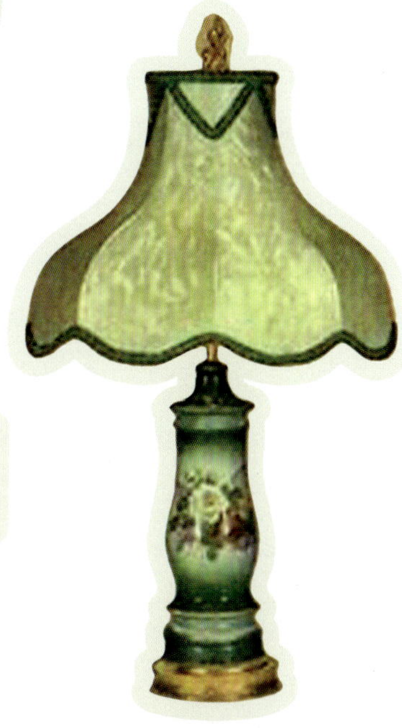
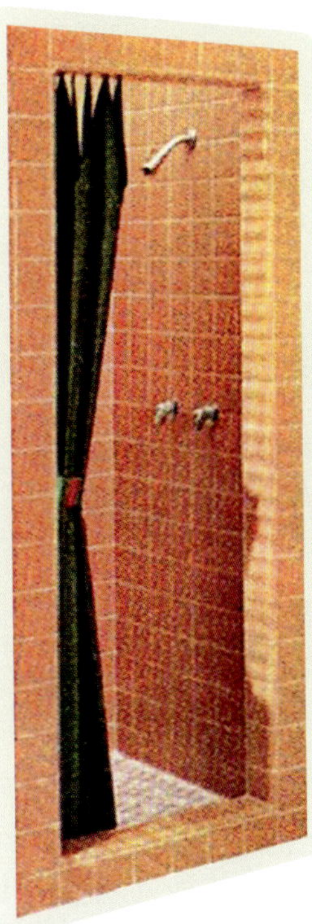
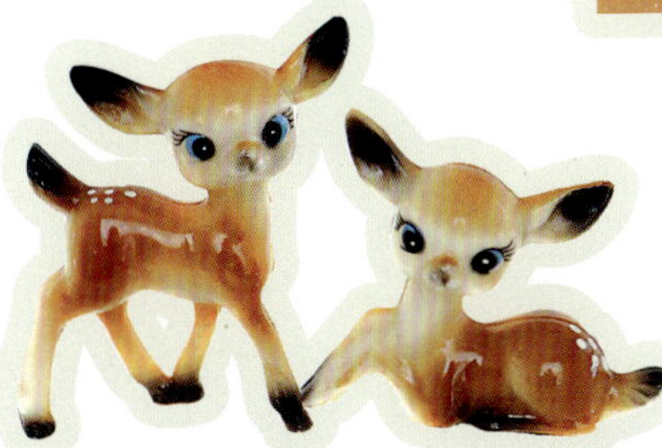
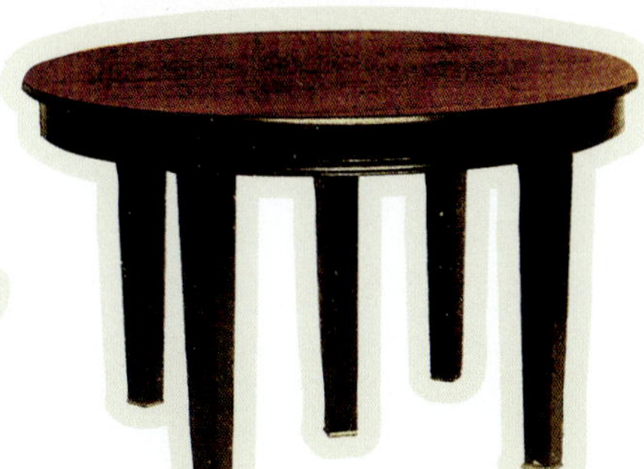
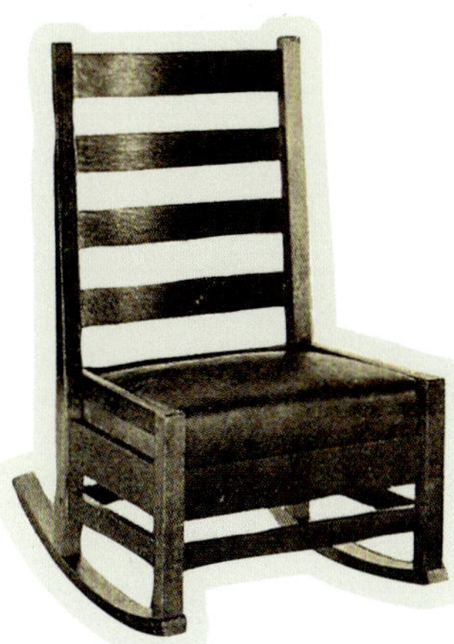
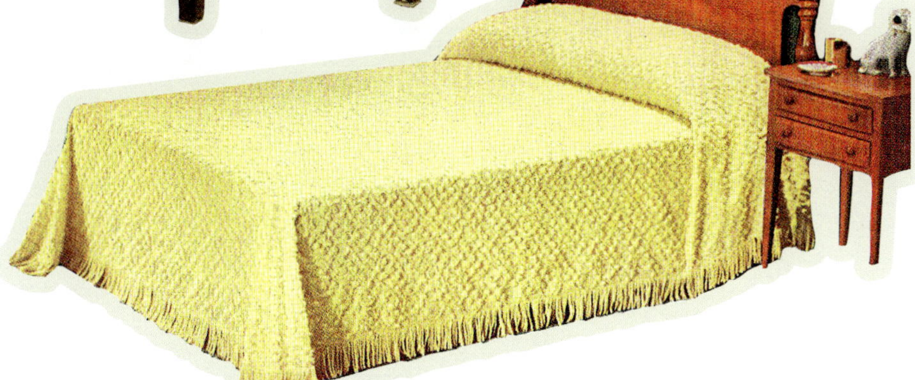

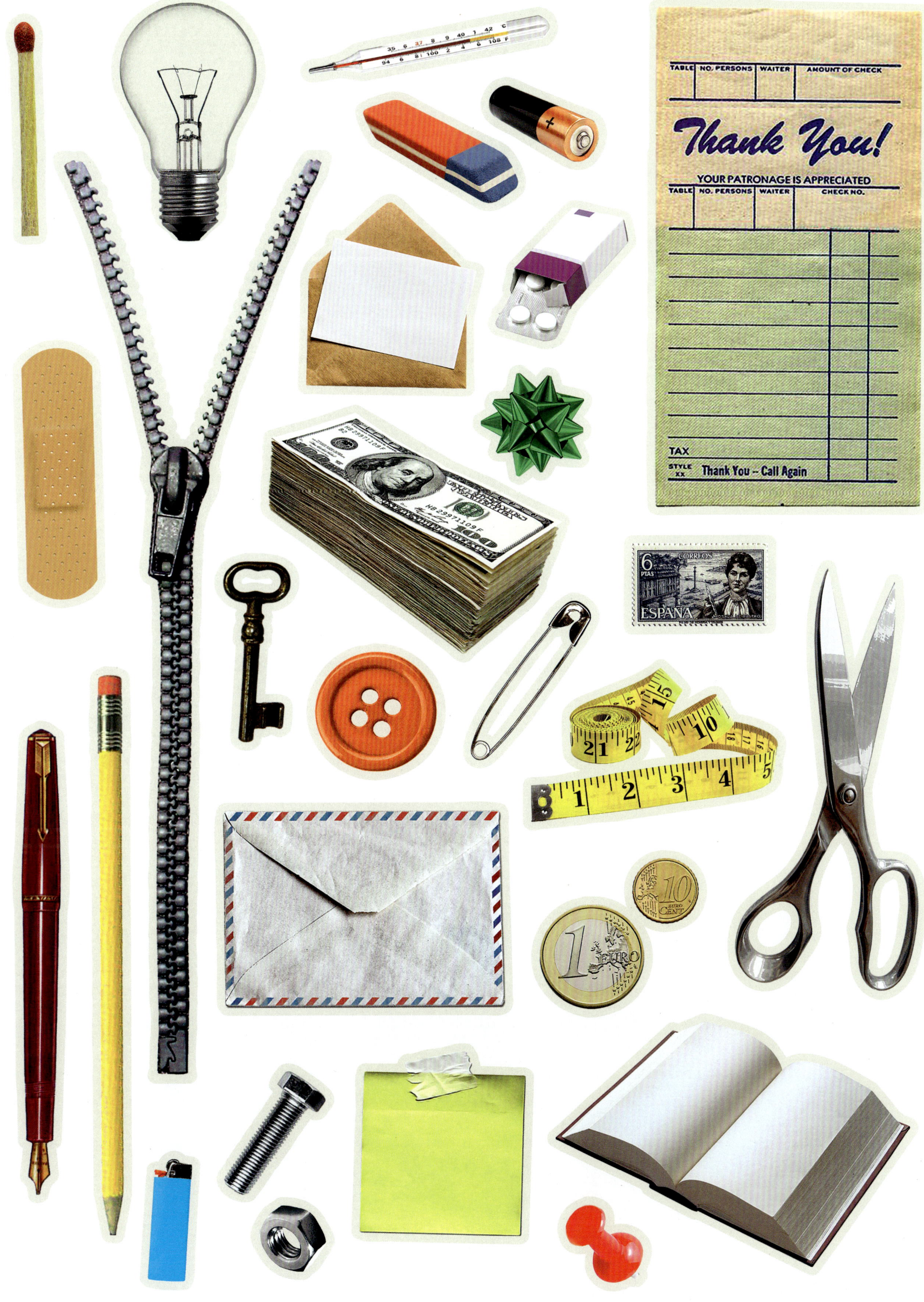
TABLE NO. PERSONS WAITER AMOUNT OF CHECK
Thank You!
YOUR PATRONAGE IS APPRECIATED
TABLE NO. PERSONS WAITER CHECK NO.
TAX
STYLE XX Thank You – Call Again
CORREOS
6 PTAS
ESPAÑA
10 EURO CENT
1 EURO

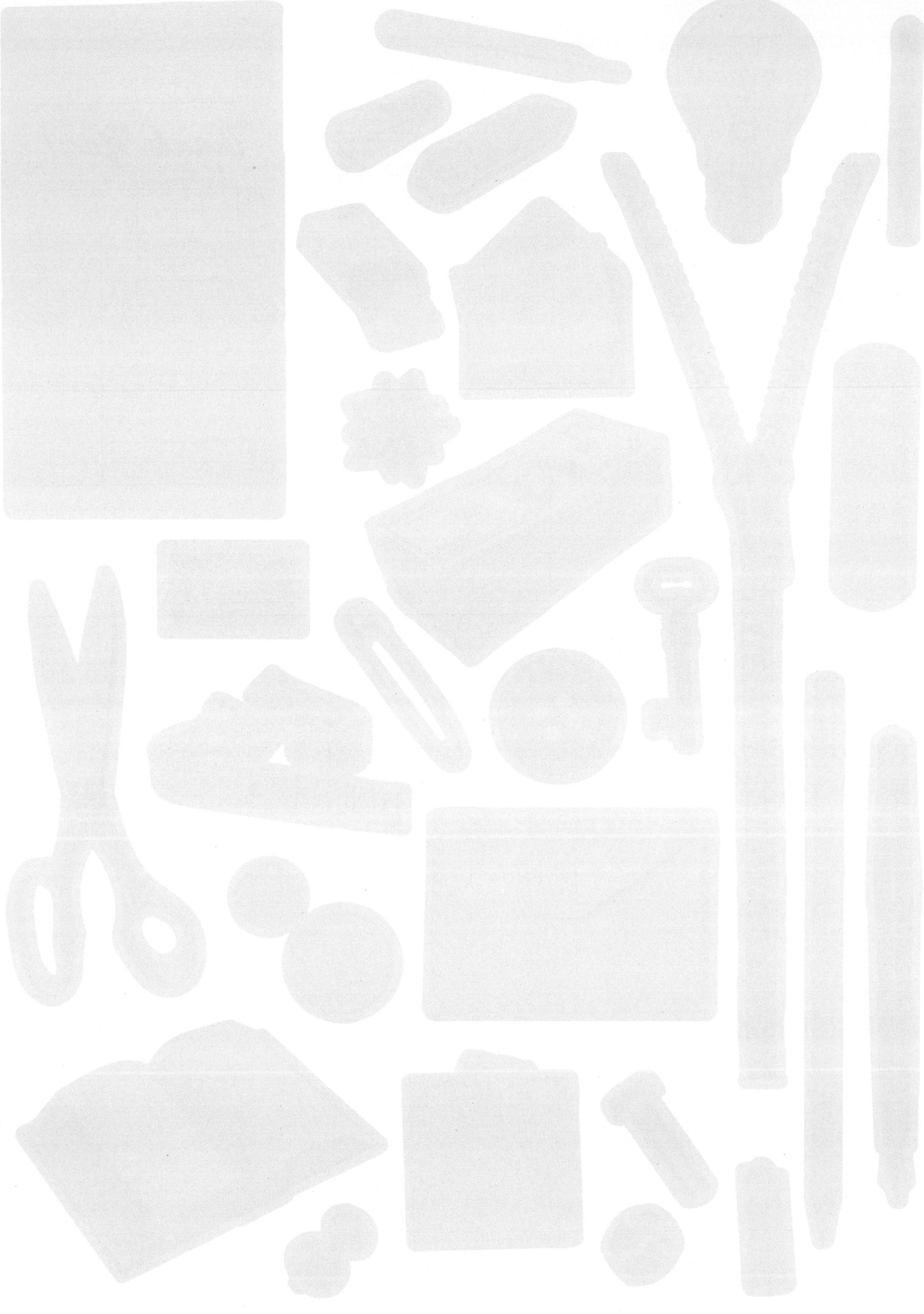

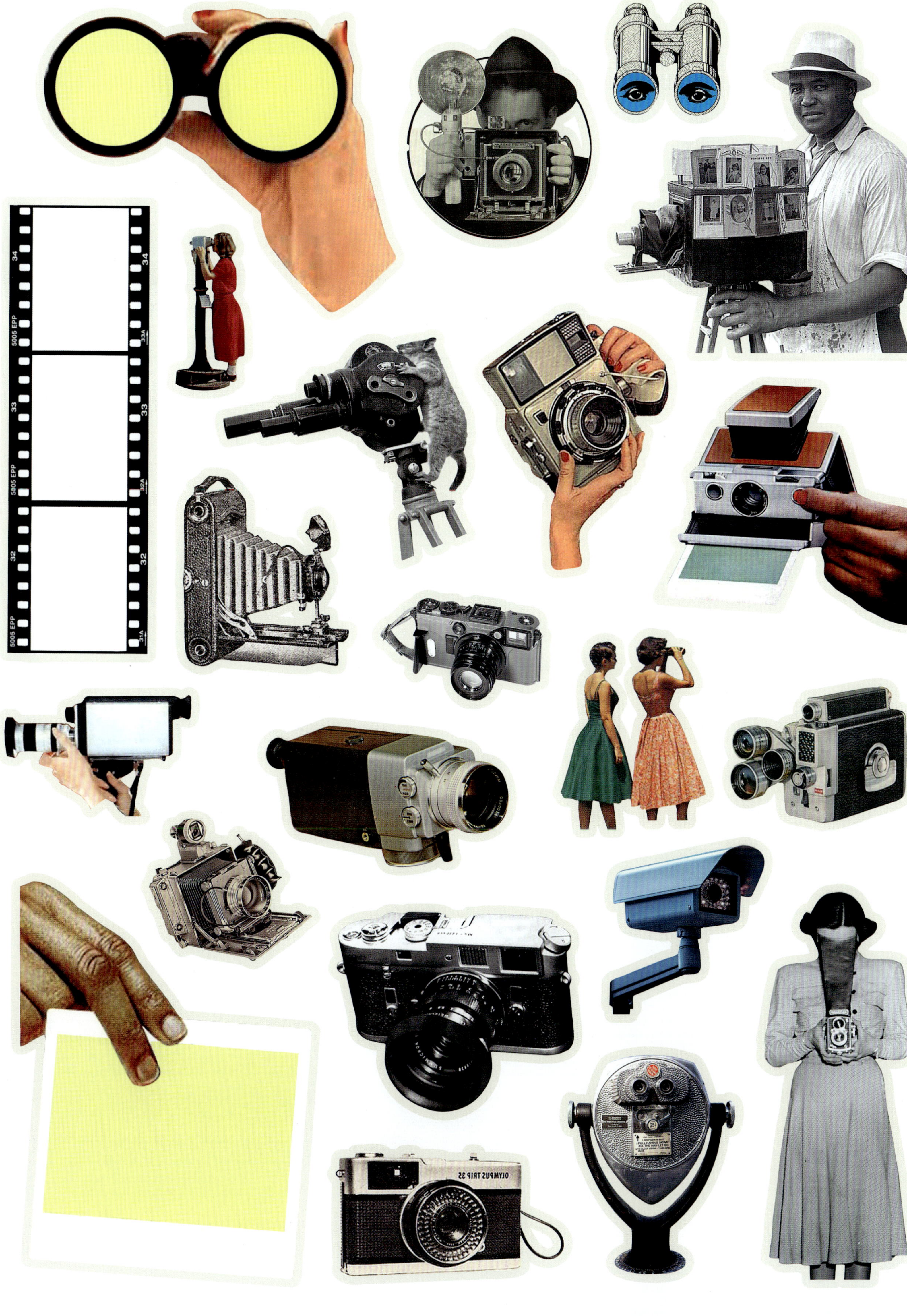
5005 EPP
34
33
32
OLYMPUS TRIP 35

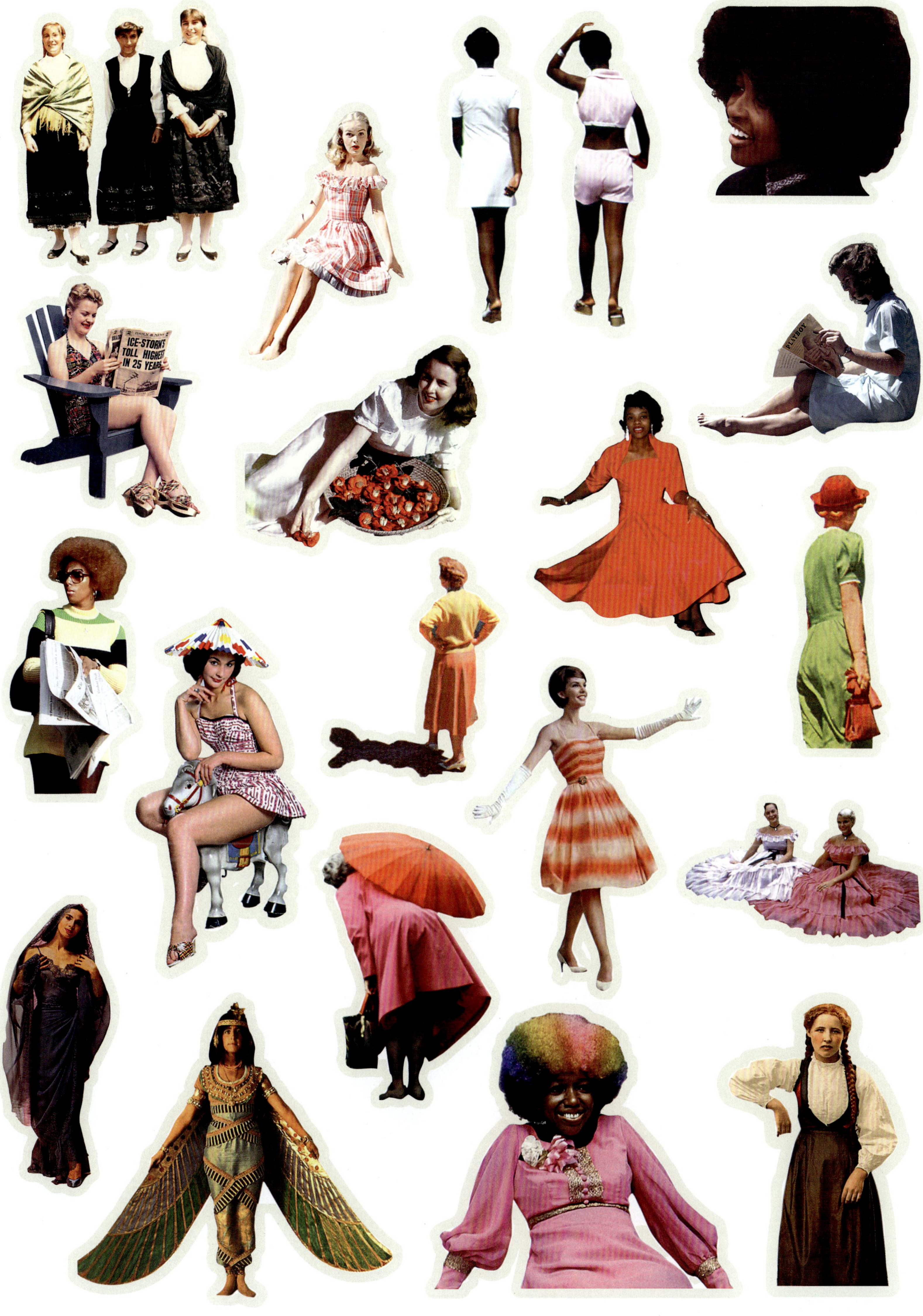
DAILY NEWS
ICE-STORM'S TOLL HIGHEST IN 25 YEARS
PLAYBOY

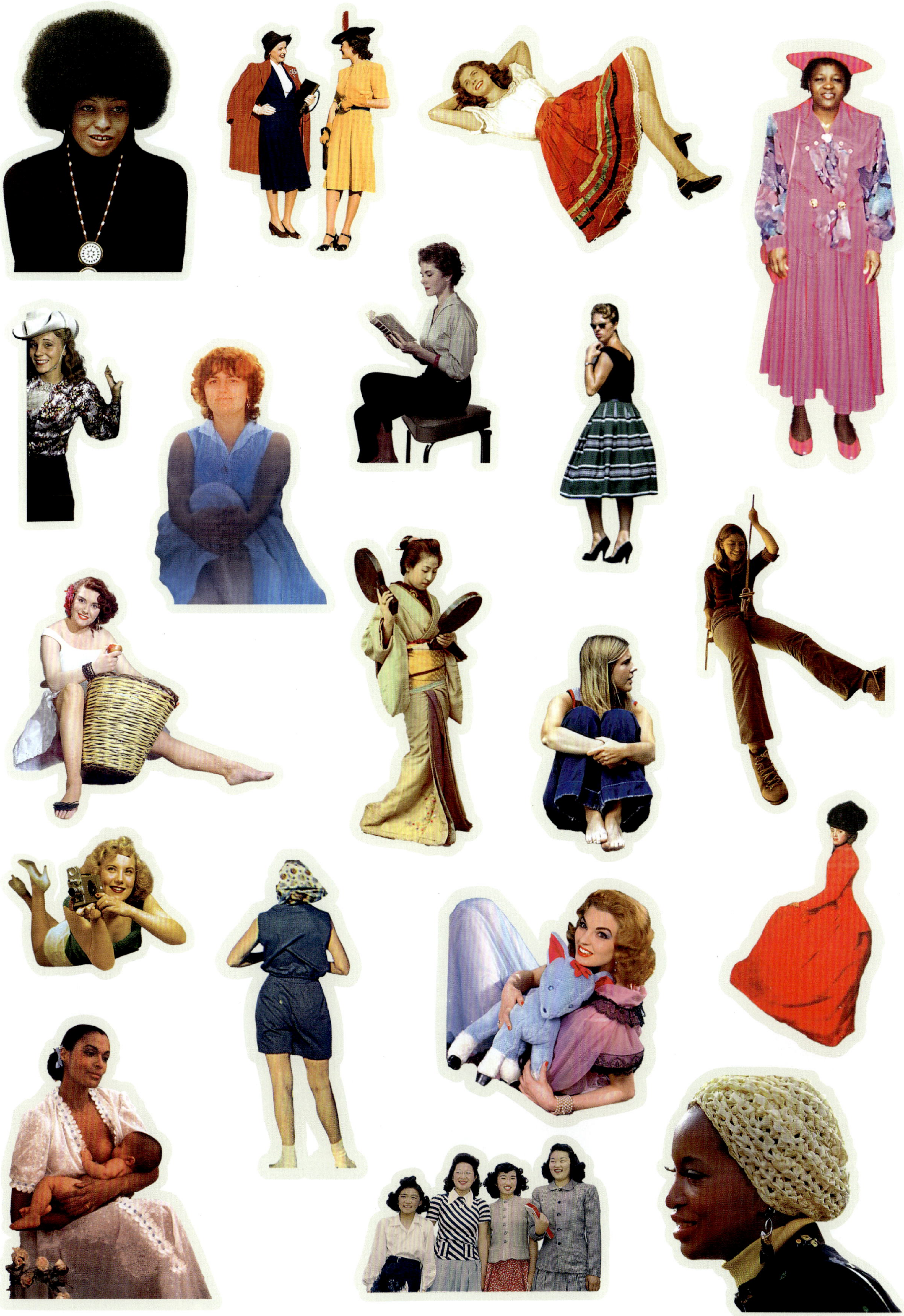

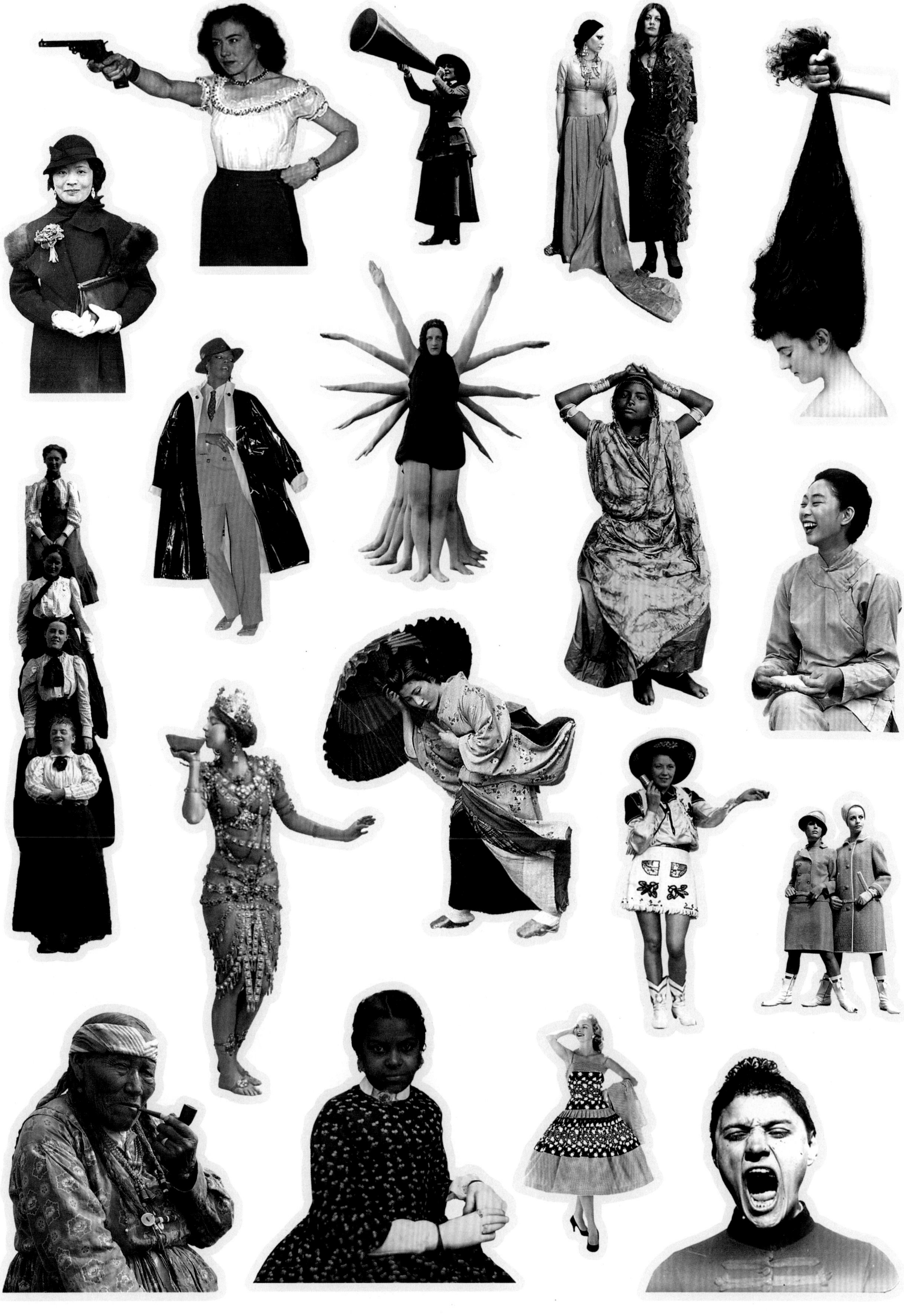

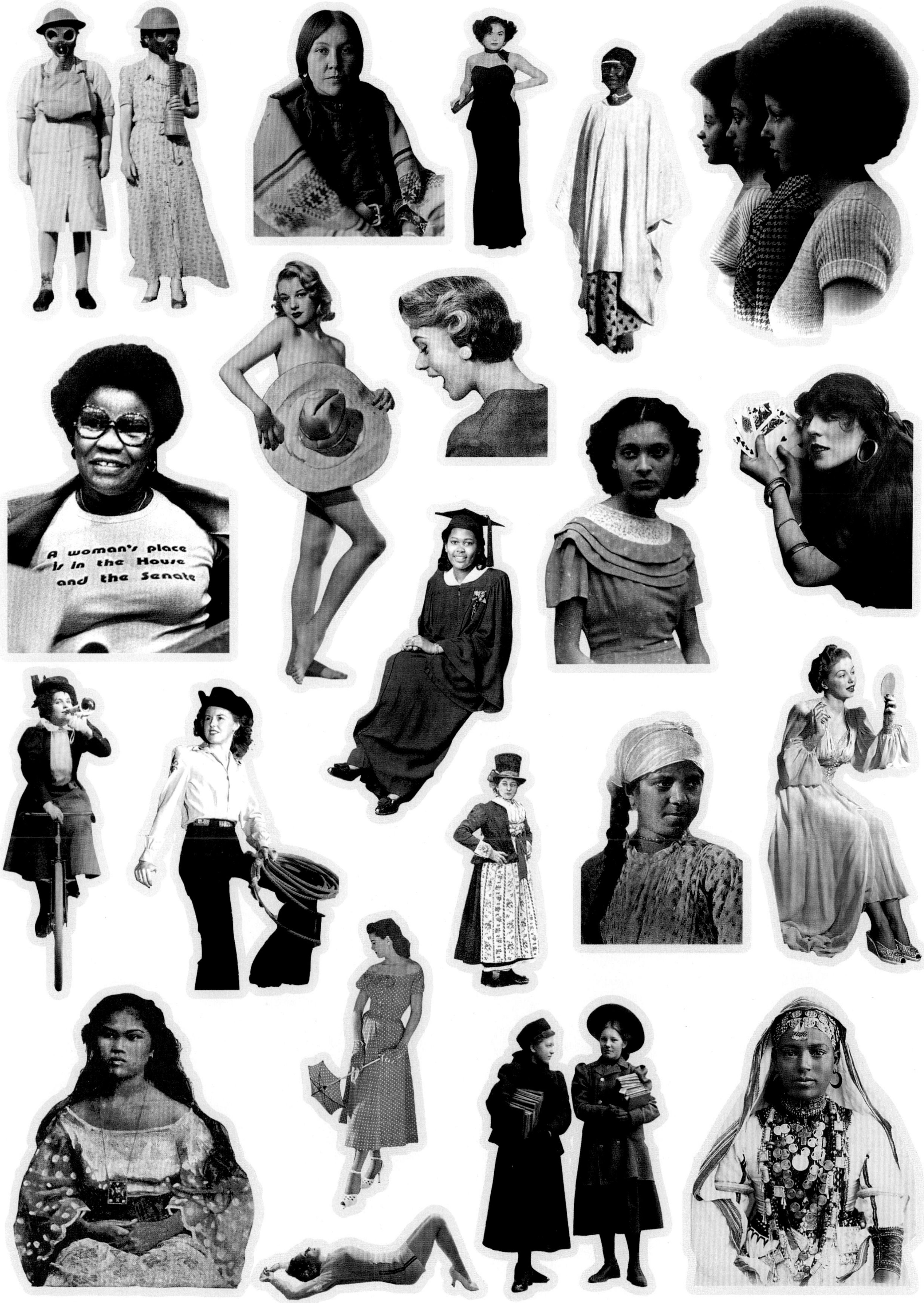
A woman's place
is in the House
and the Senate

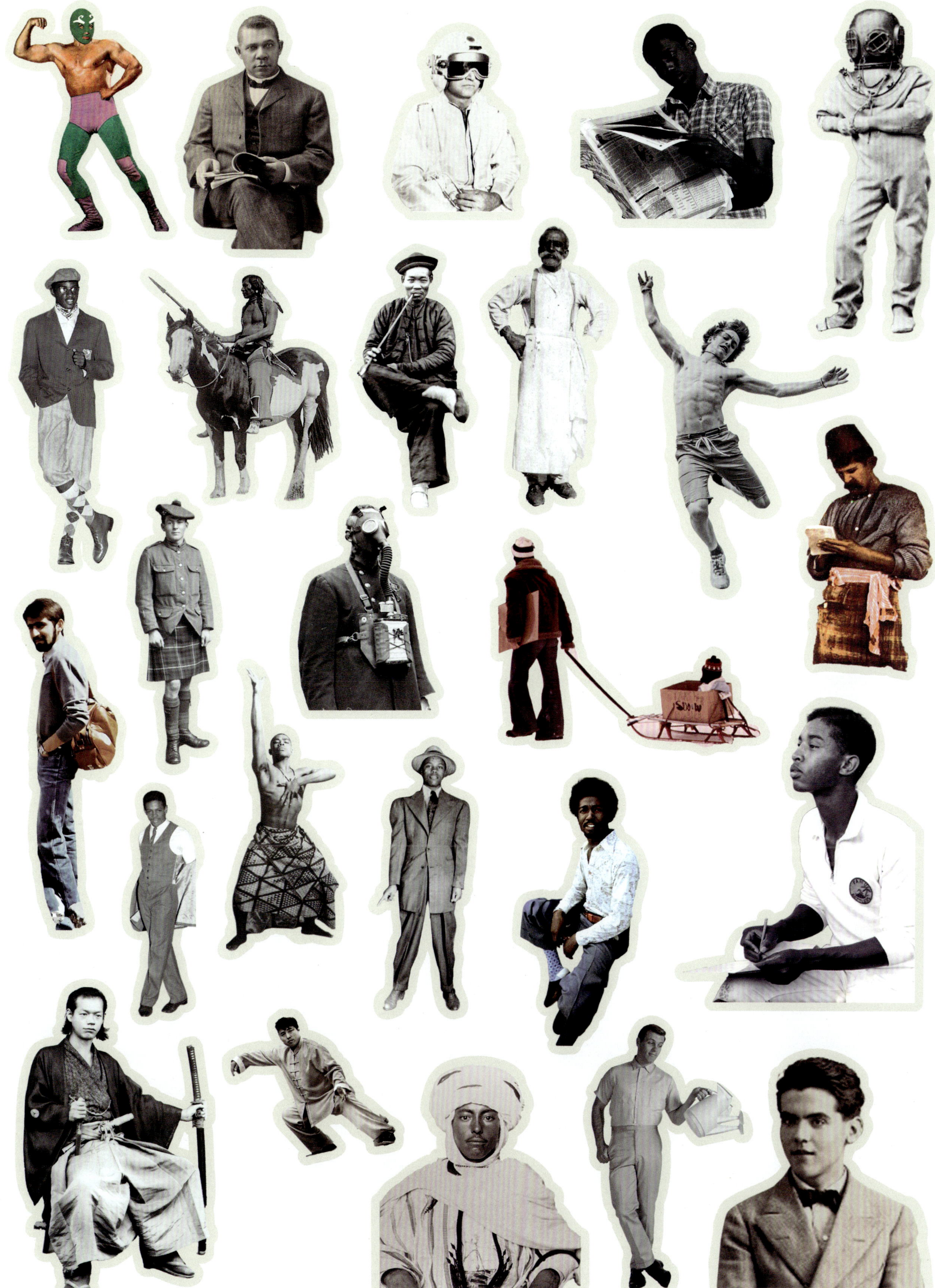

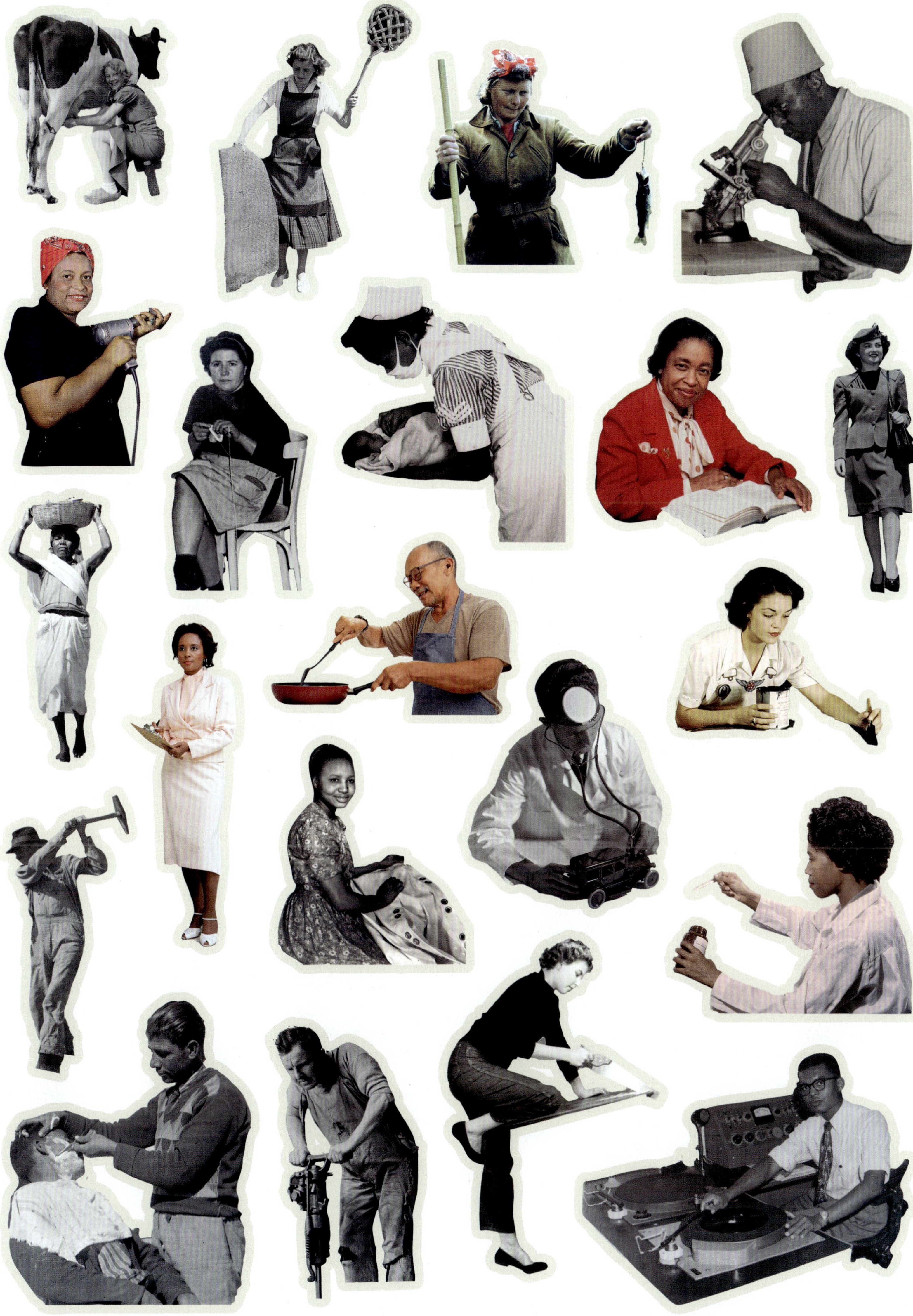

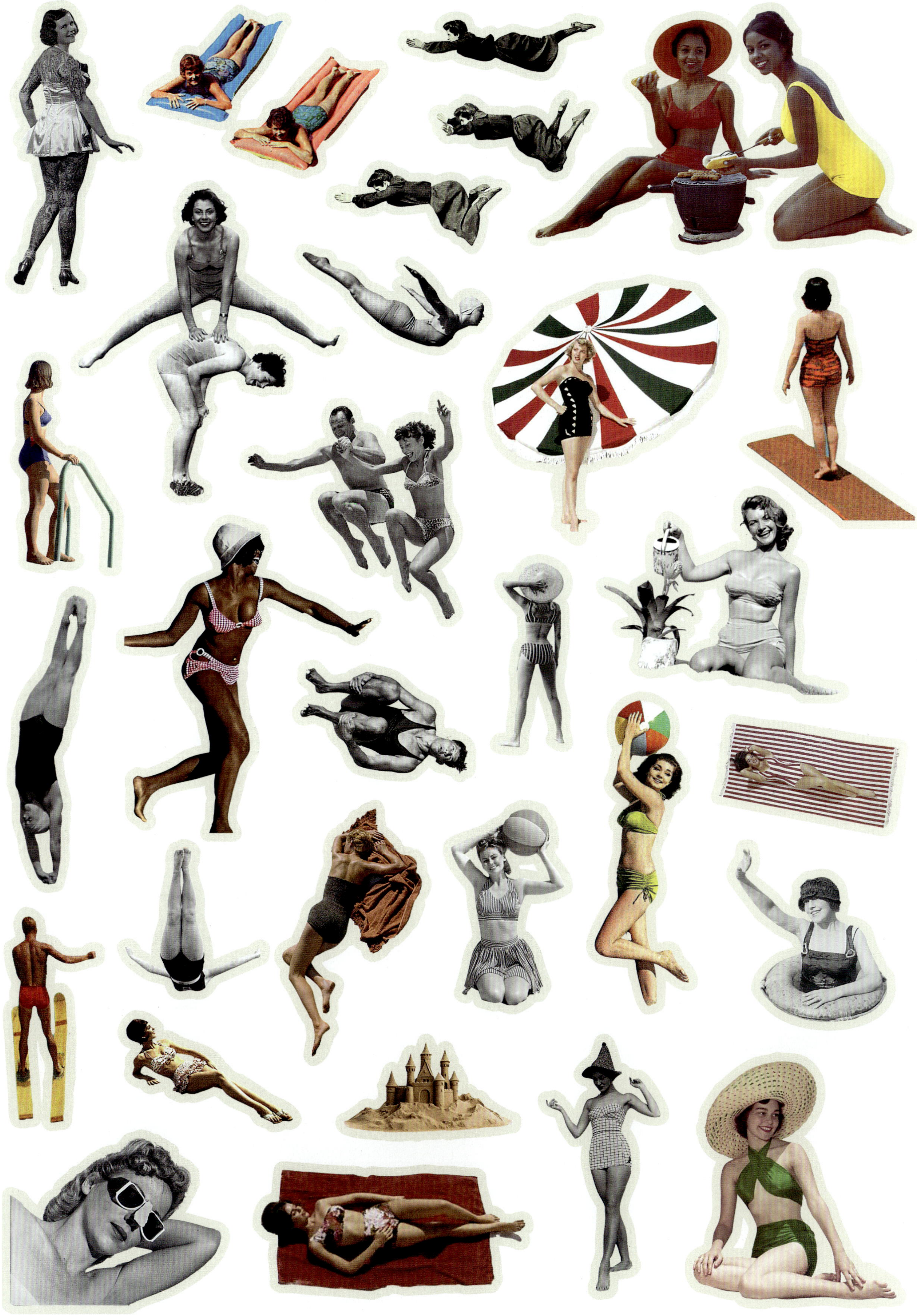

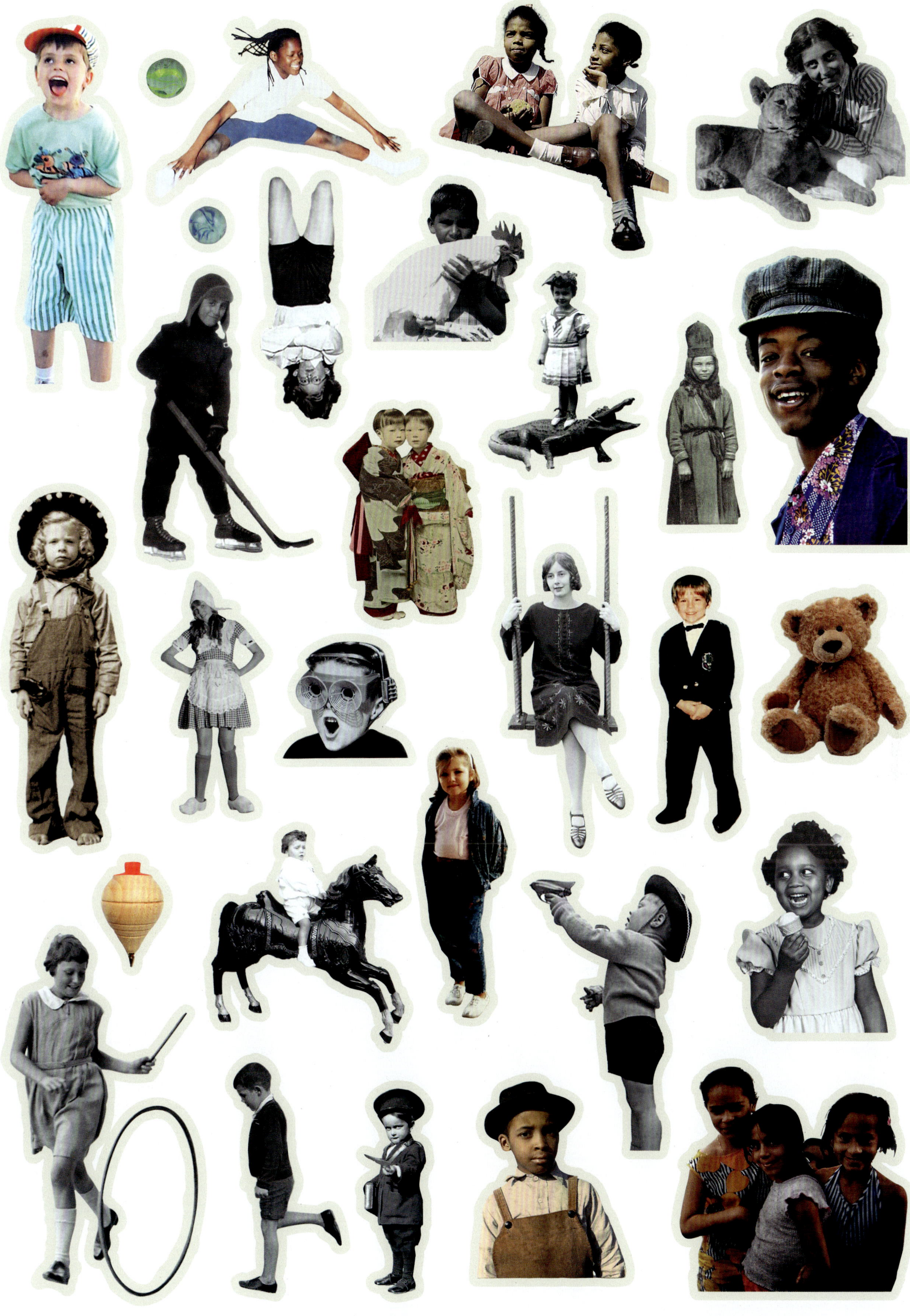

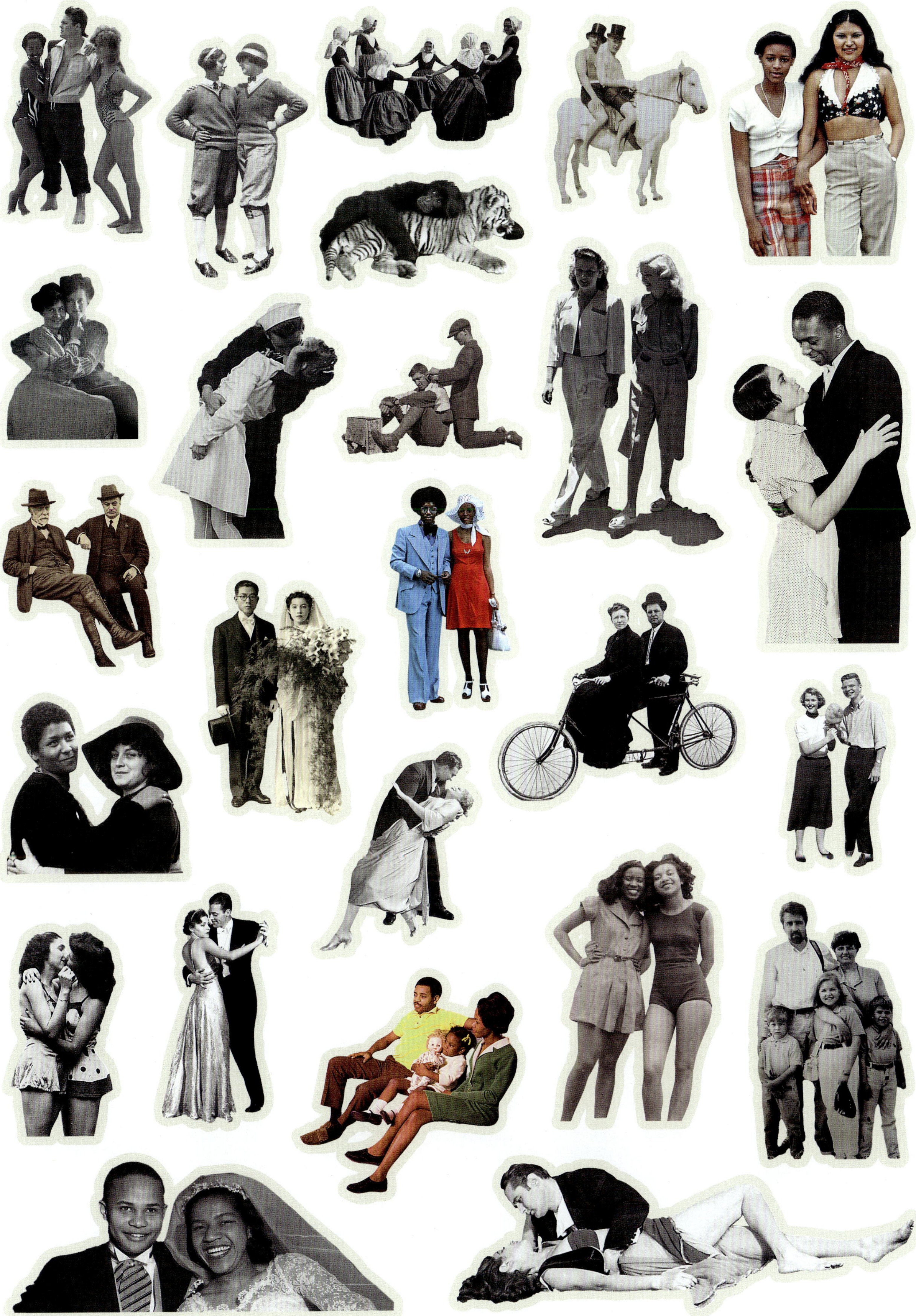

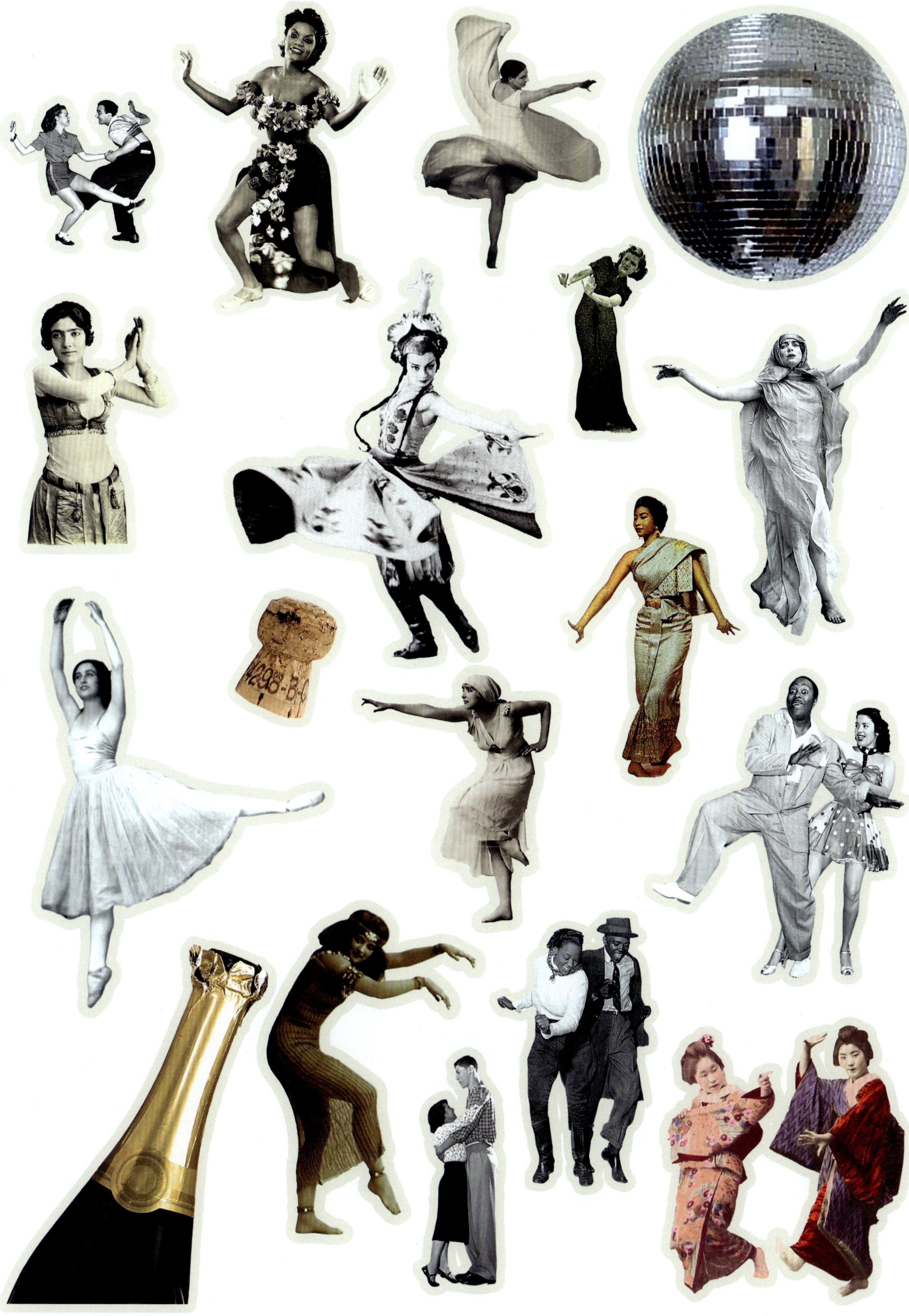

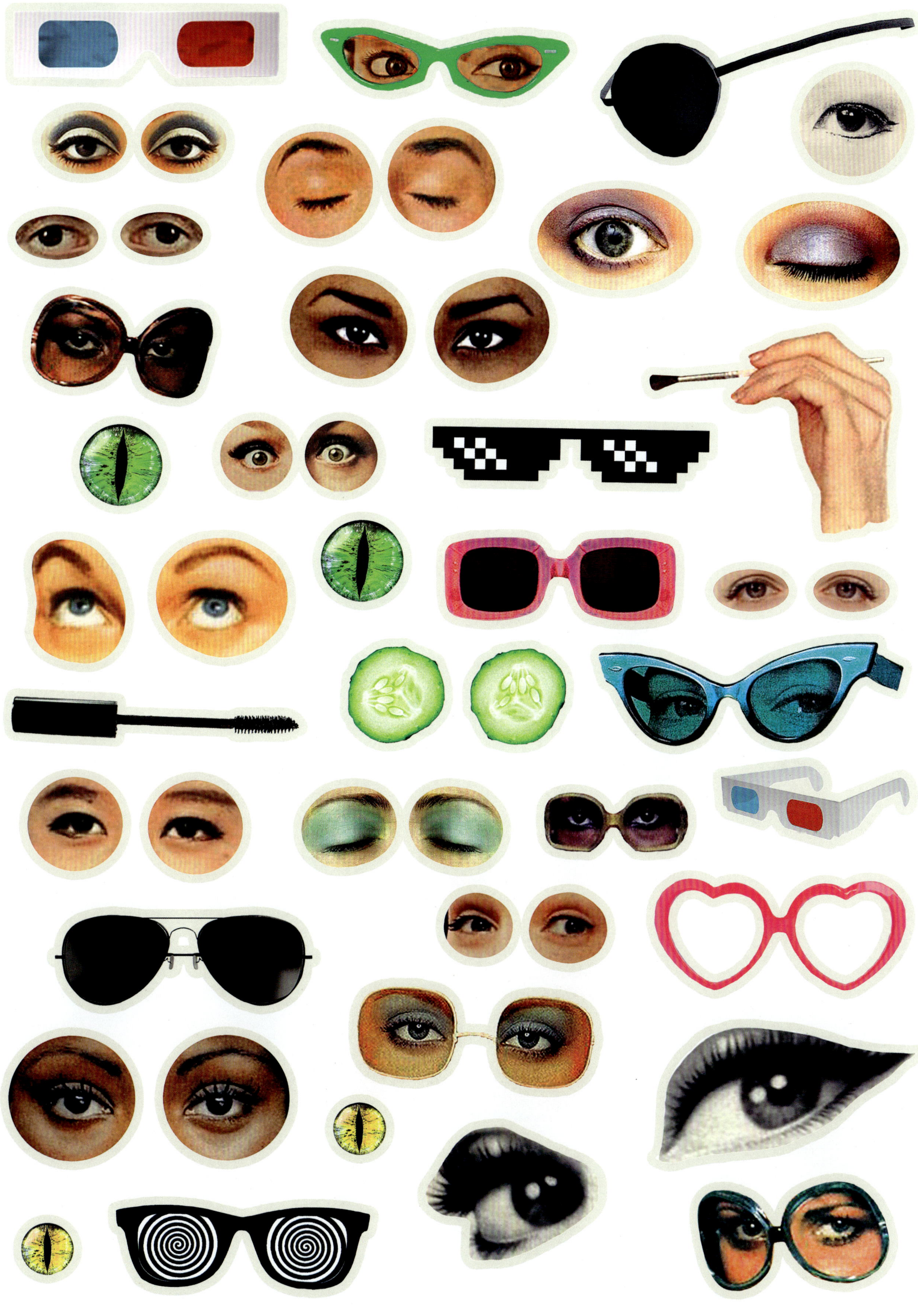

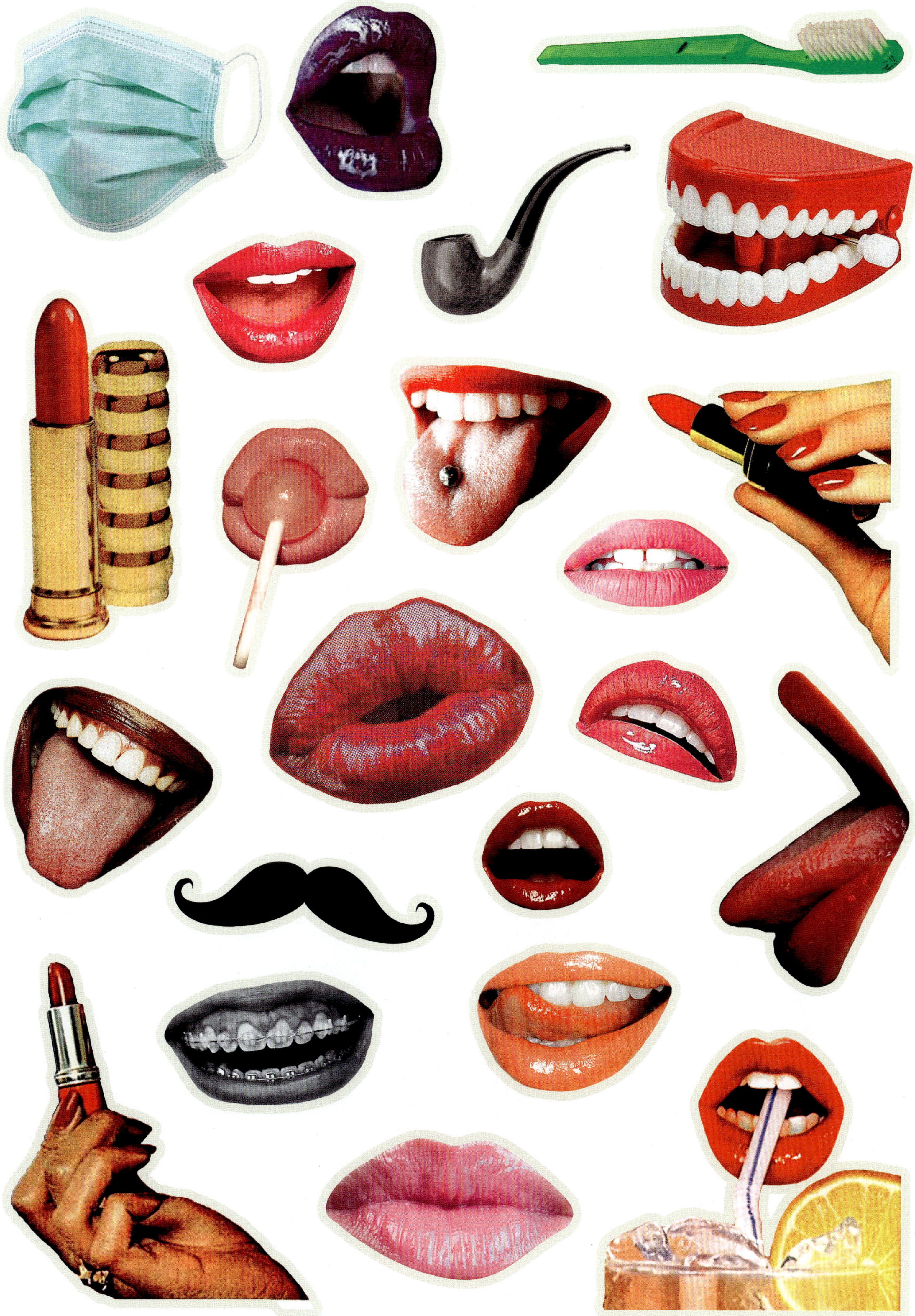

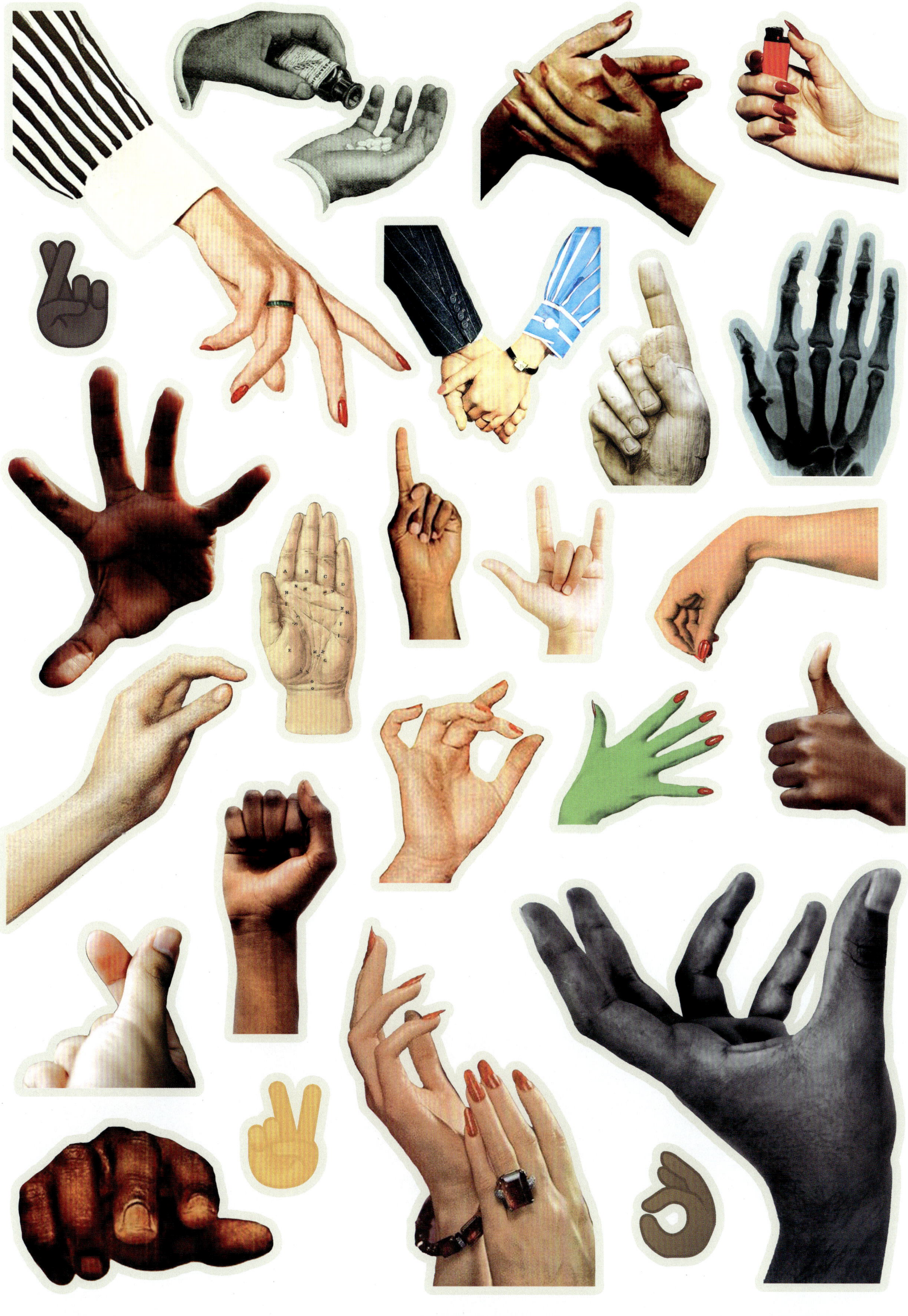

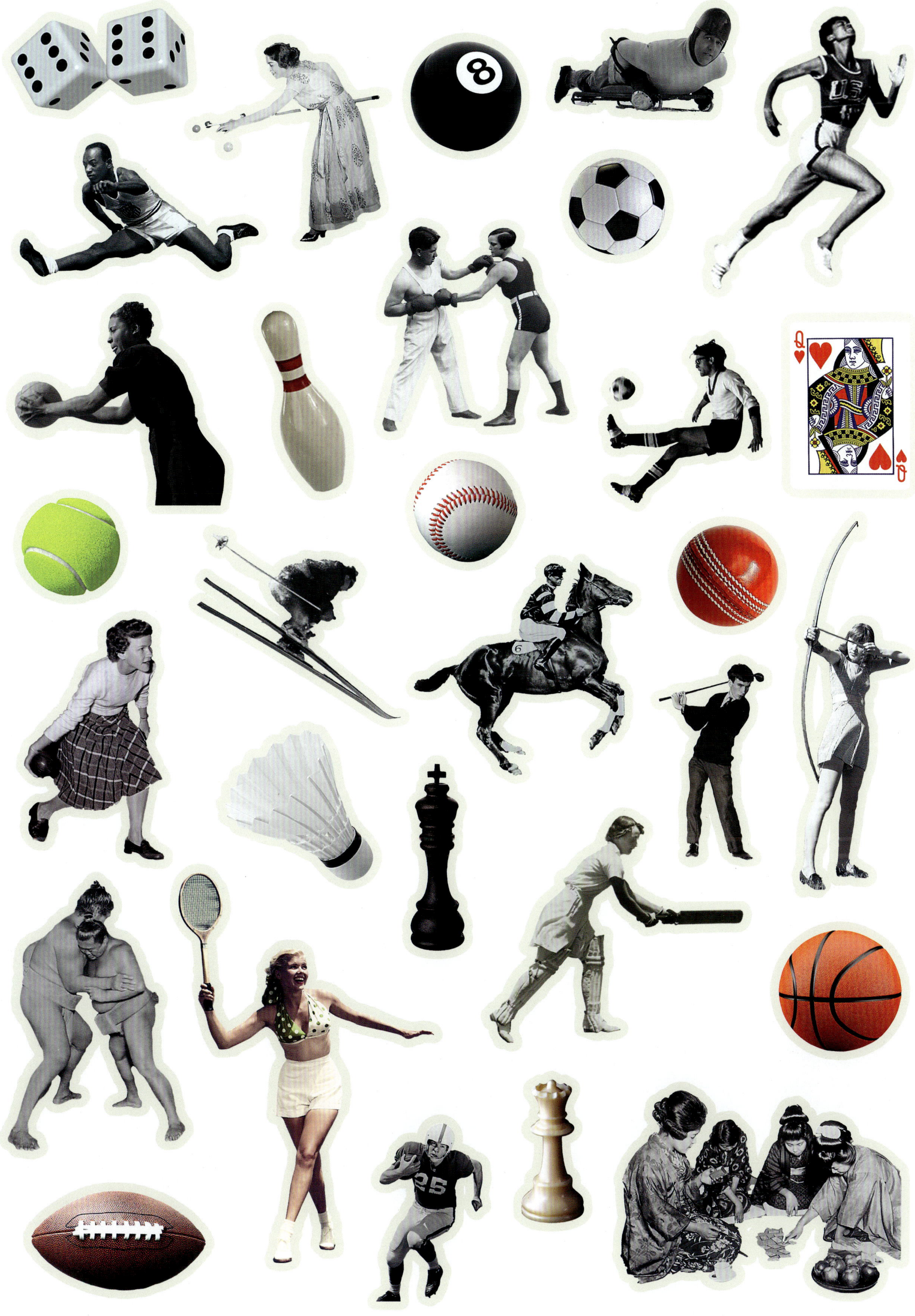

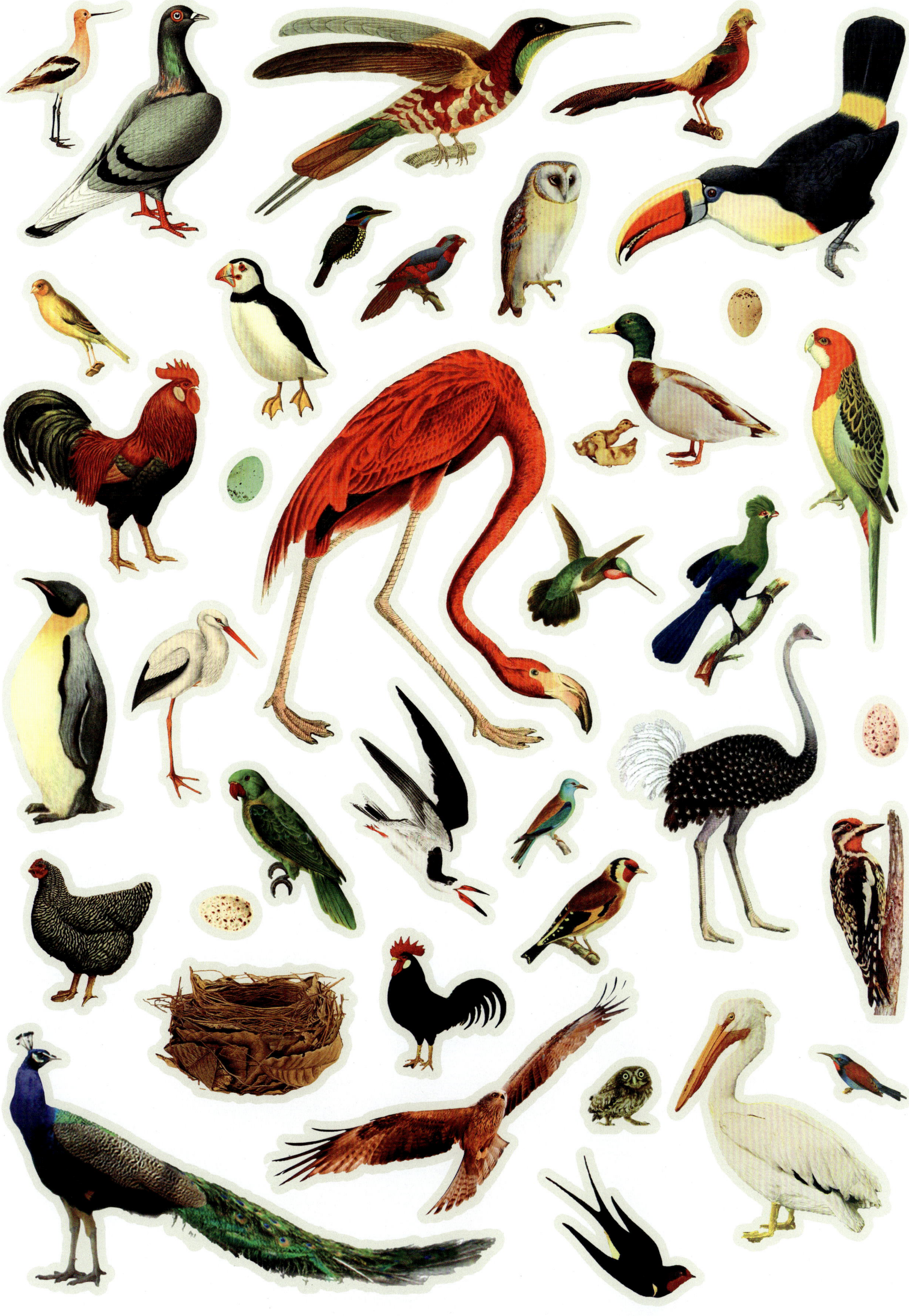

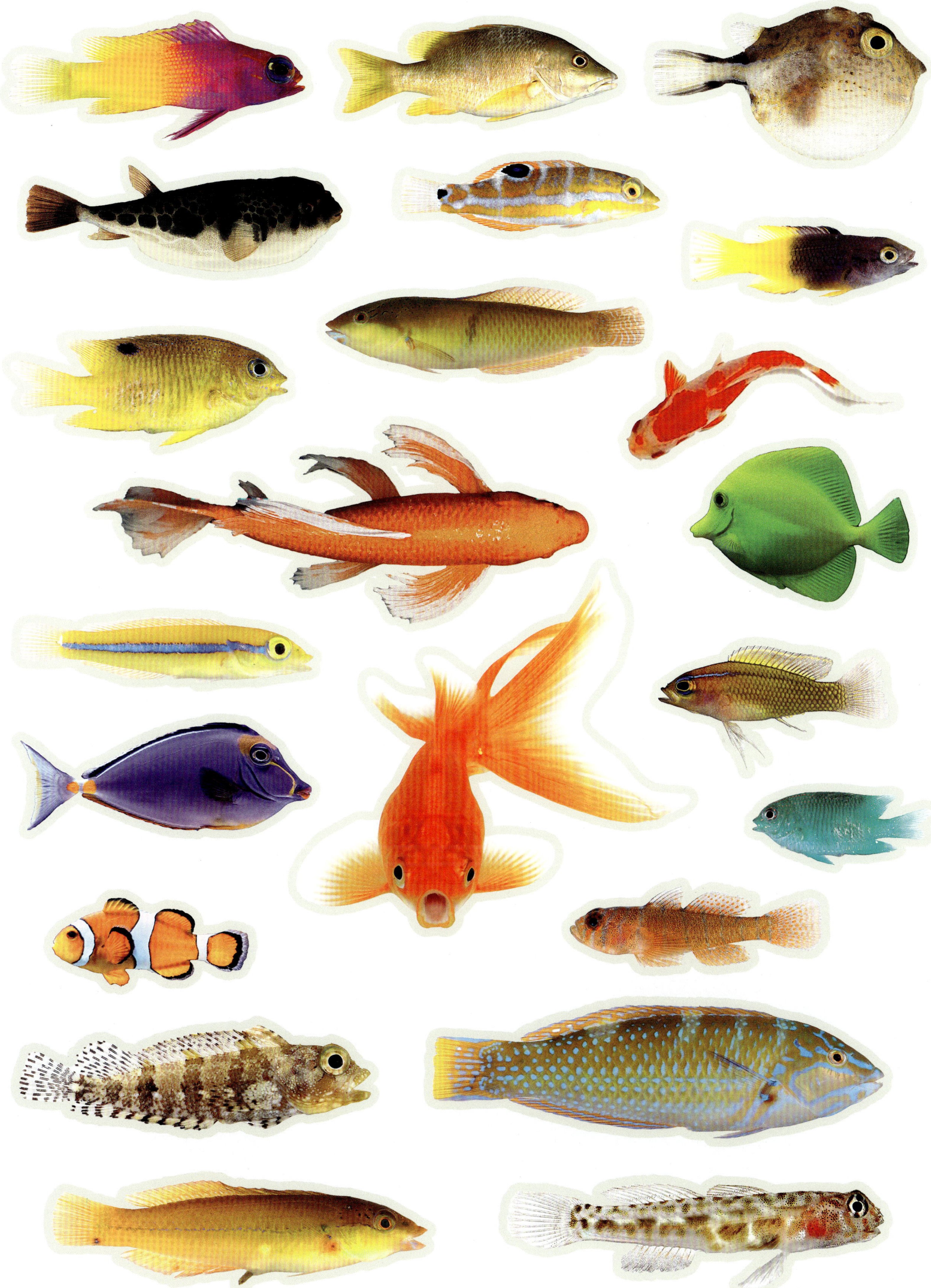

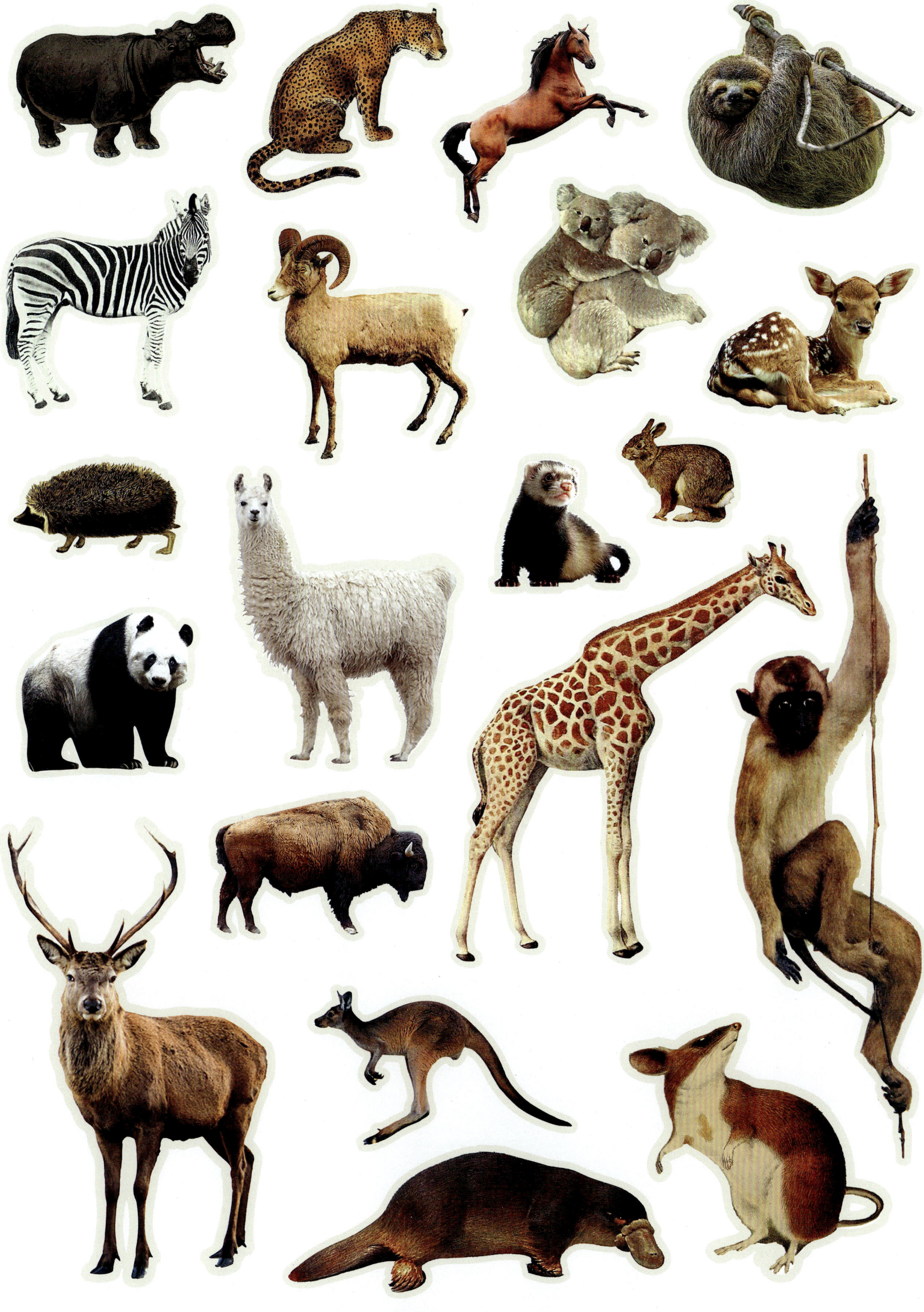

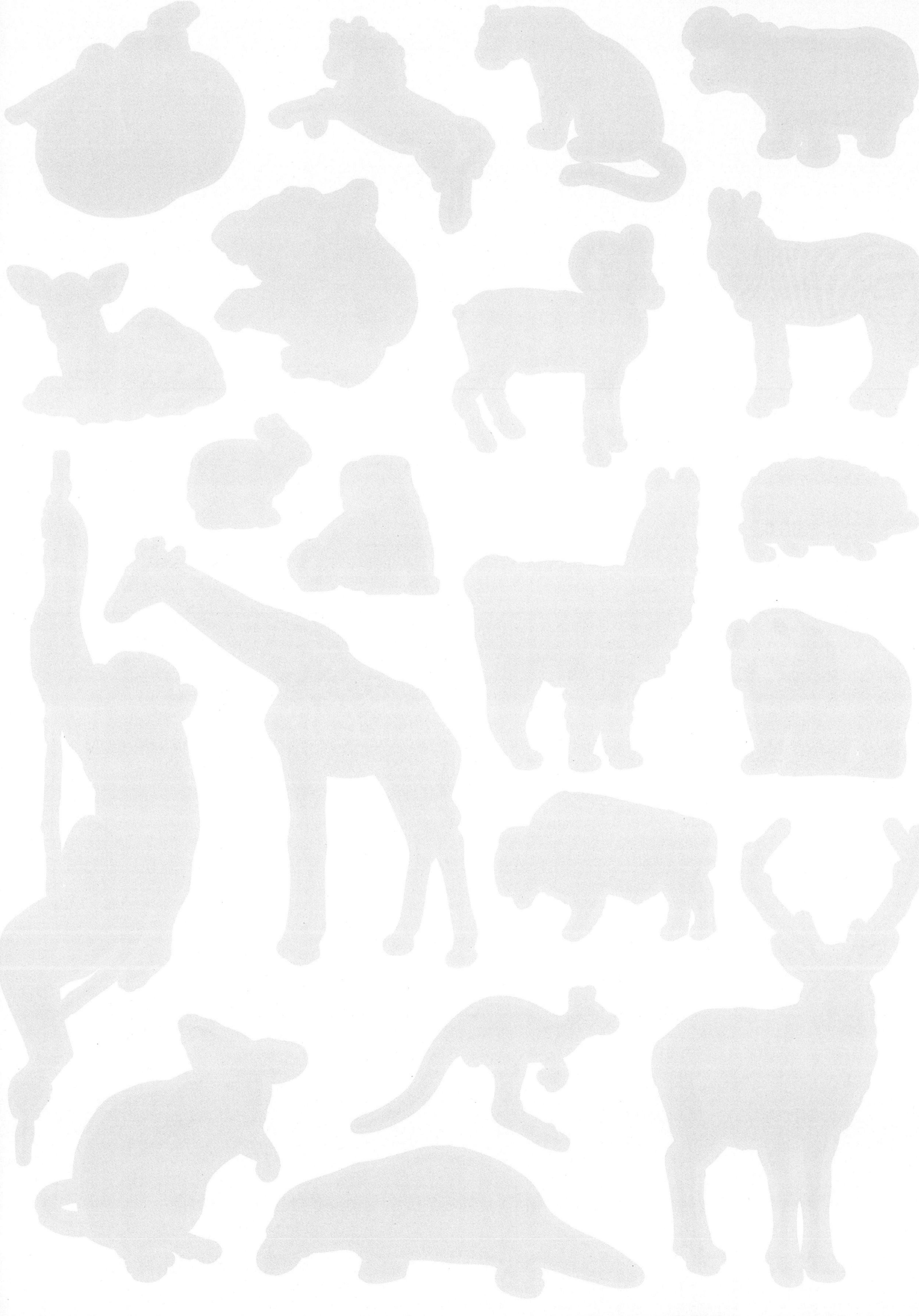

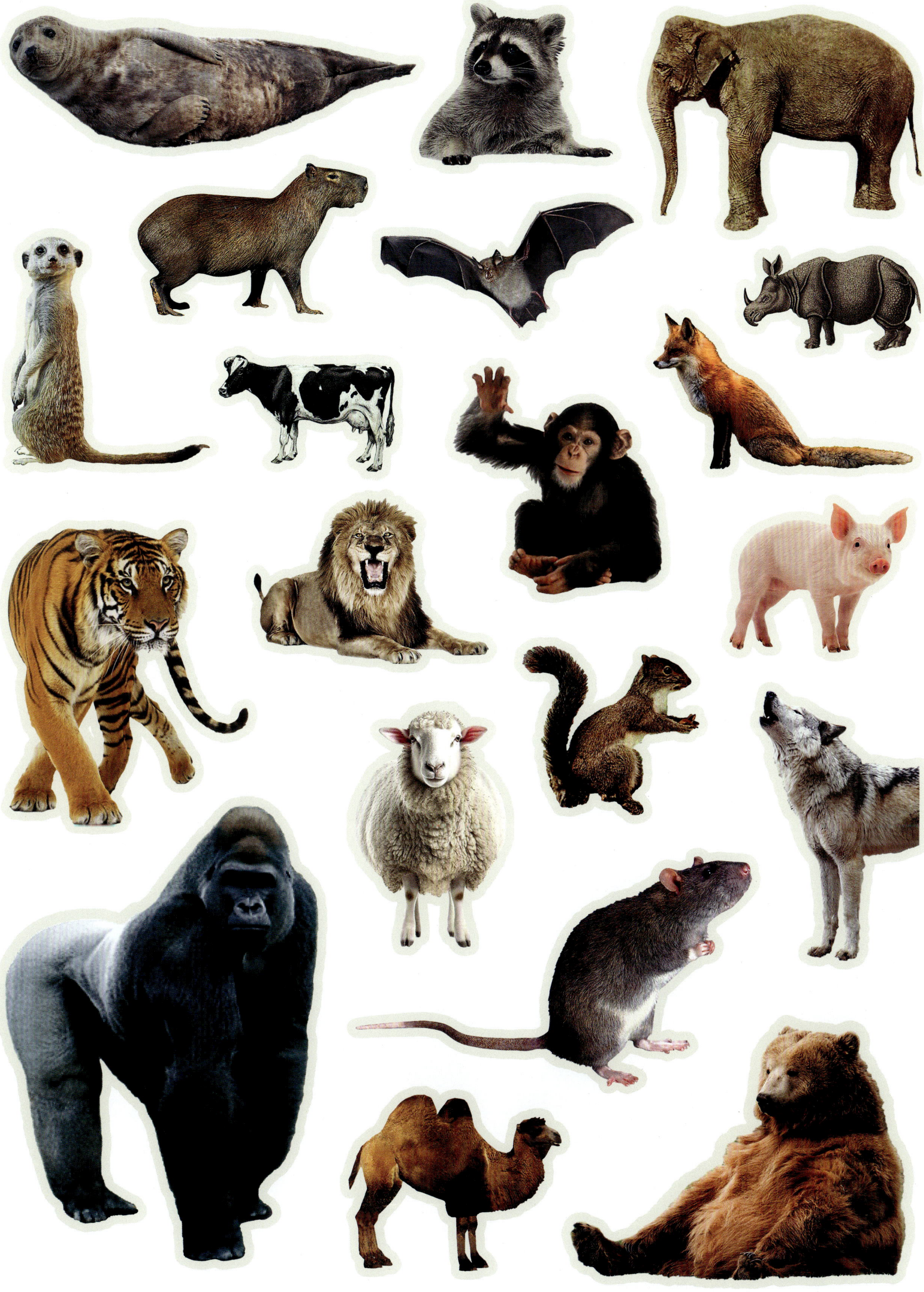

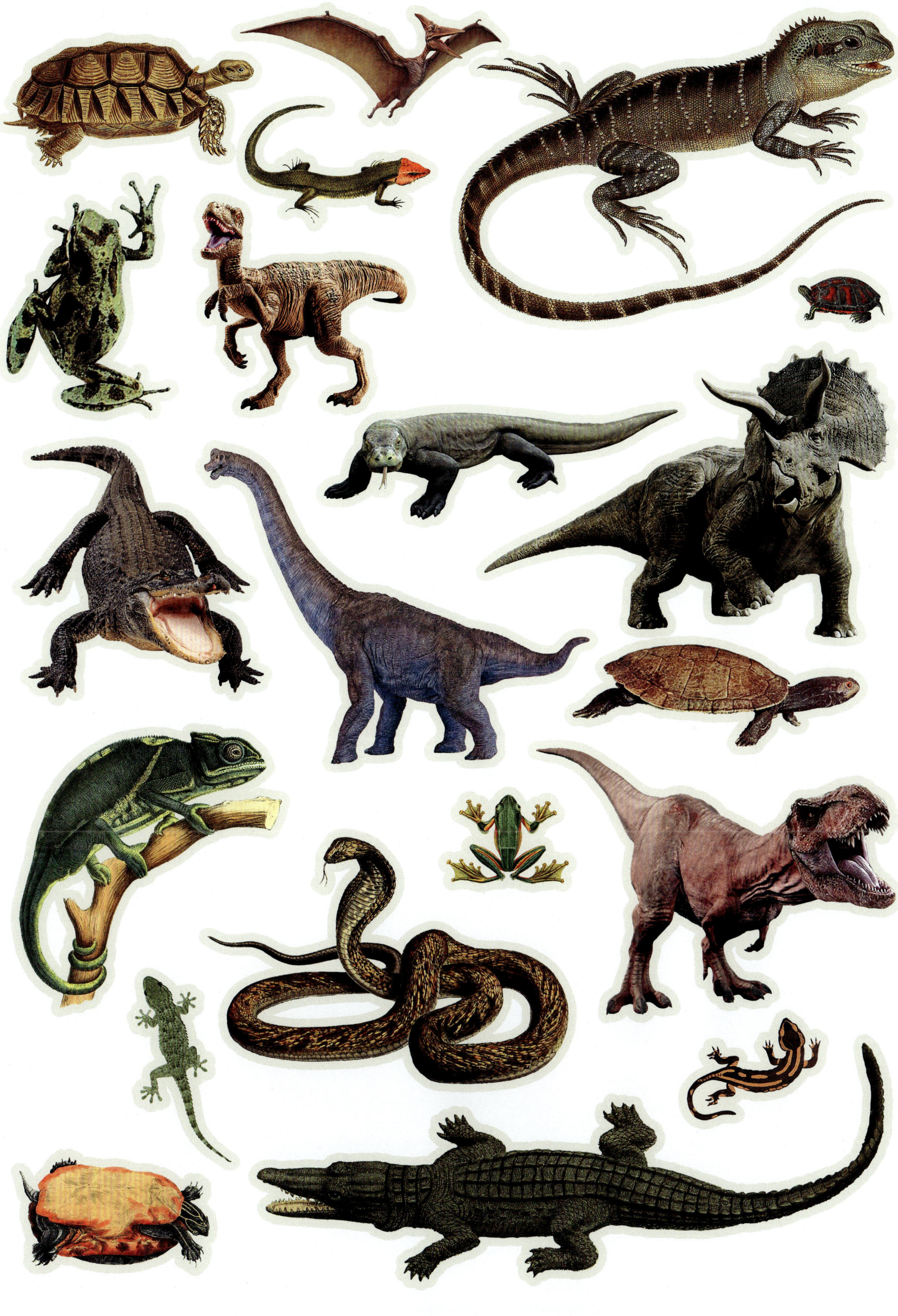

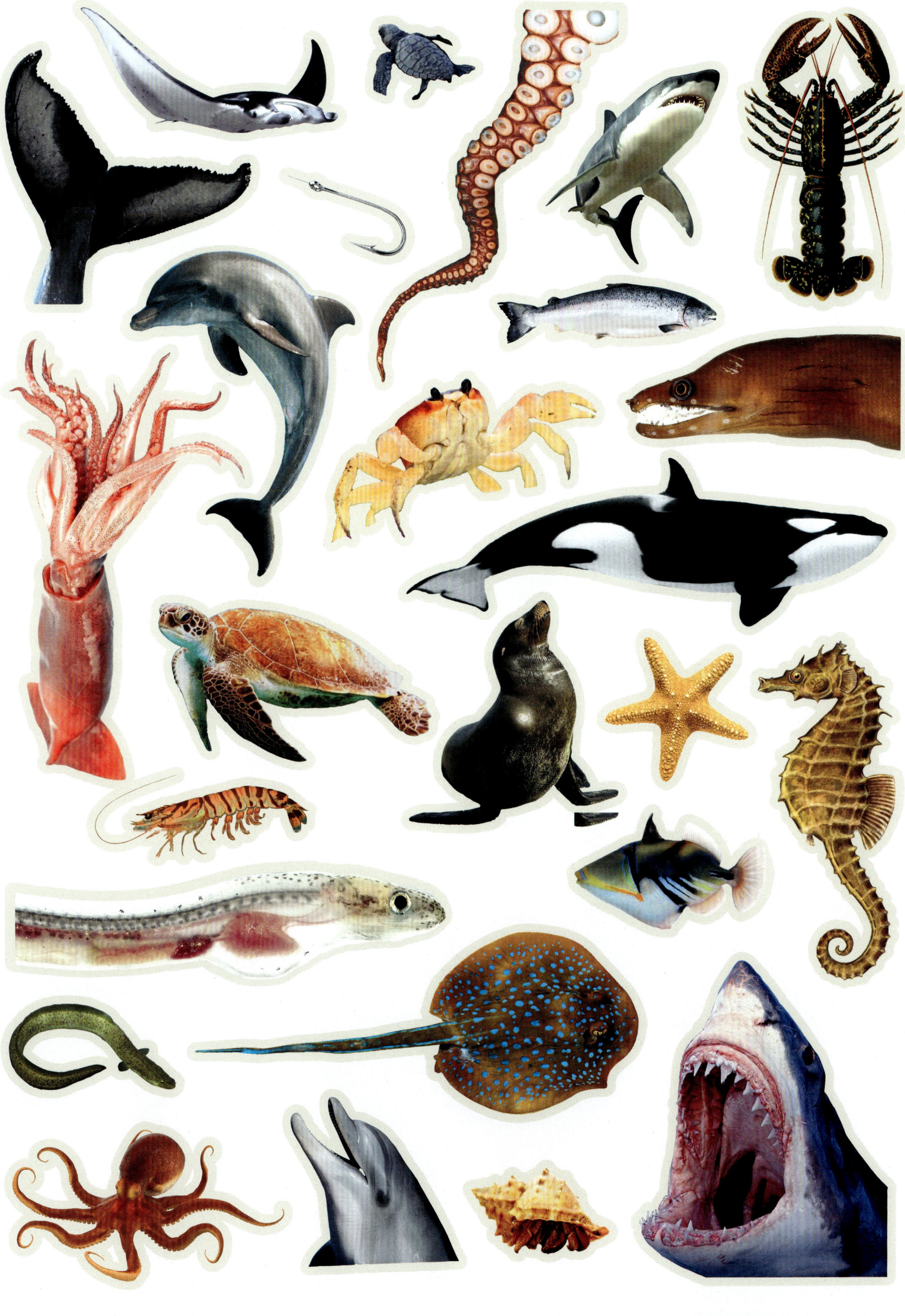

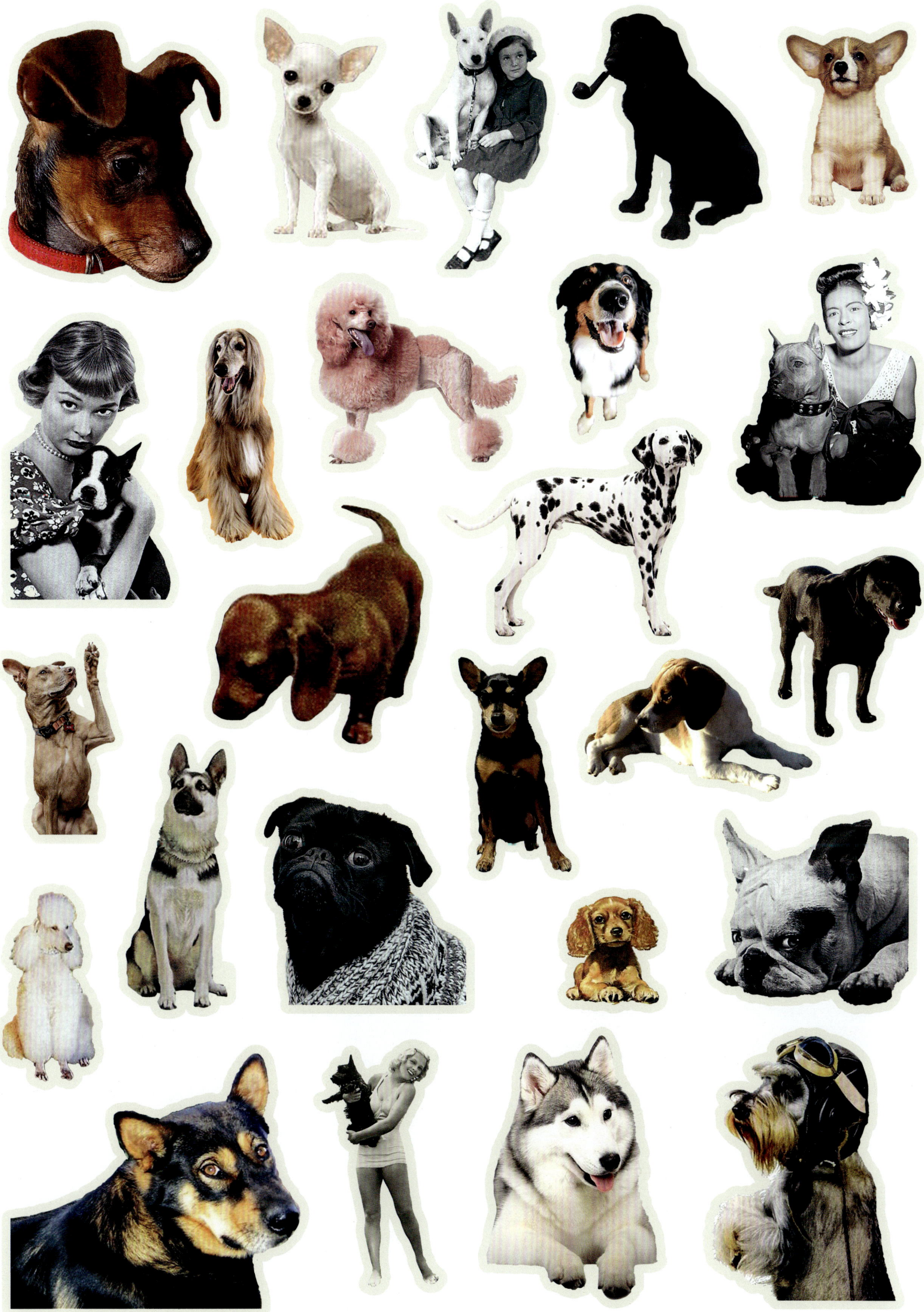

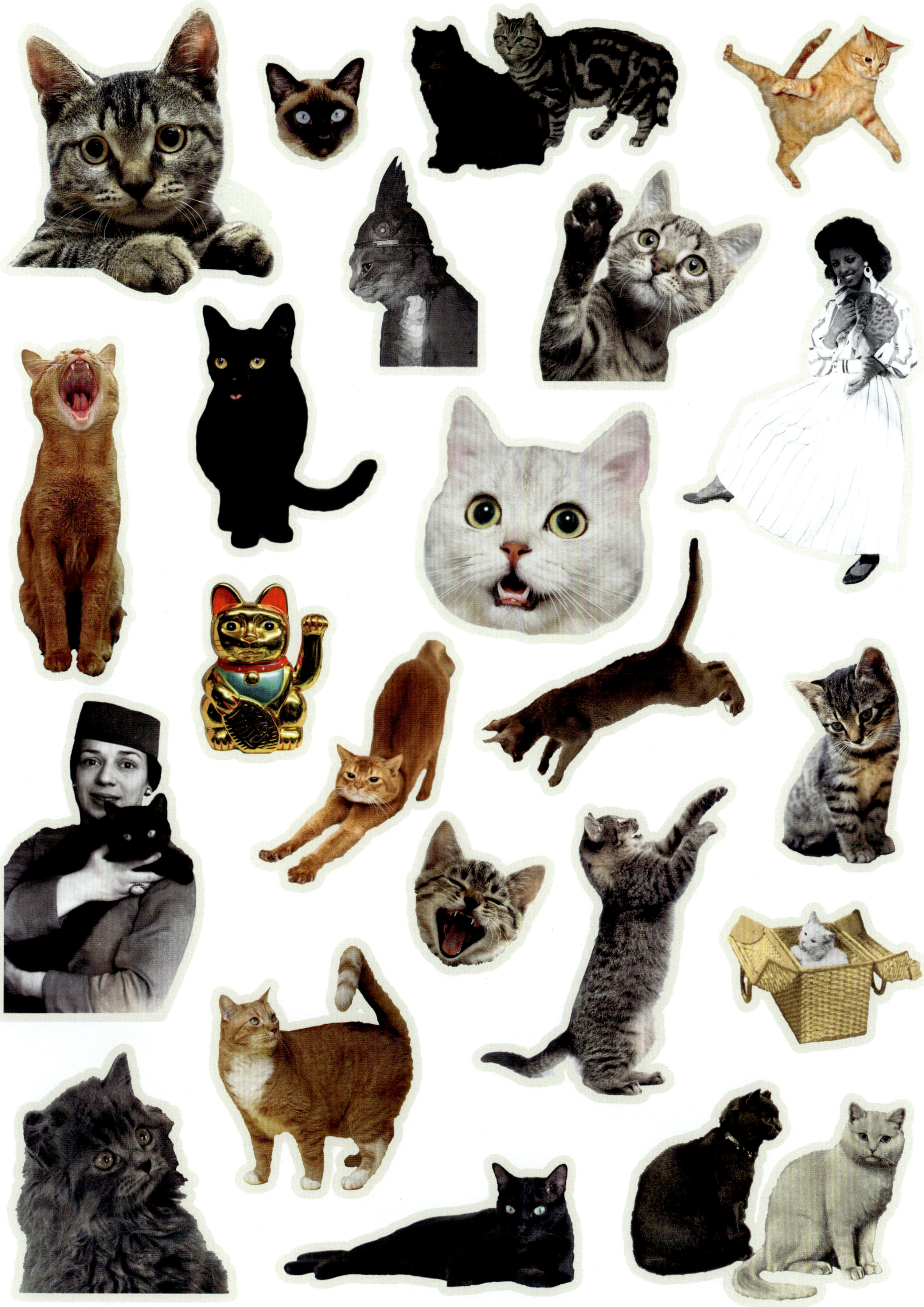

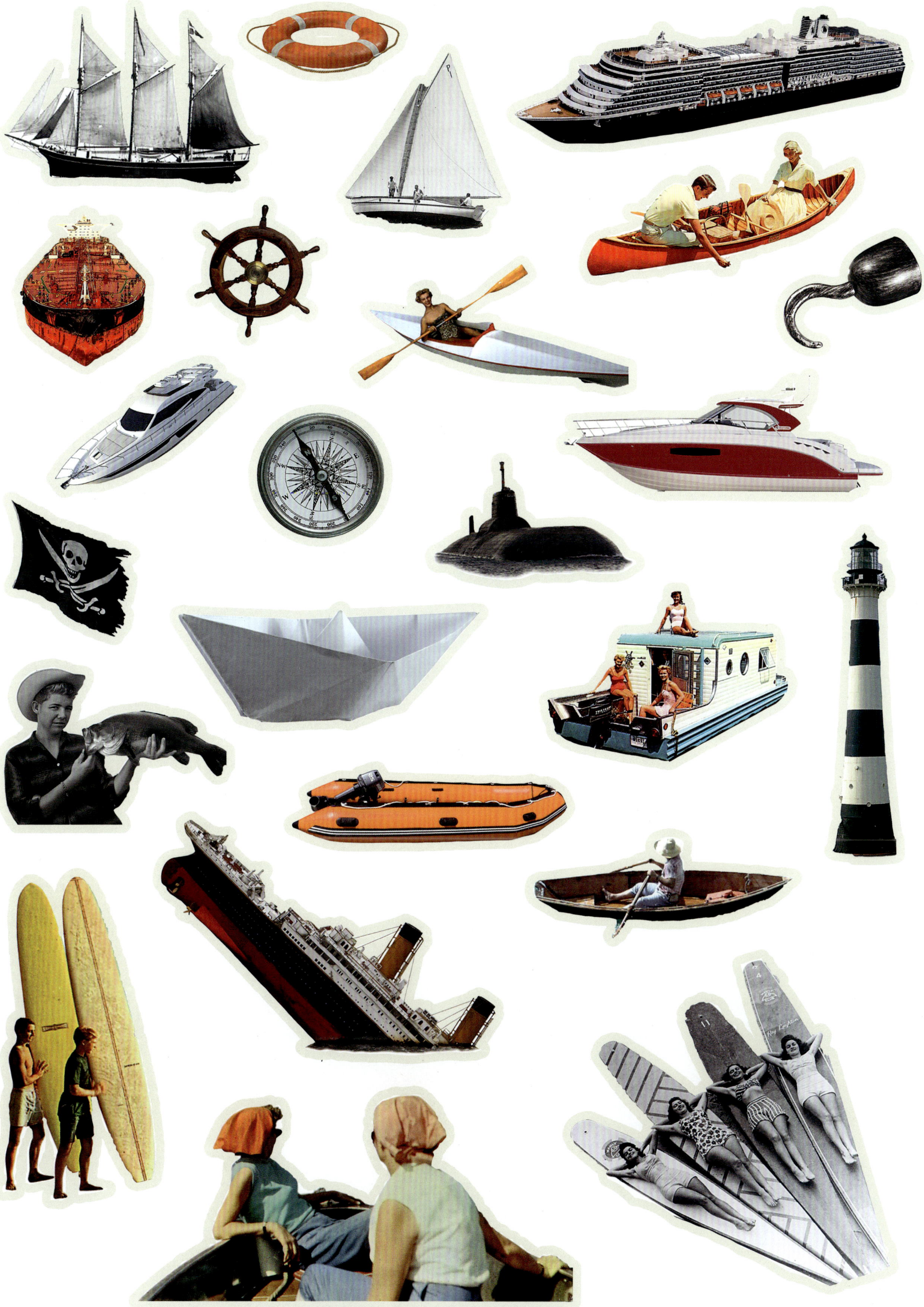

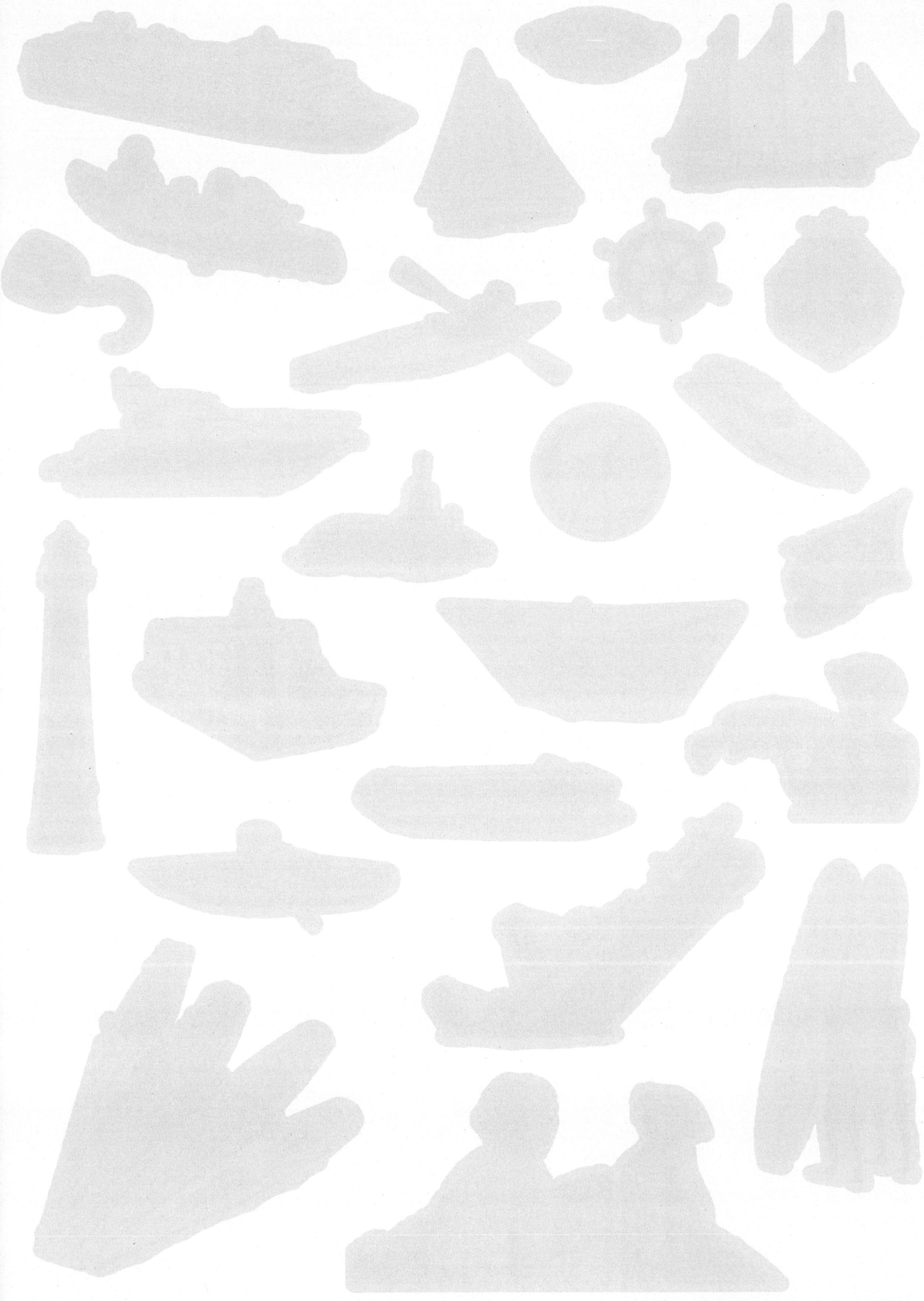

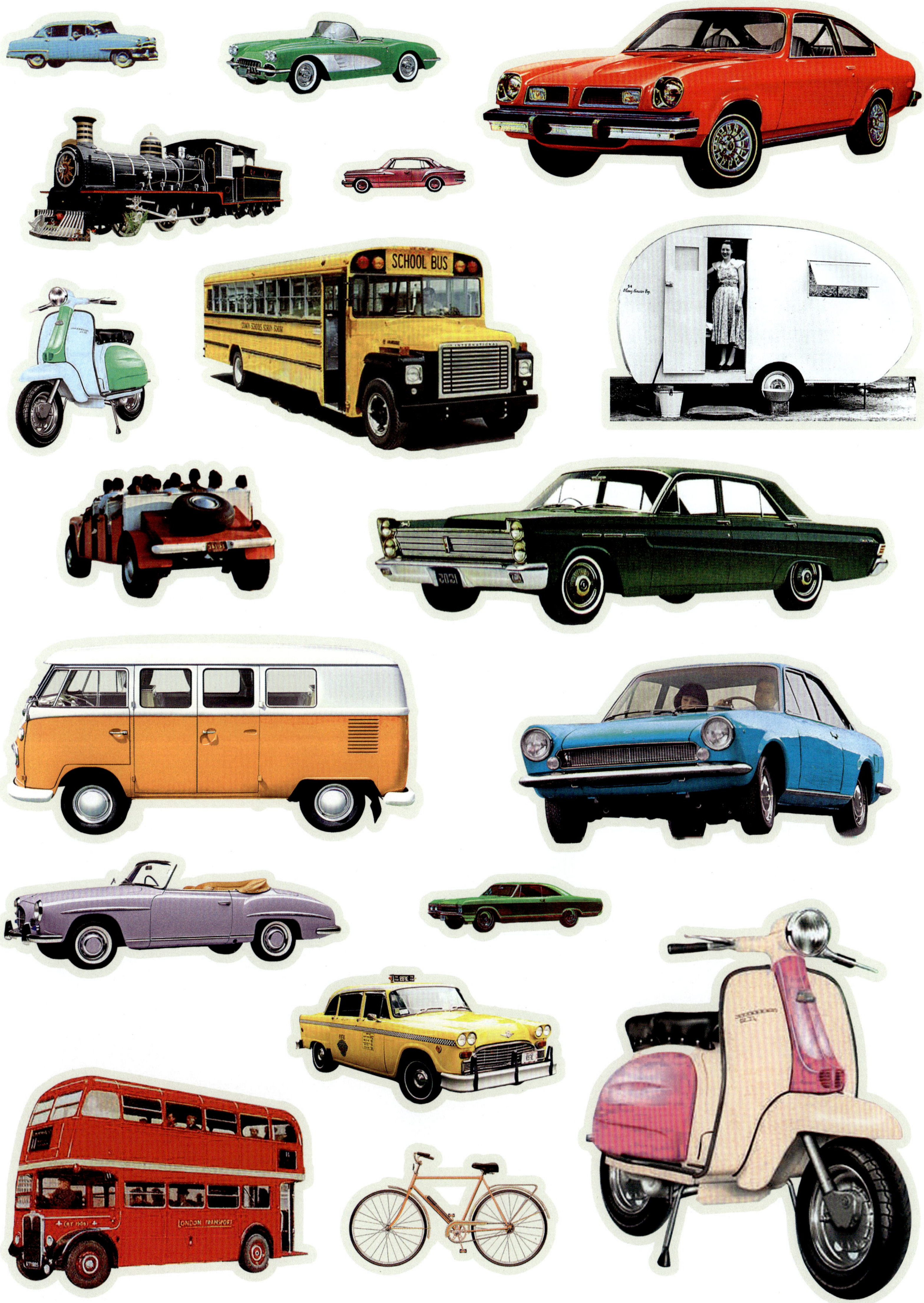
SCHOOL BUS
LONDON TRANSPORT

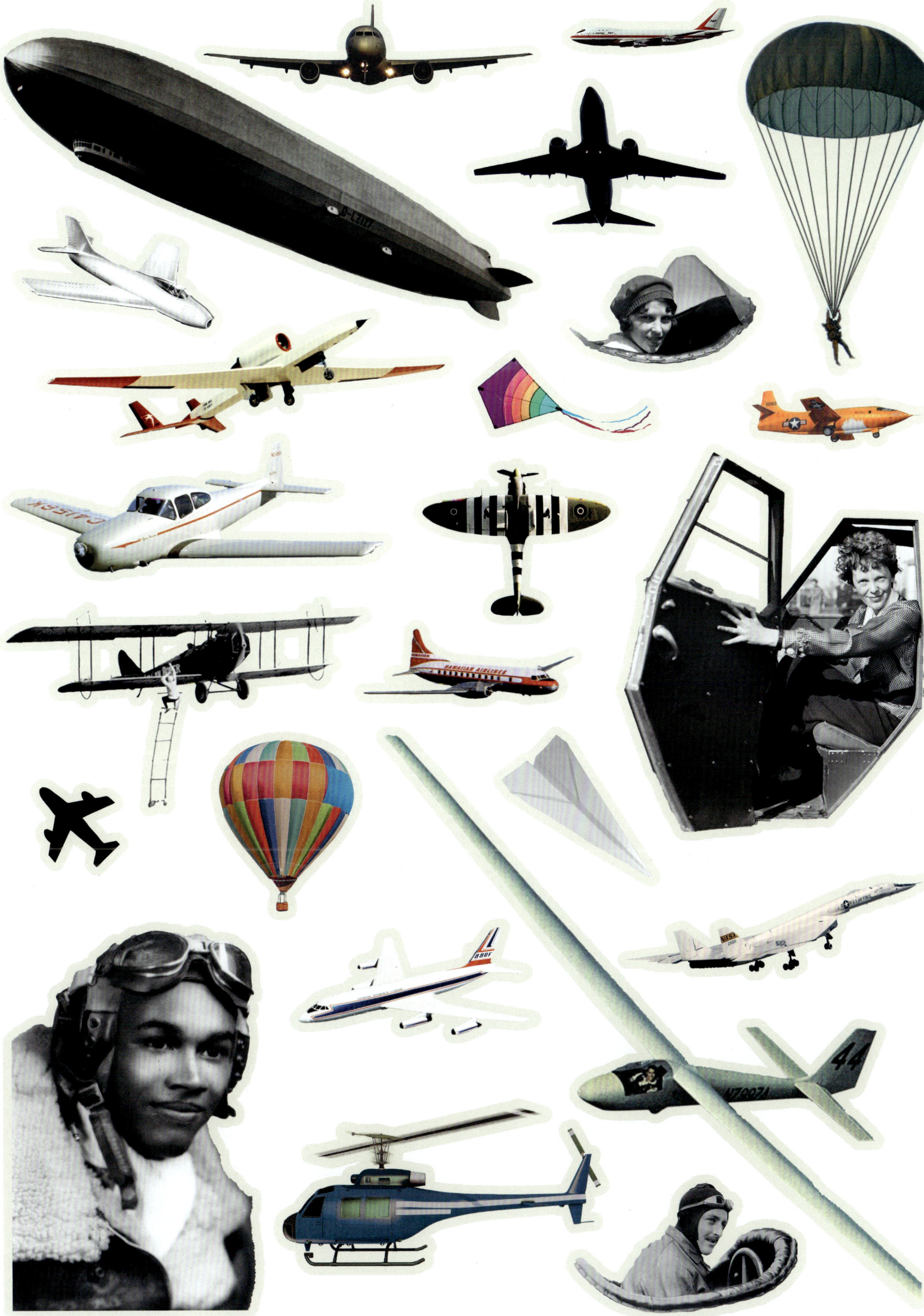
D-LZ127
HAWAIIAN AIRLINES

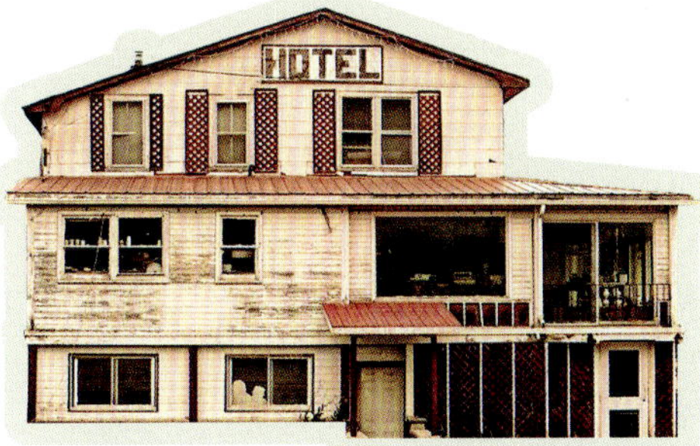
HOTEL

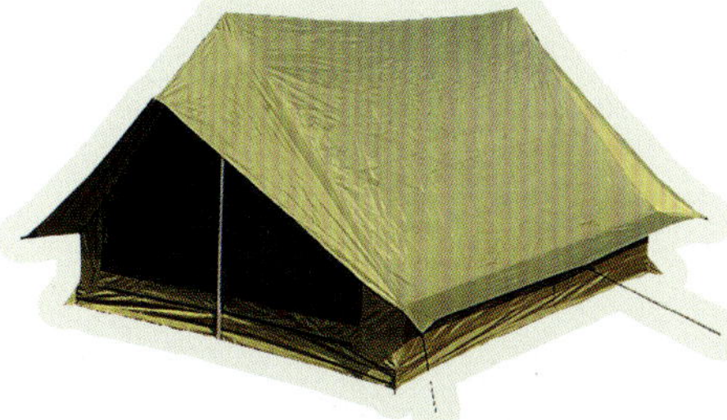

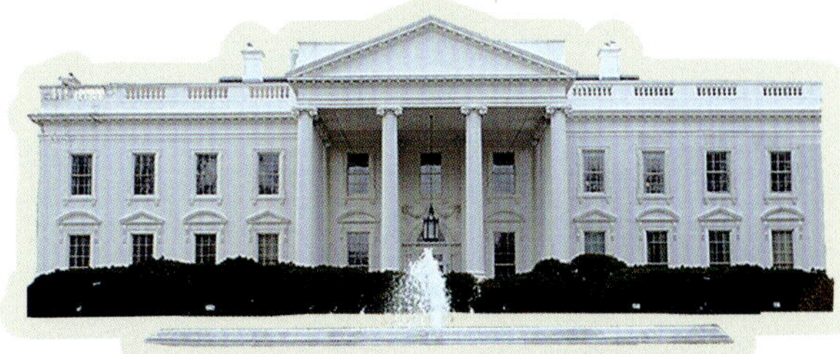

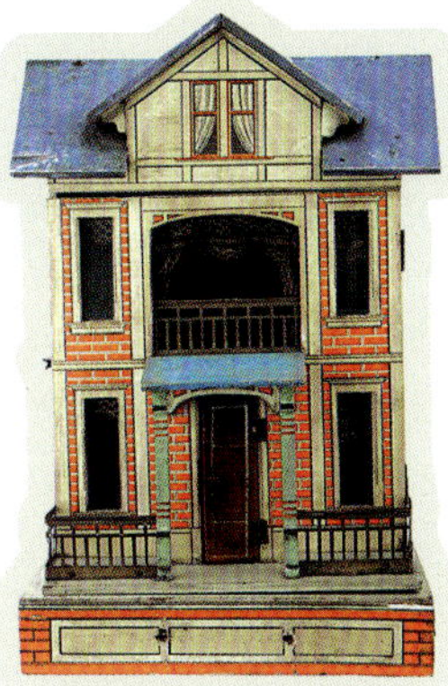

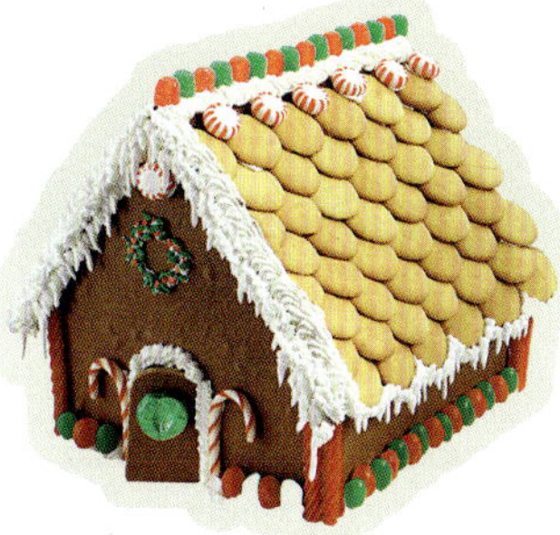

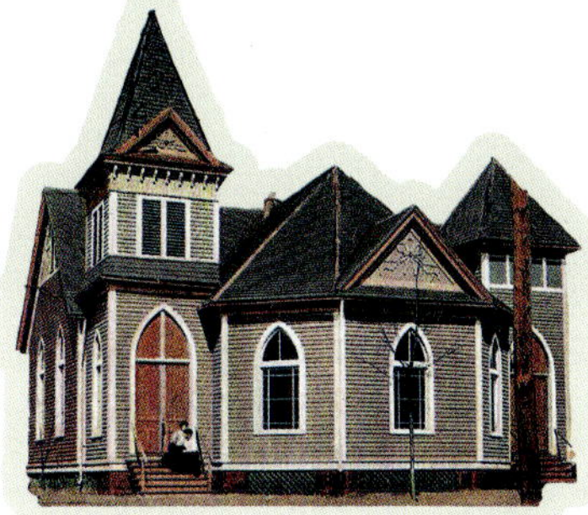

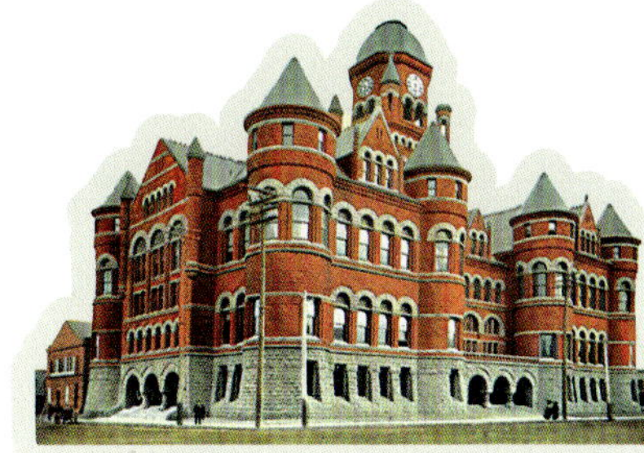

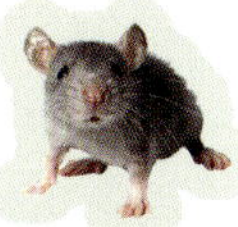

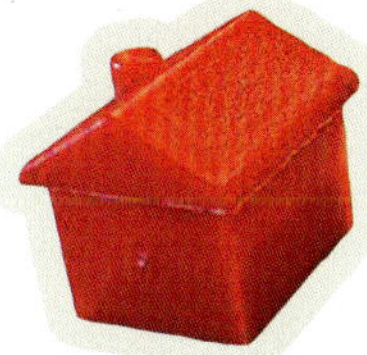

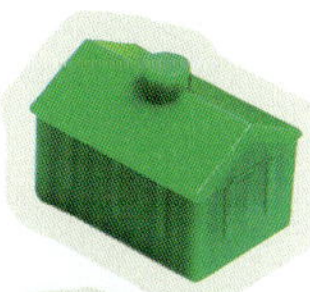

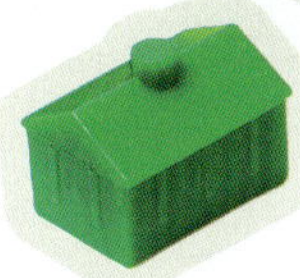

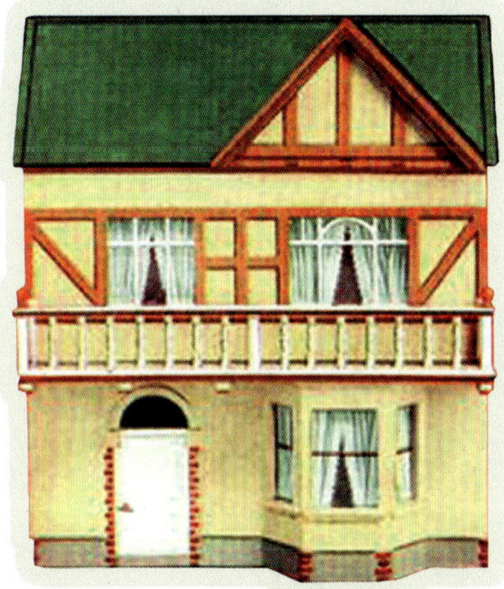

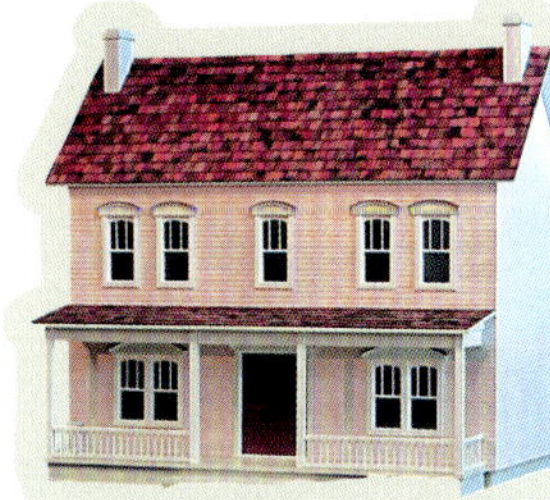

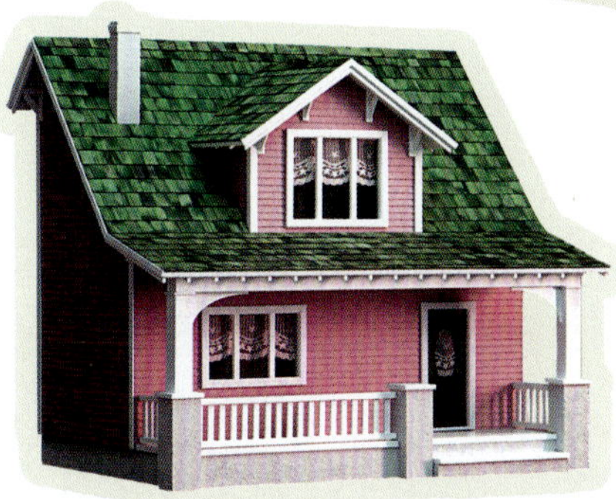

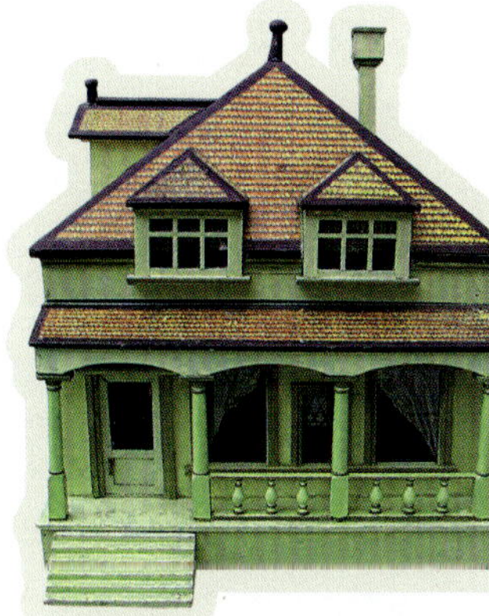

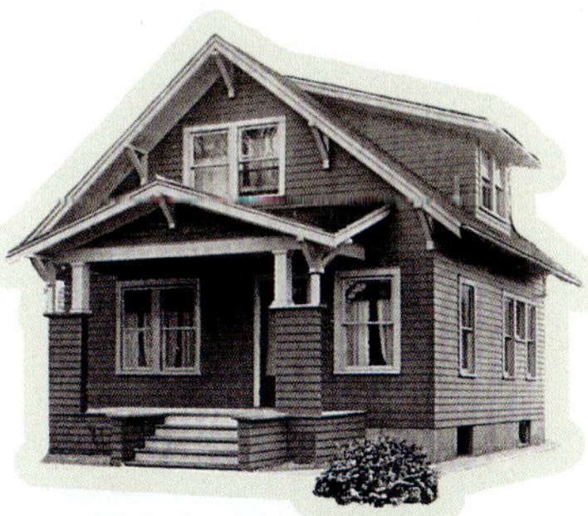

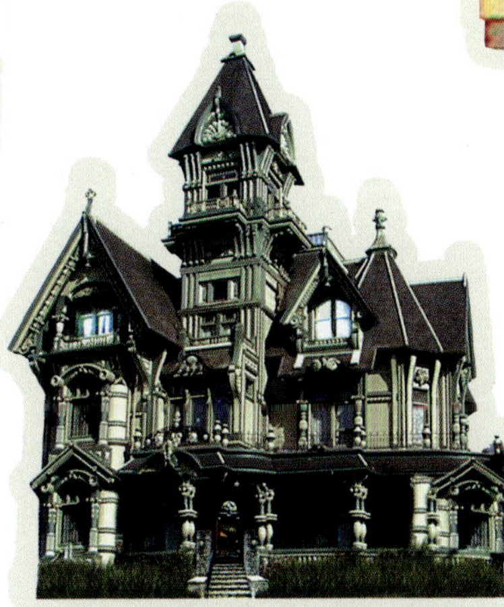

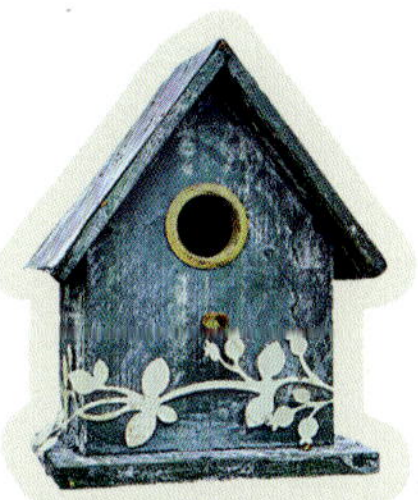

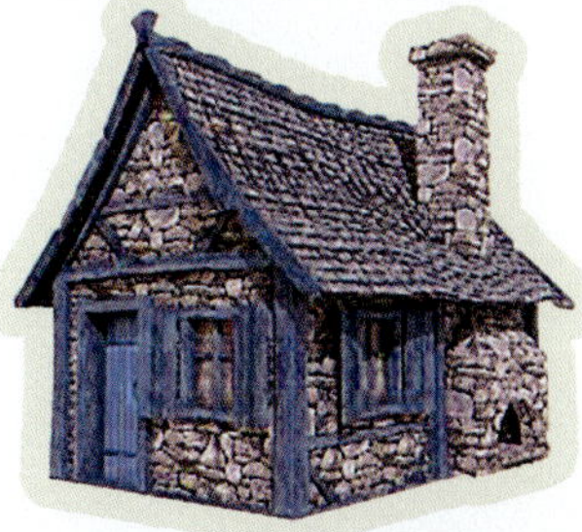

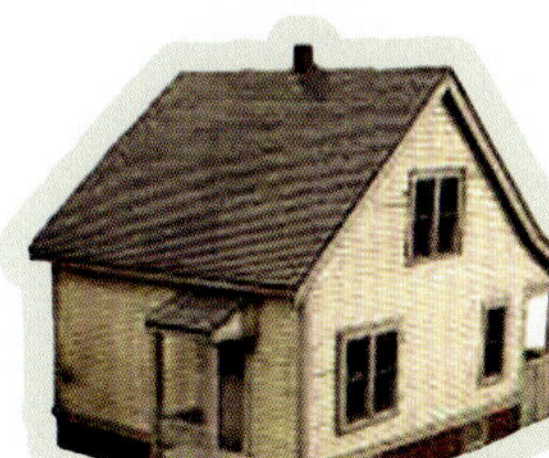

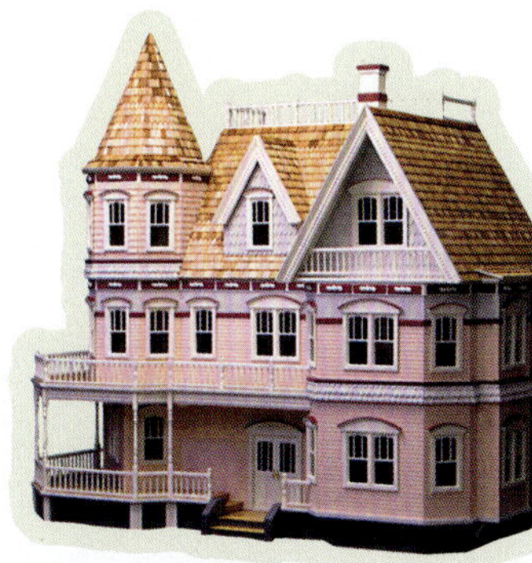

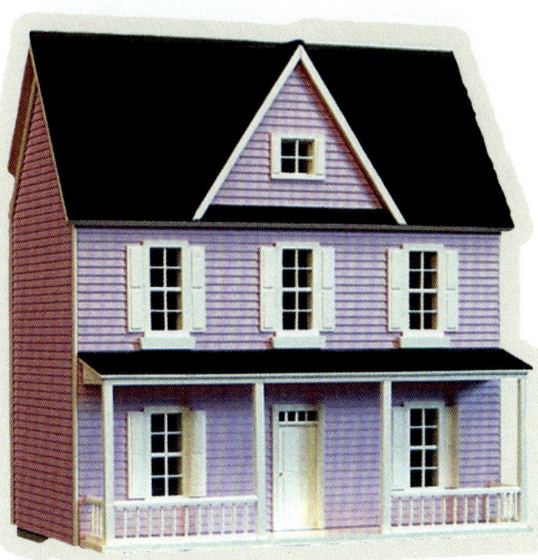

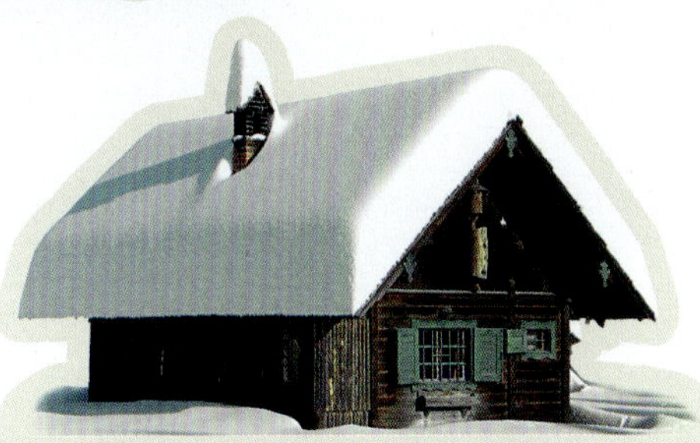

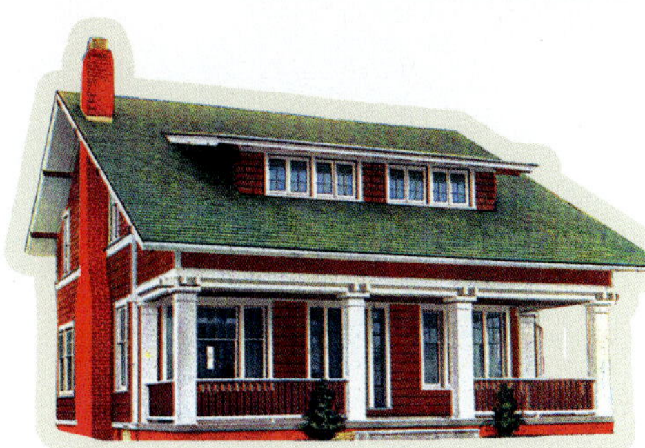

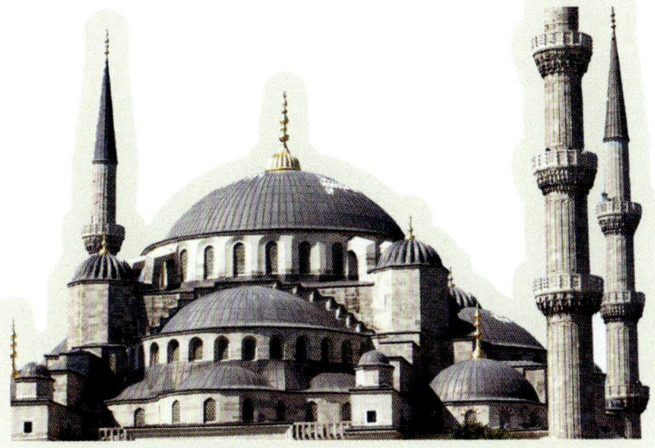
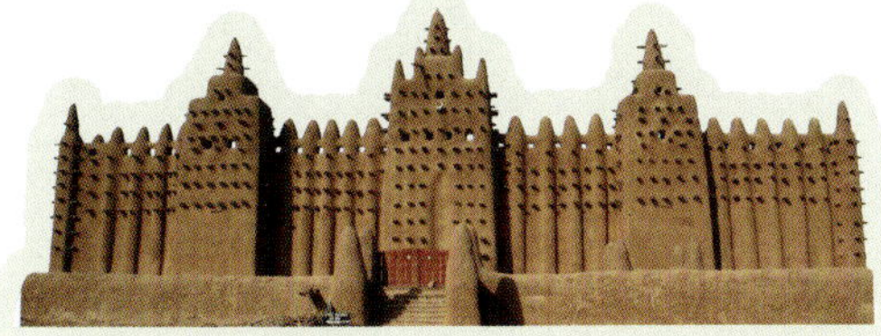
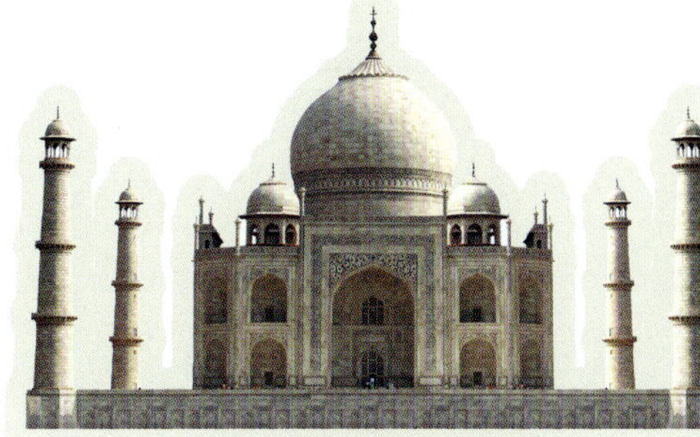
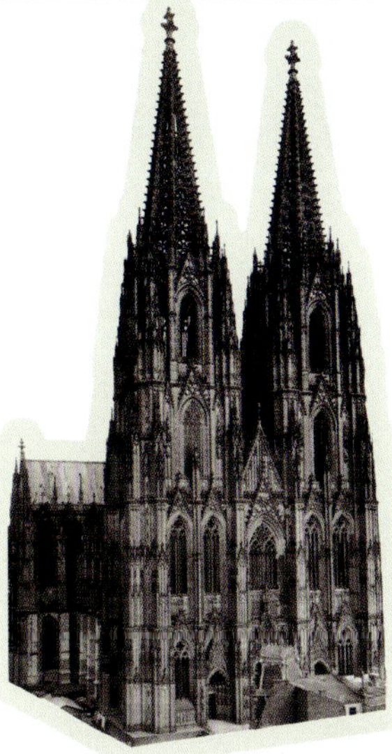
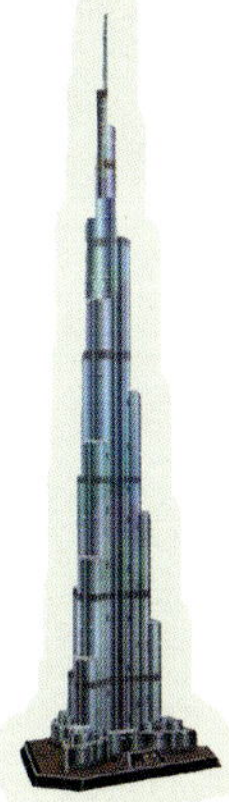
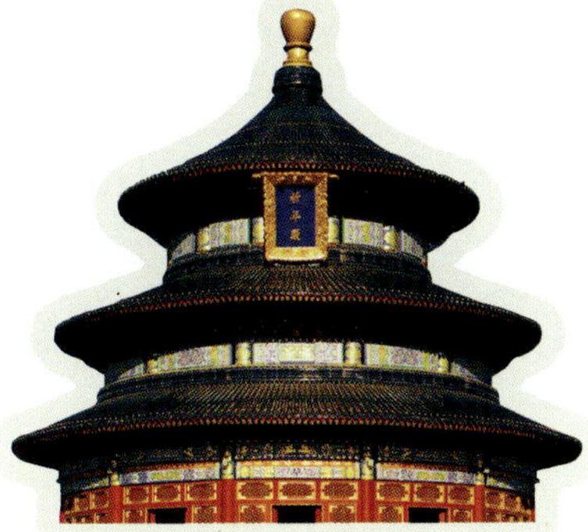
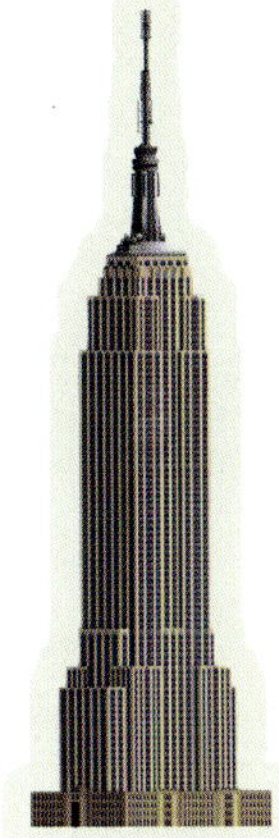
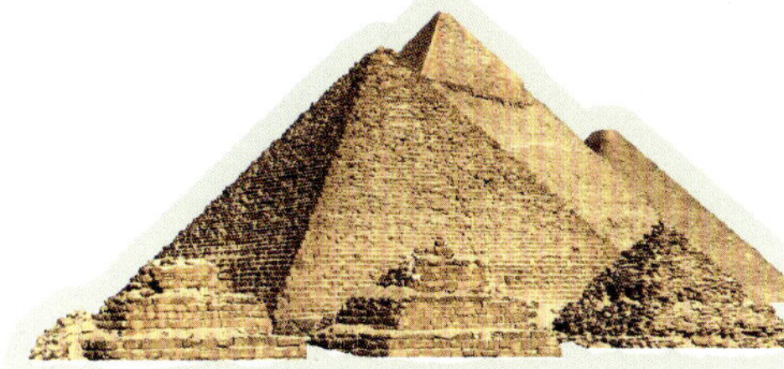
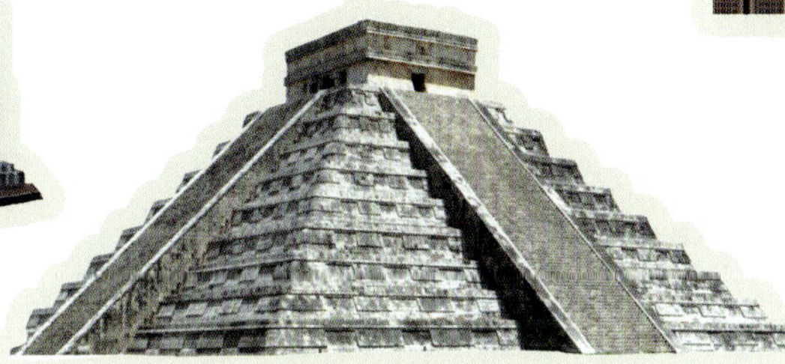
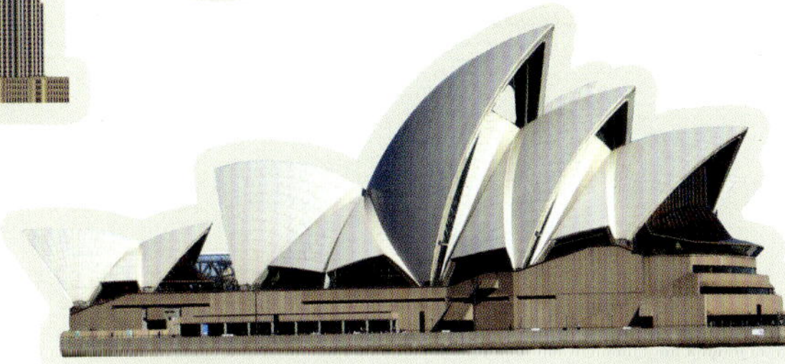
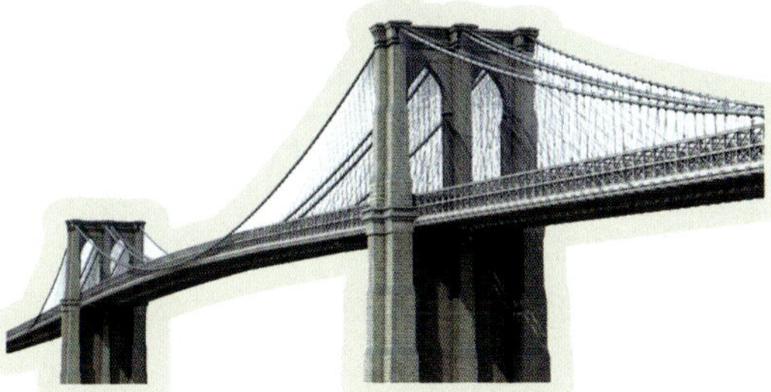
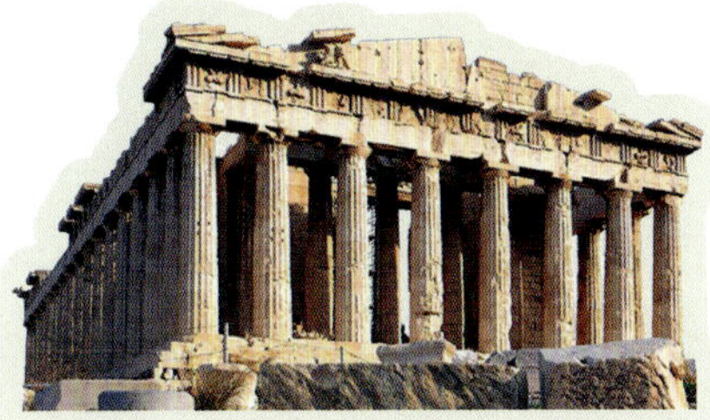
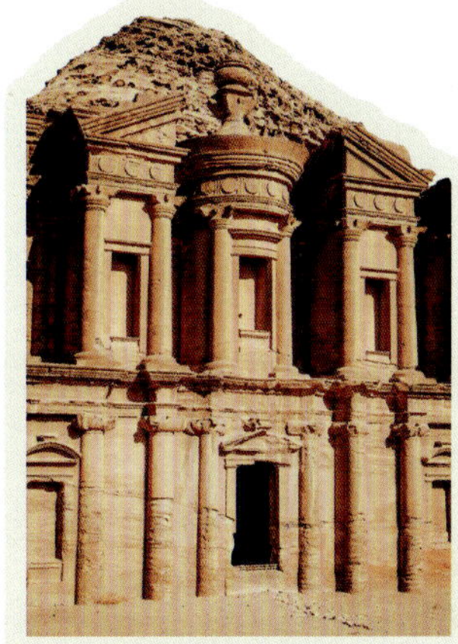
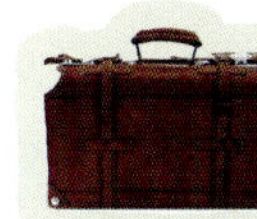
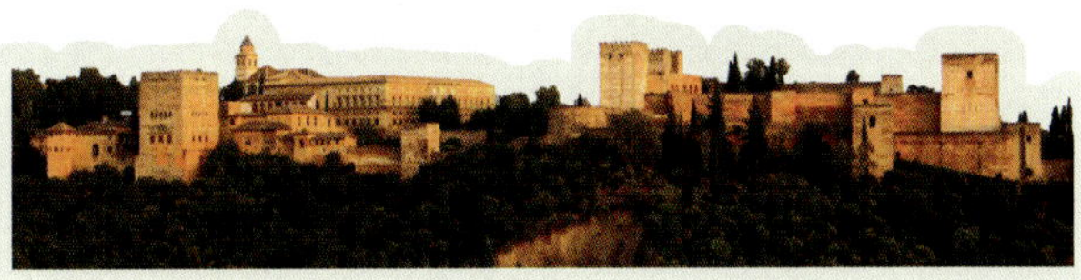
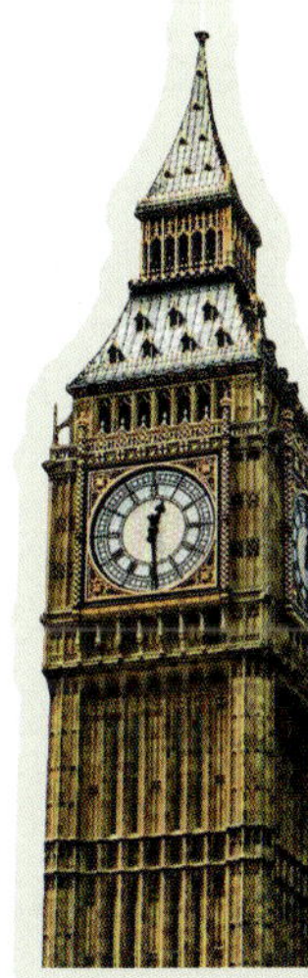
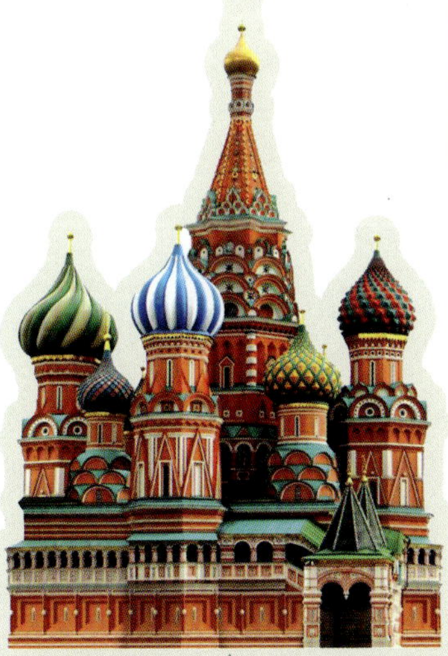
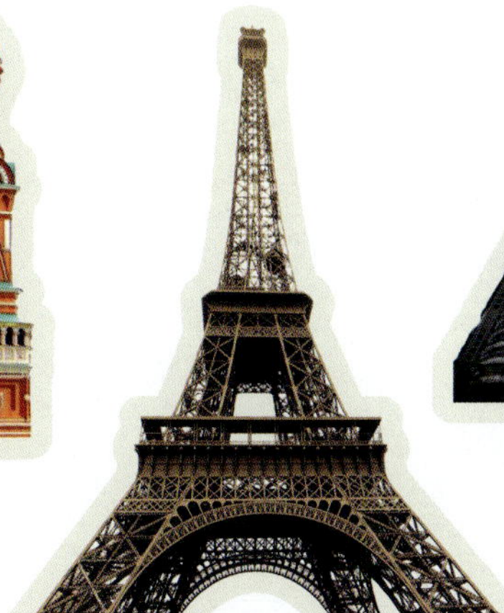
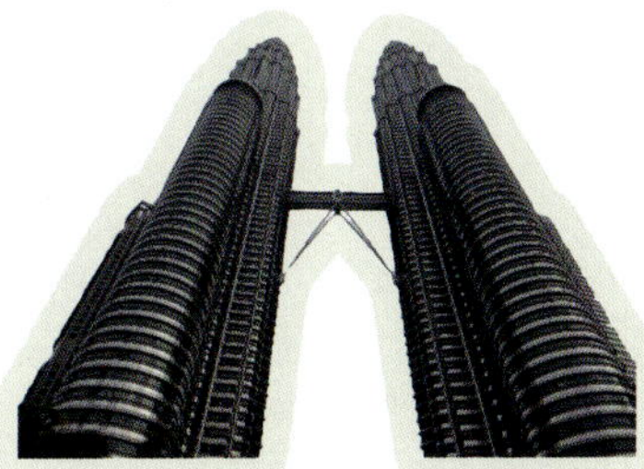
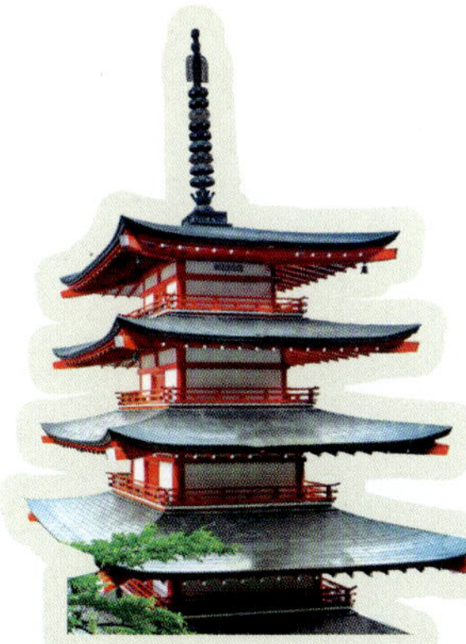
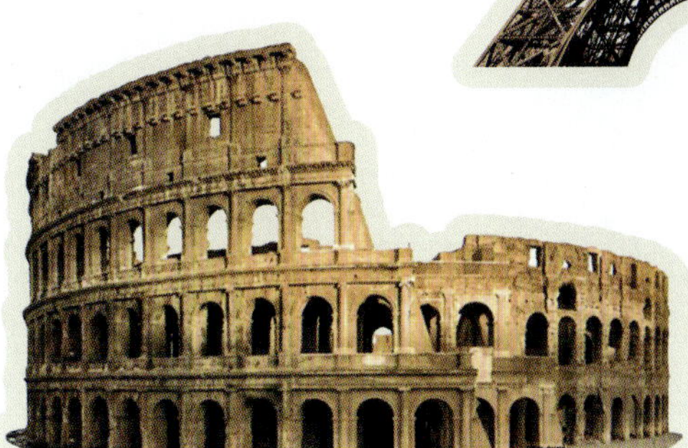
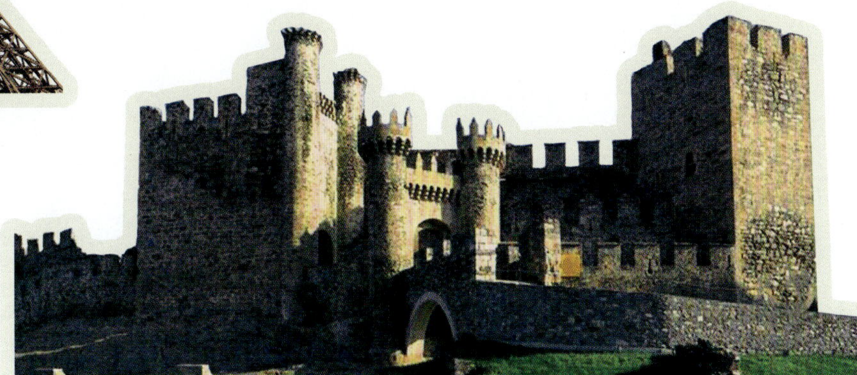

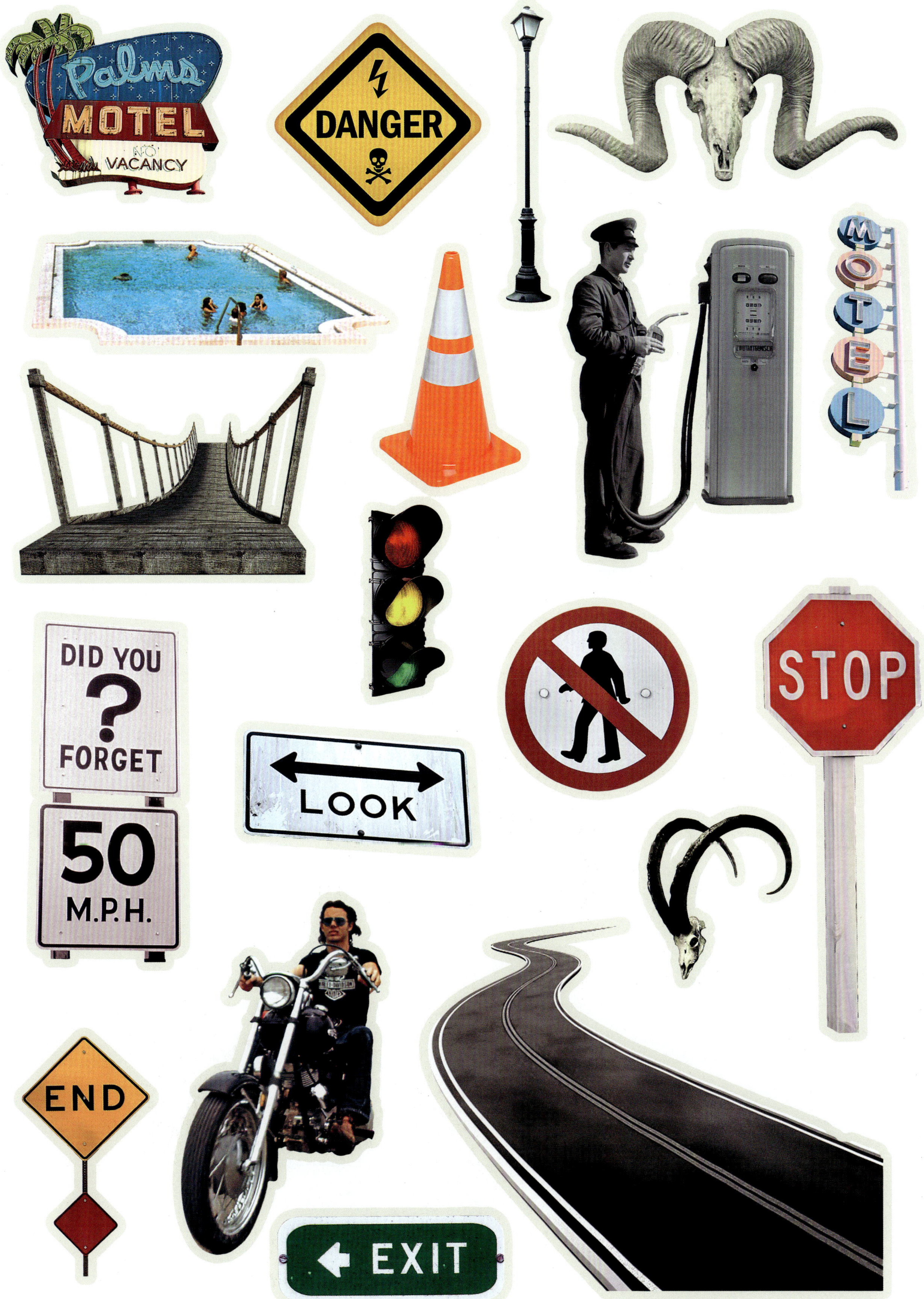
Palms
MOTEL
NO
VACANCY
DANGER
MOTEL
DID YOU
?
FORGET
50
M.P.H.
LOOK
STOP
END
EXIT

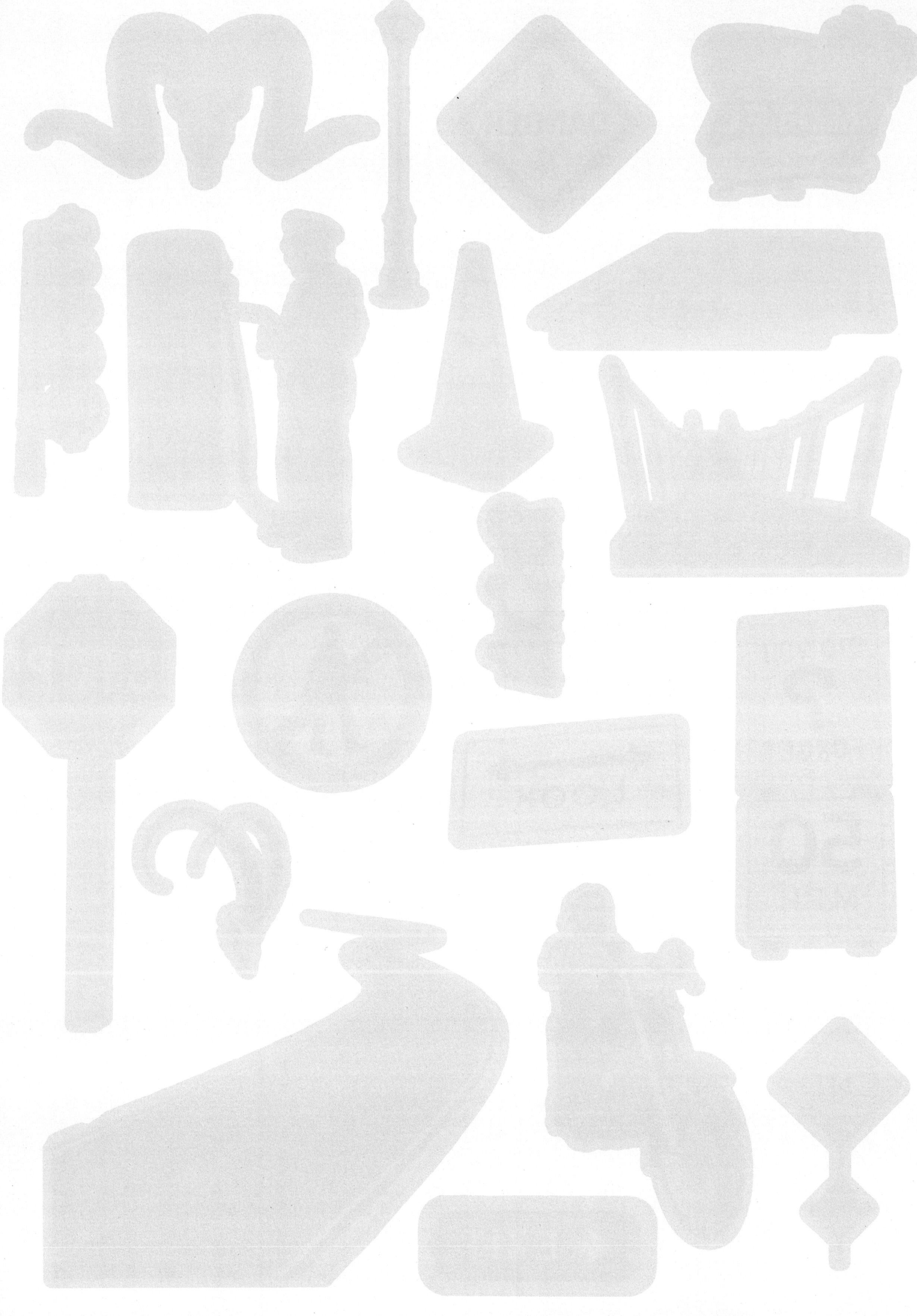

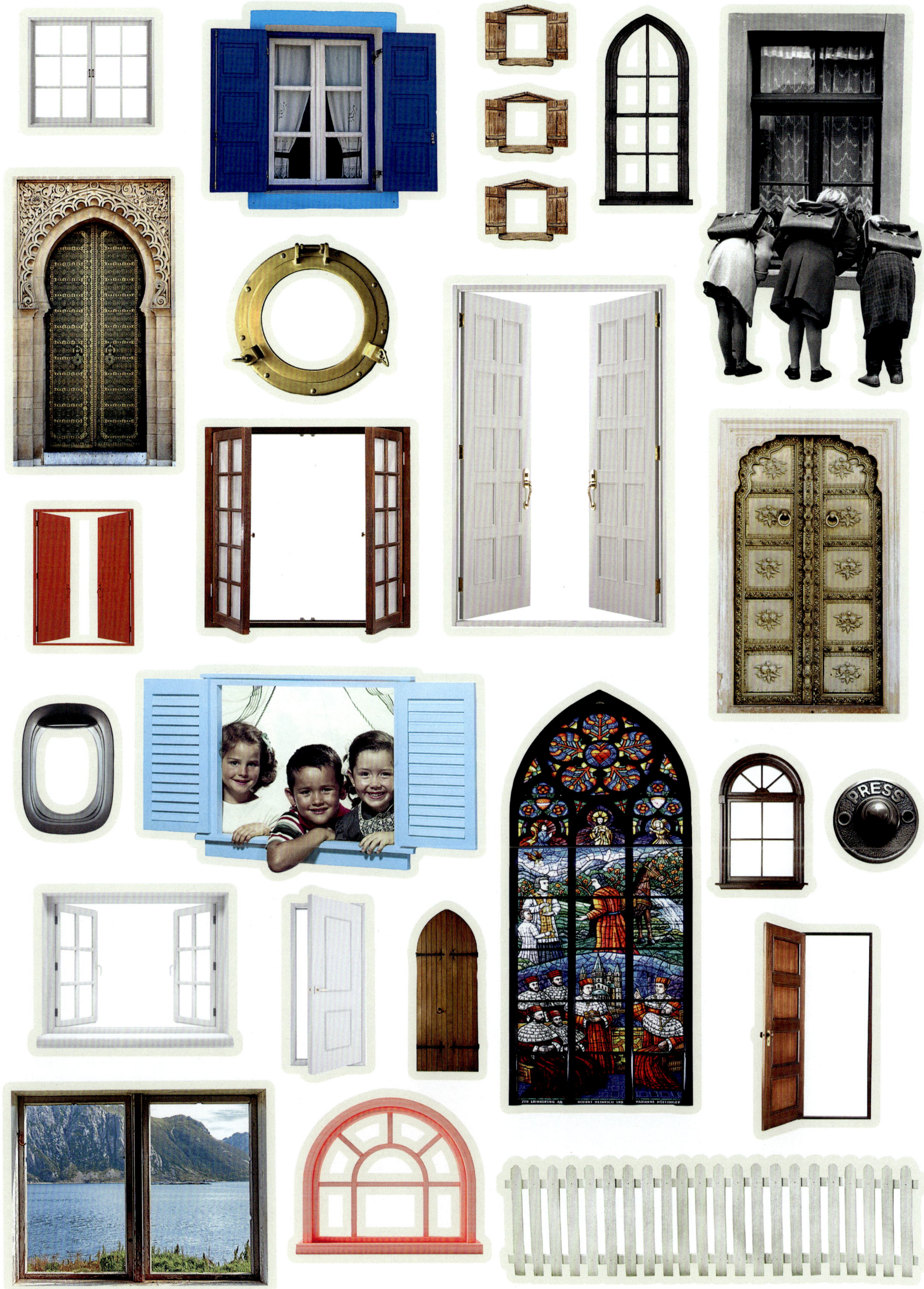
PRESS

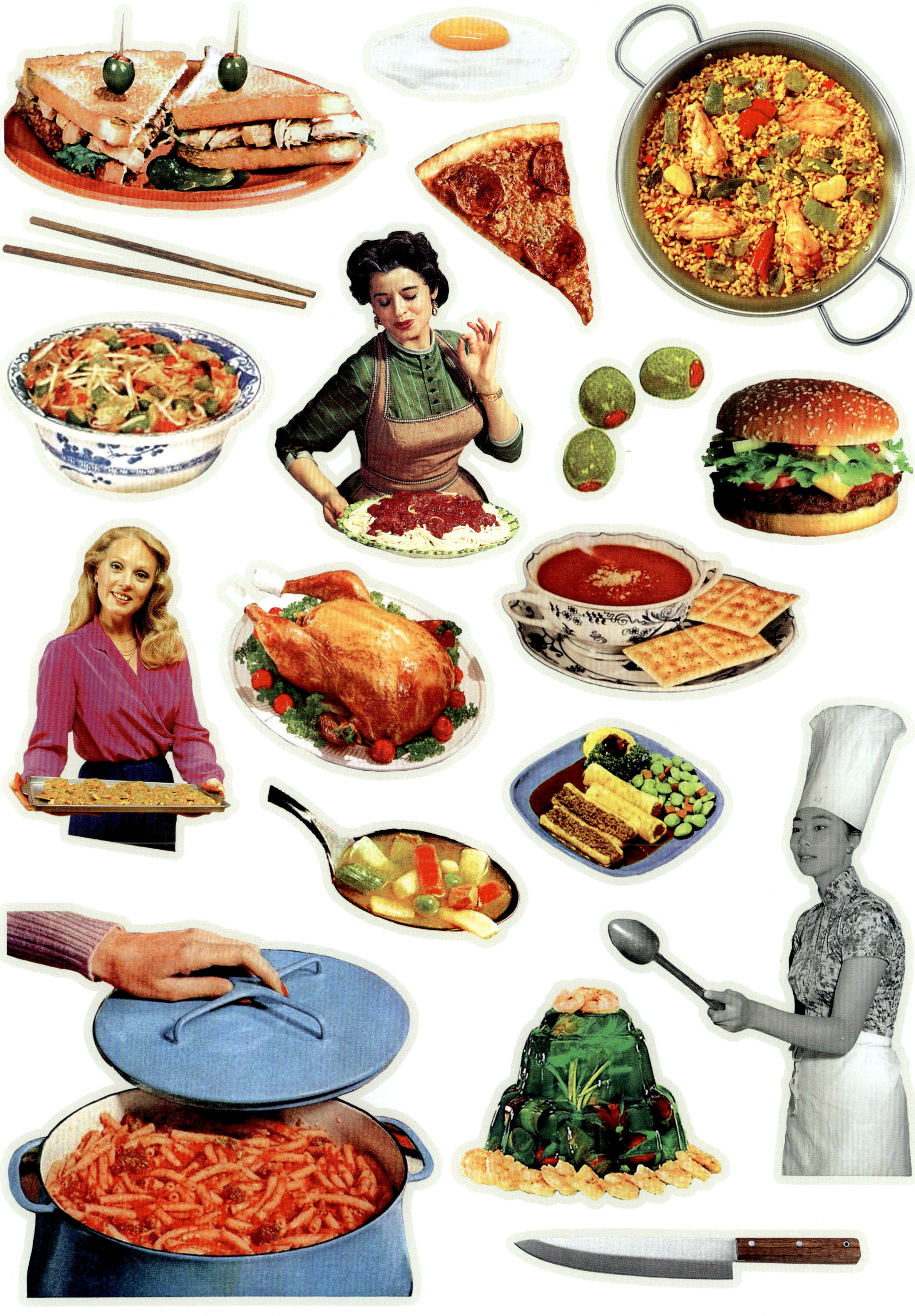

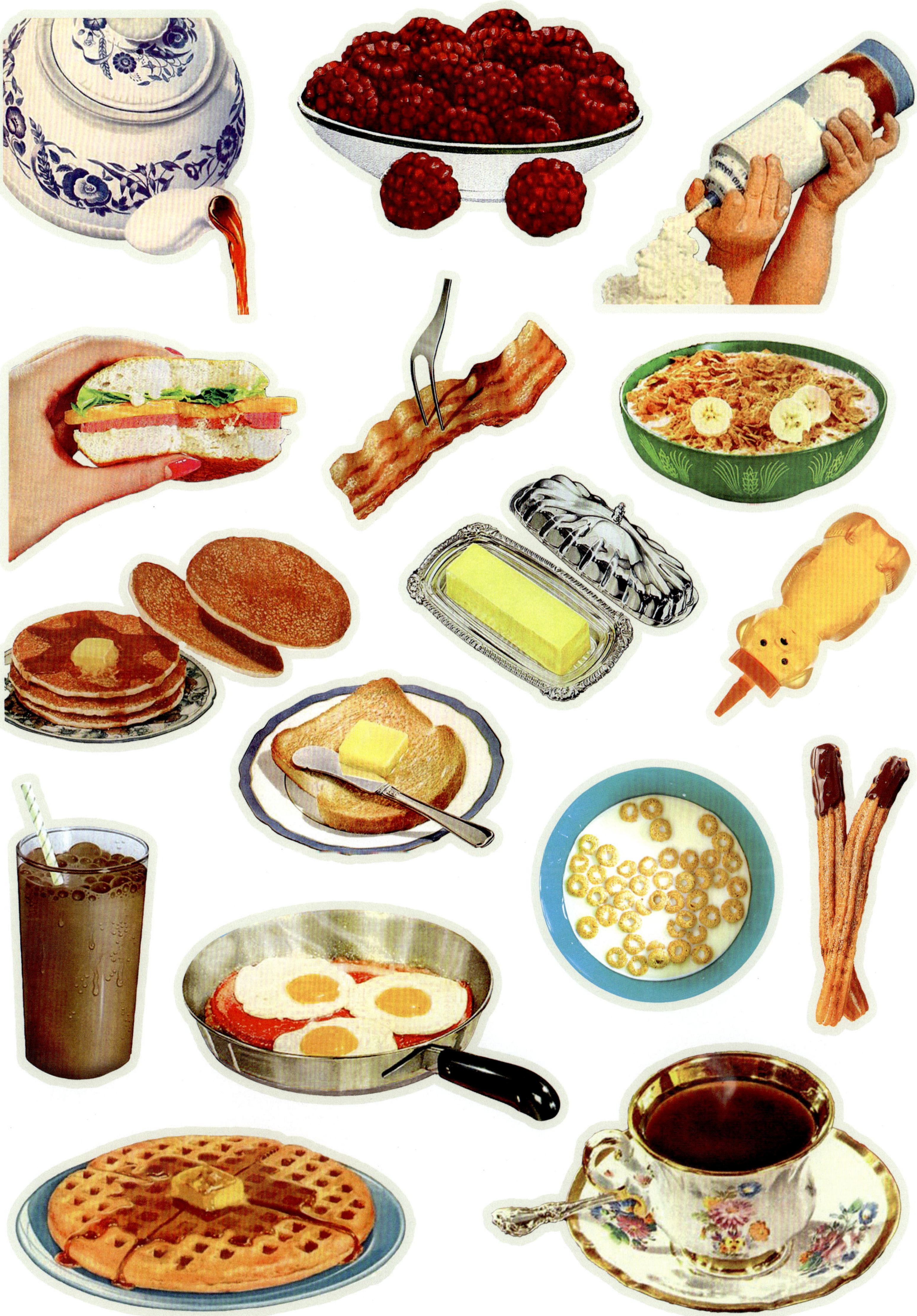

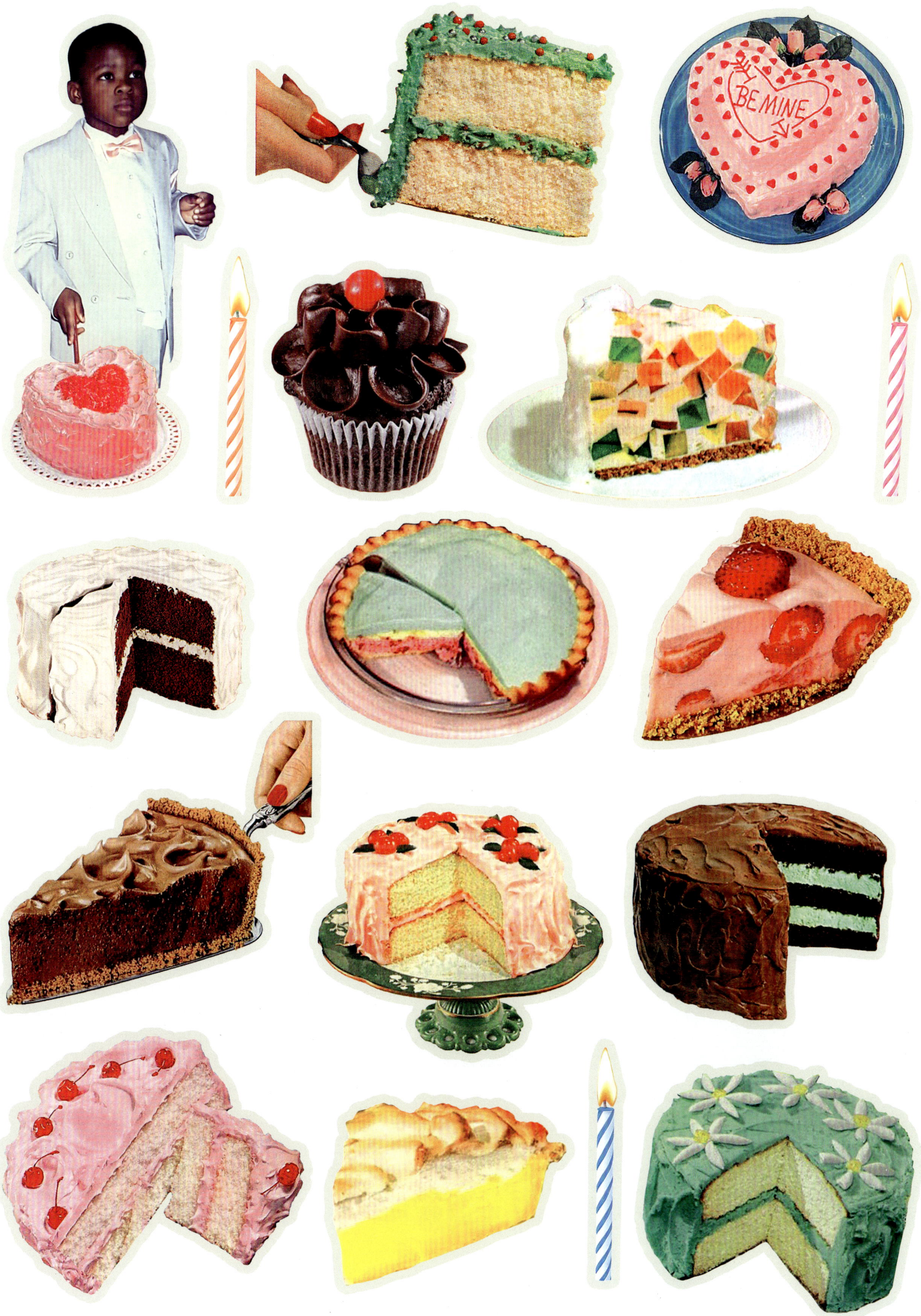
BE MINE

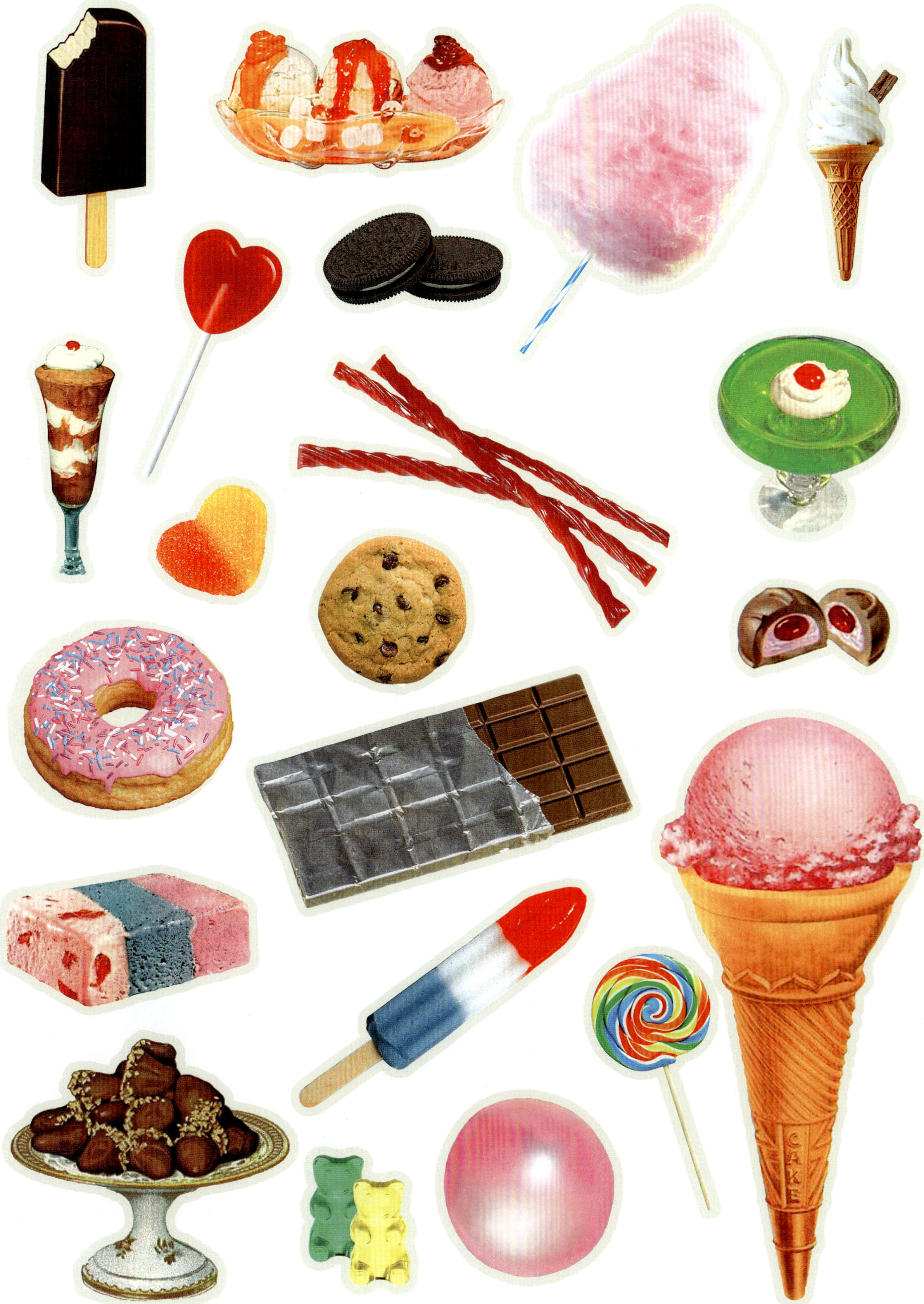
CAKE

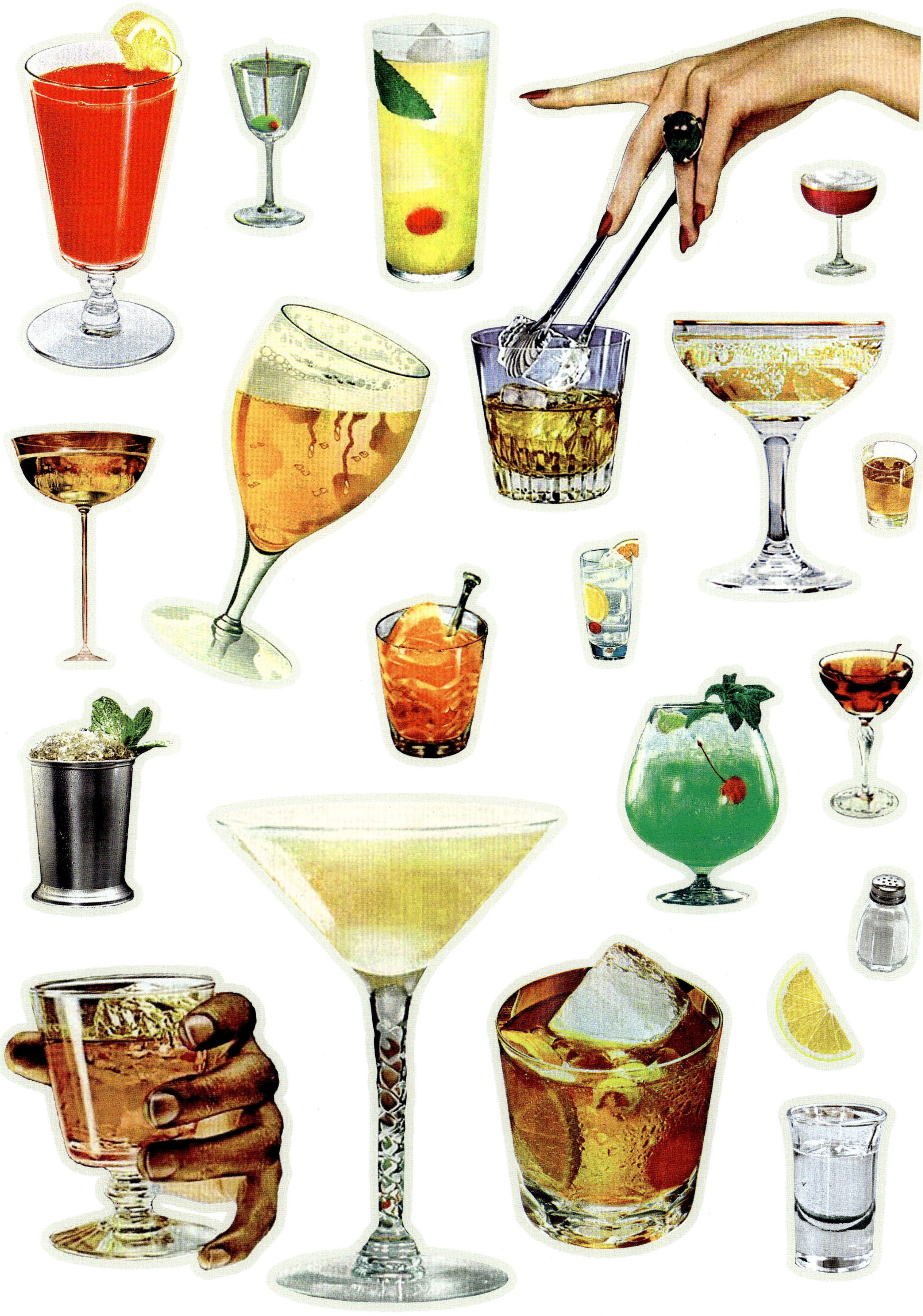

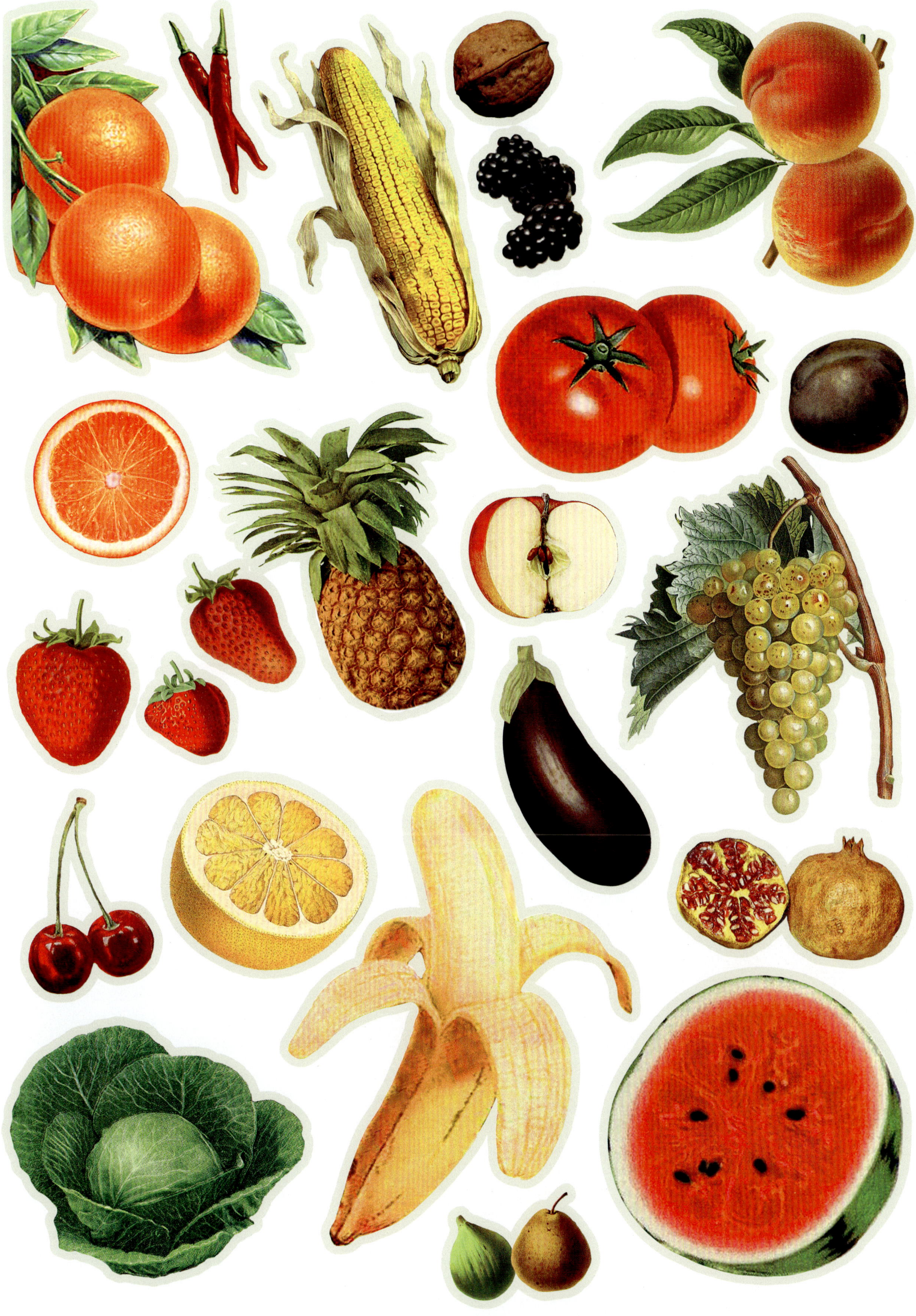

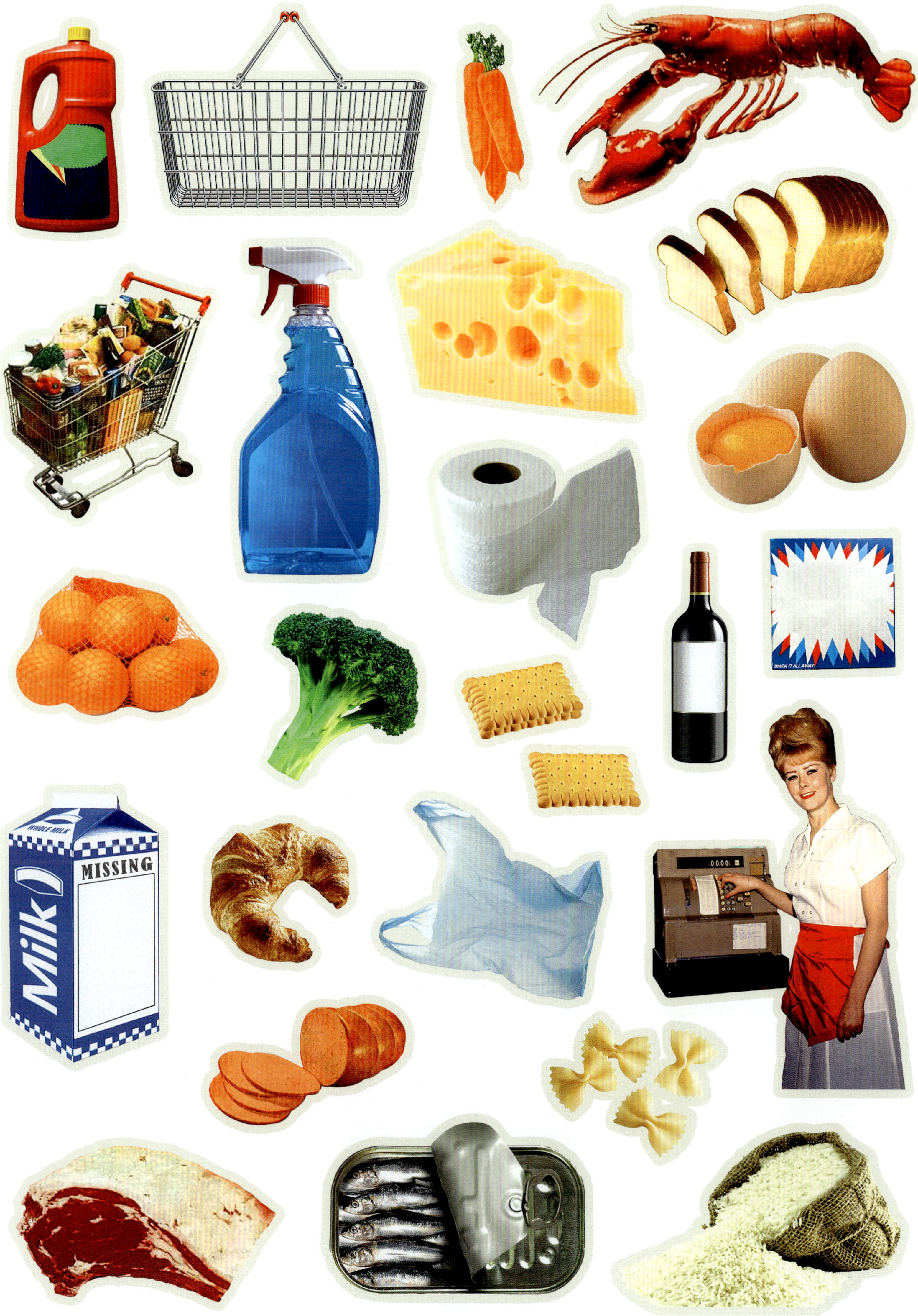
WHOLE MILK
Milk
MISSING

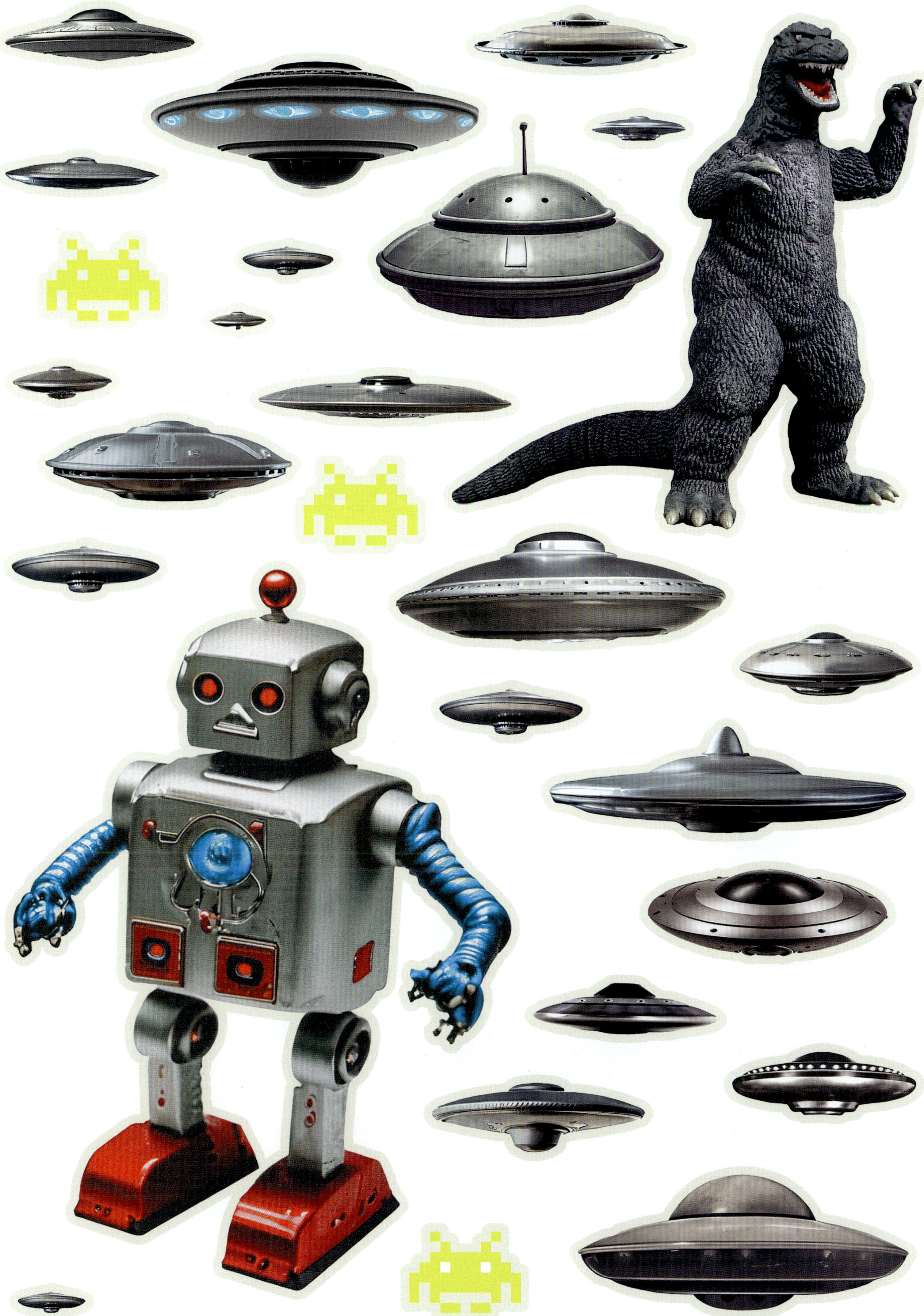

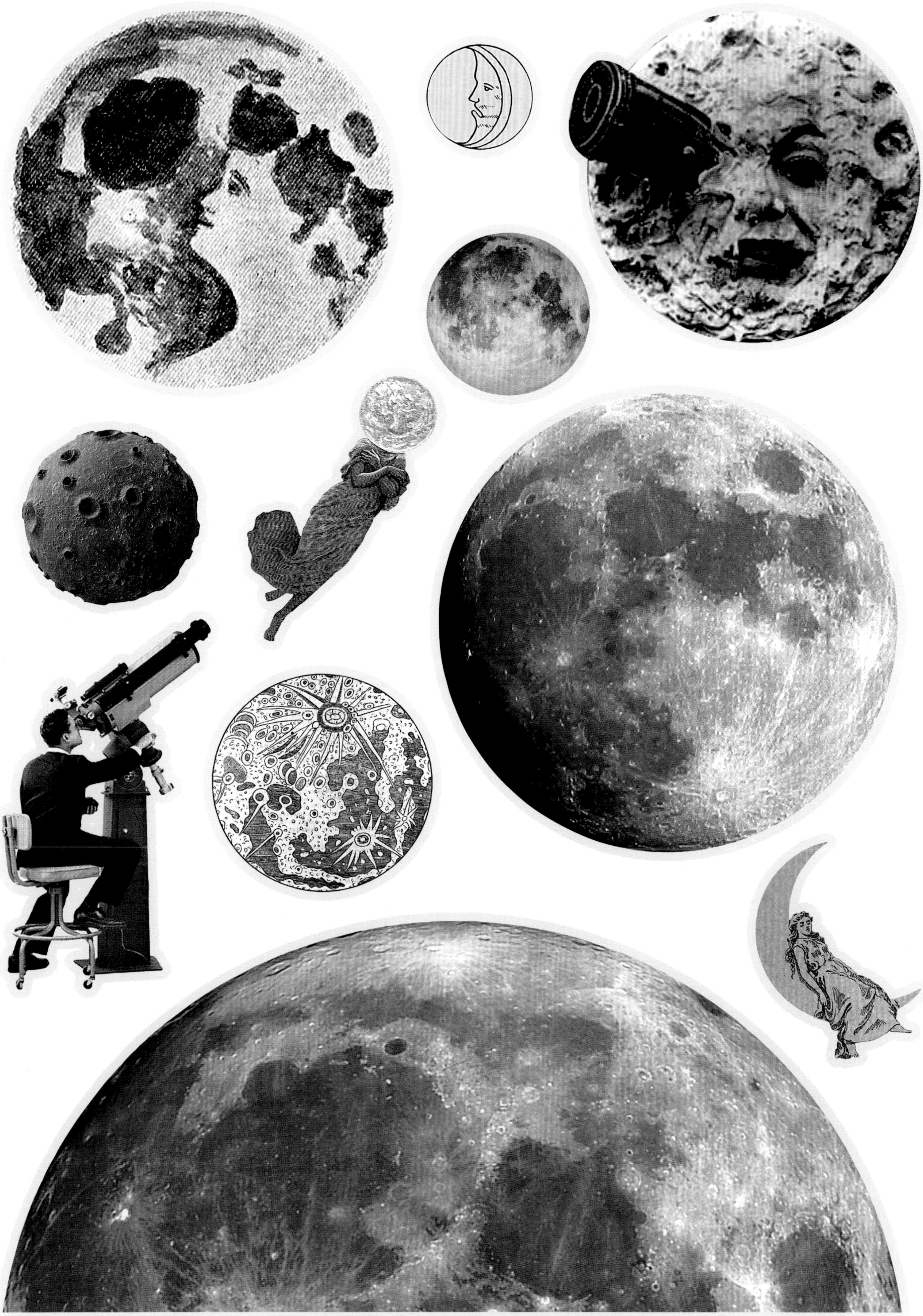

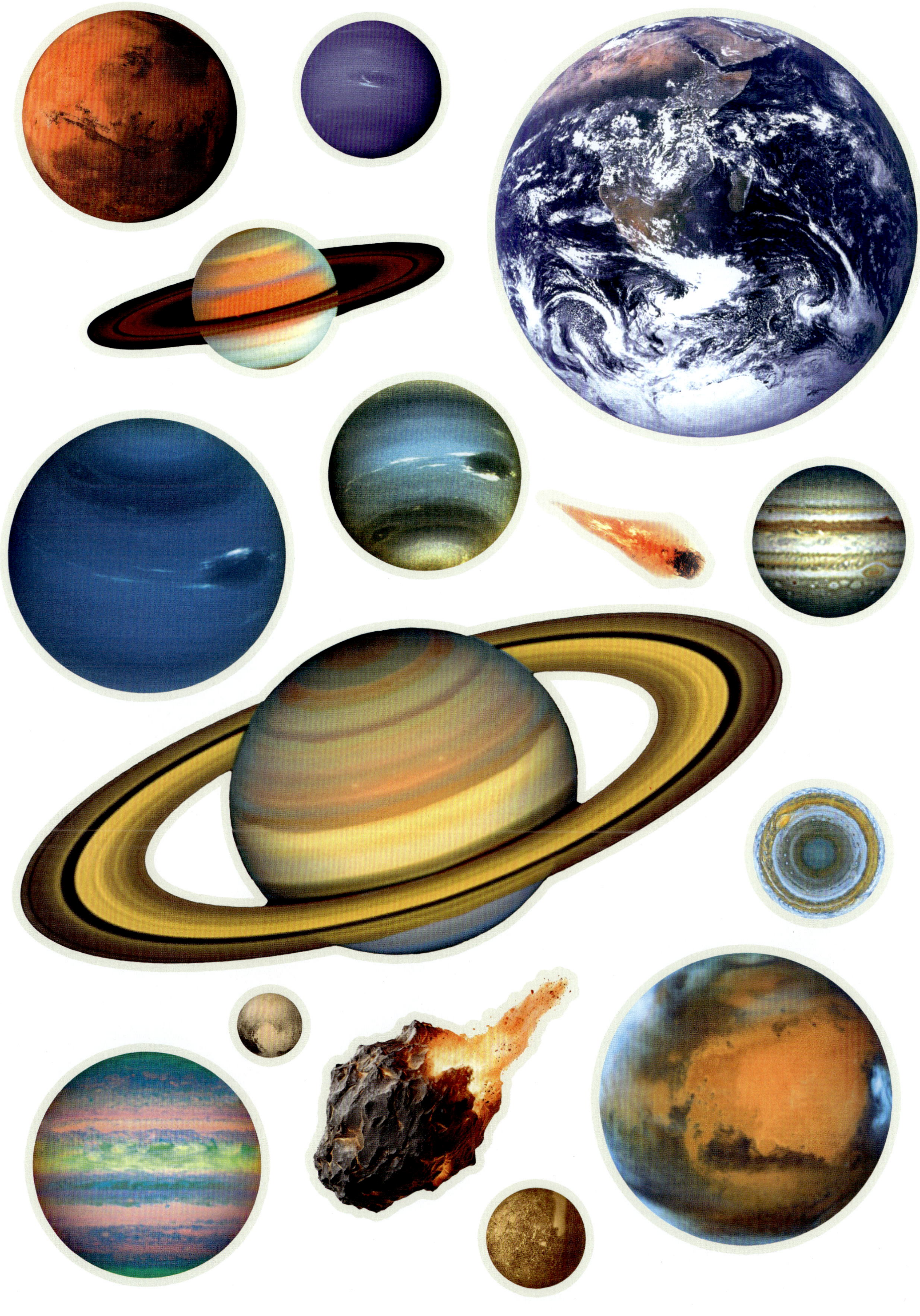

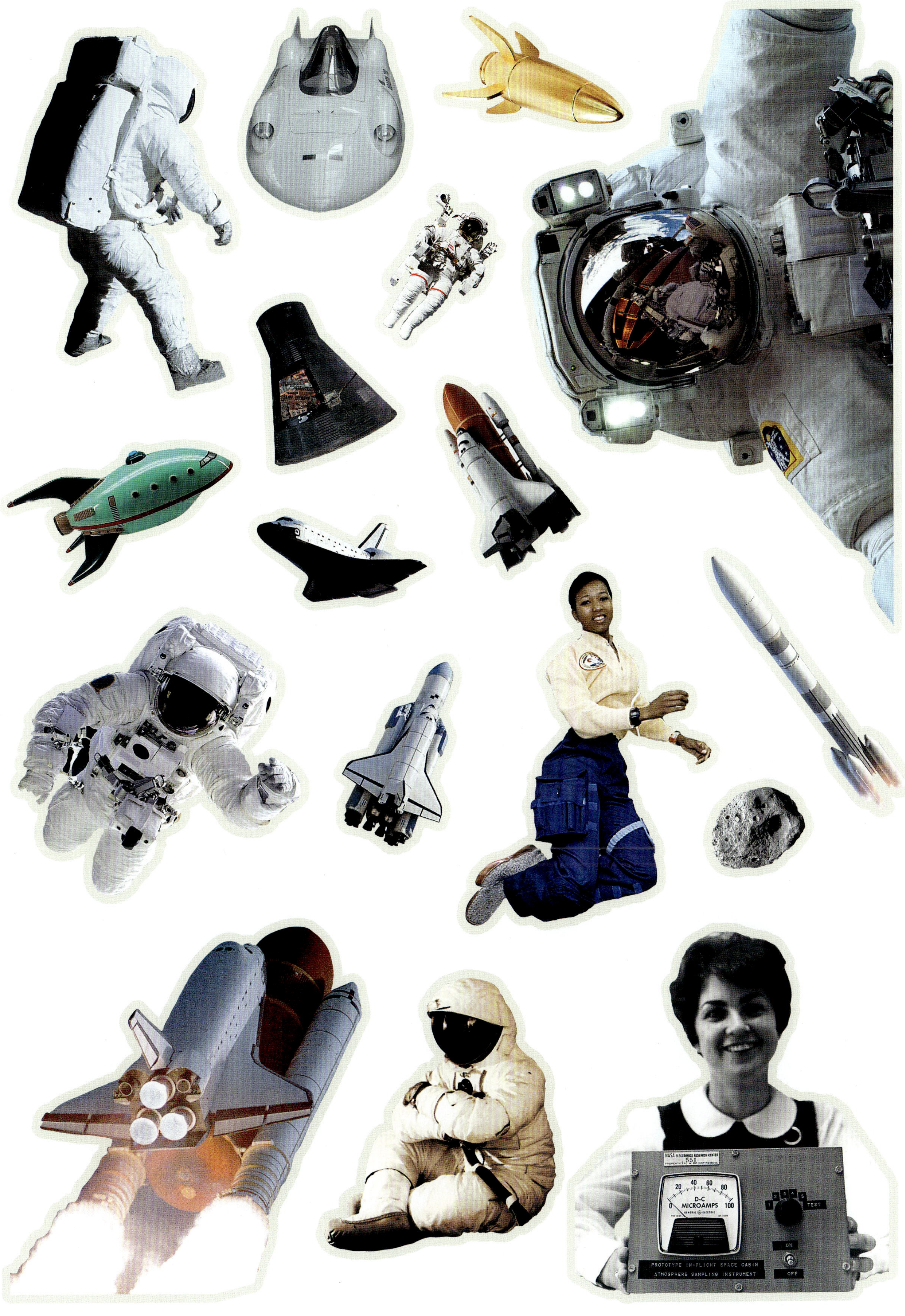
NASA ELECTRONICS RESEARCH CENTER
D-C
MICROAMPS
GENERAL ELECTRIC
TEST
ON
OFF
PROTOTYPE IN-FLIGHT SPACE CABIN
ATMOSPHERE SAMPLING INSTRUMENT

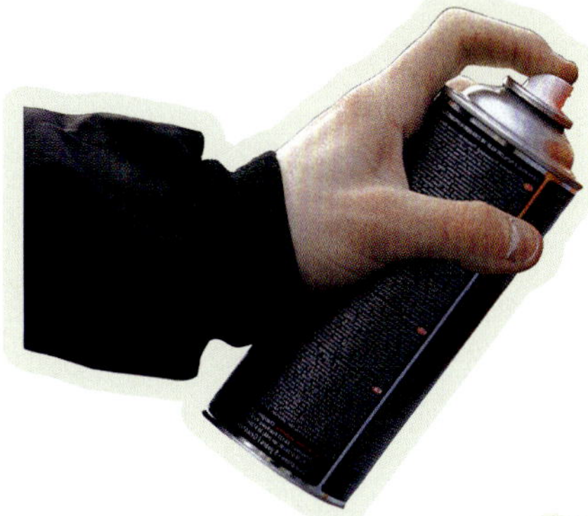
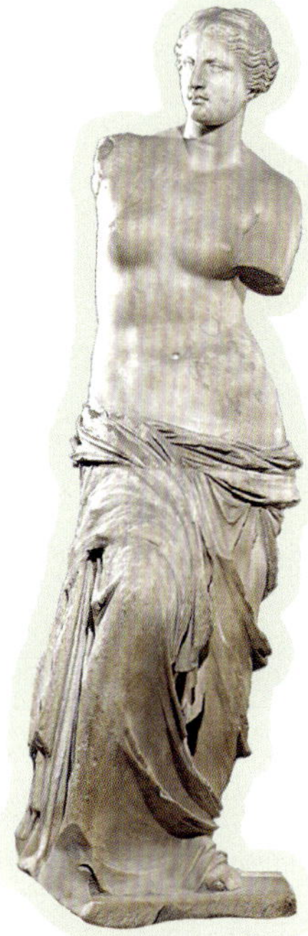
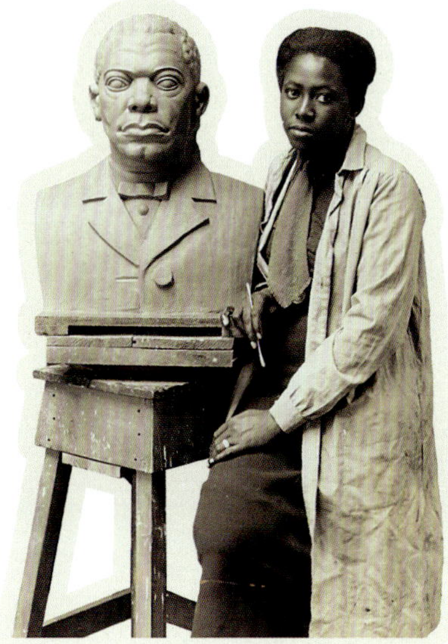
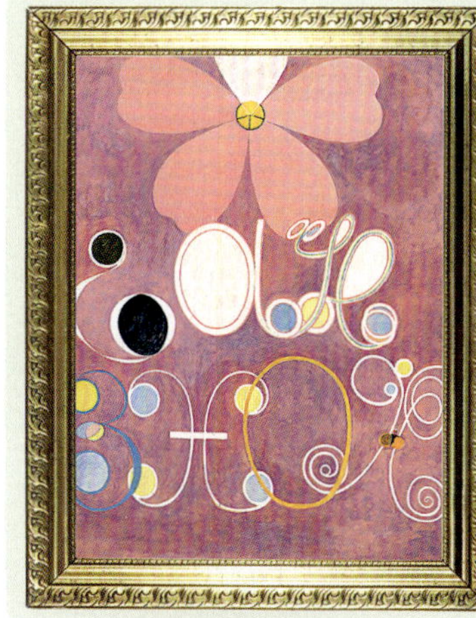
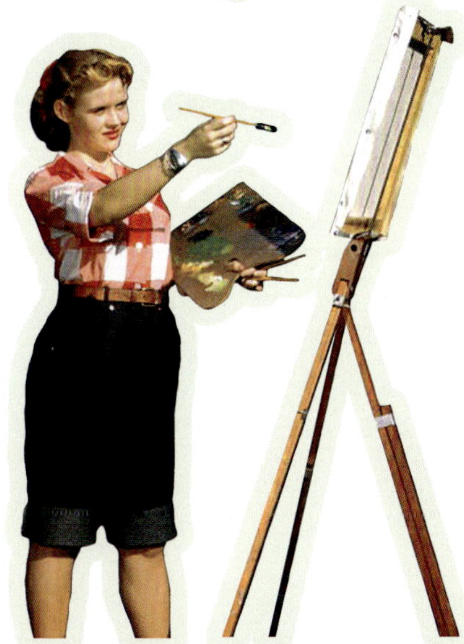
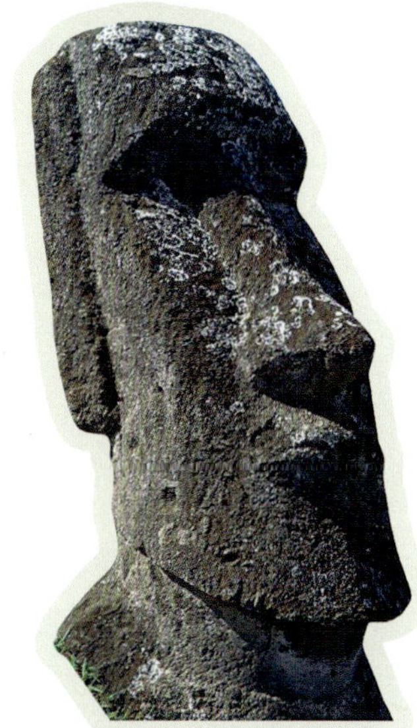
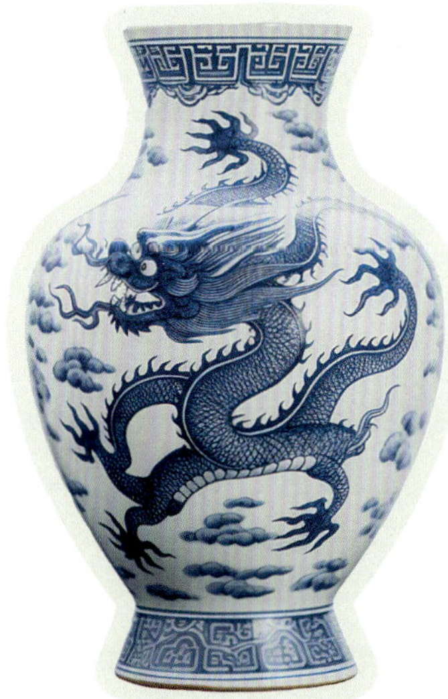
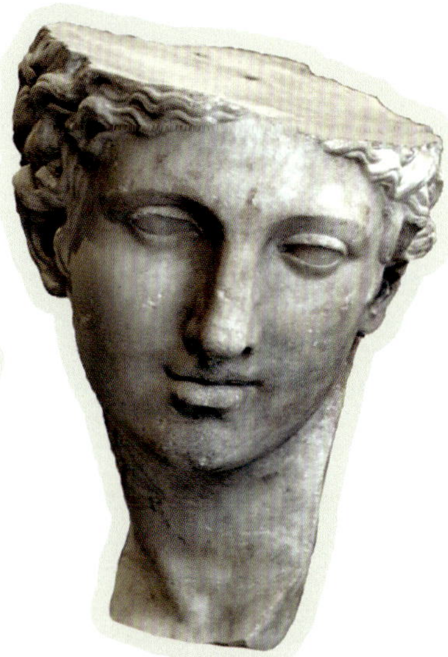
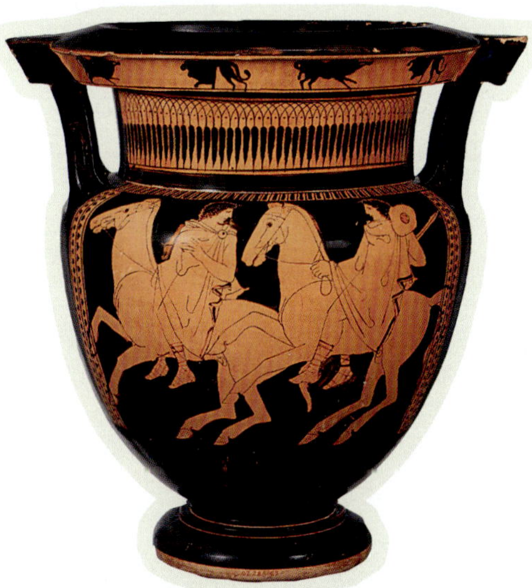
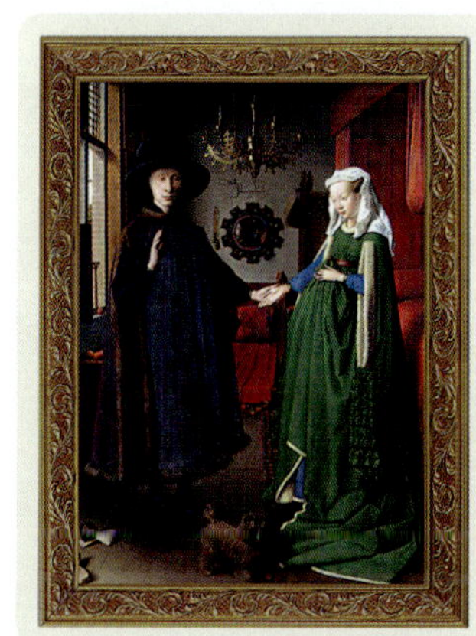
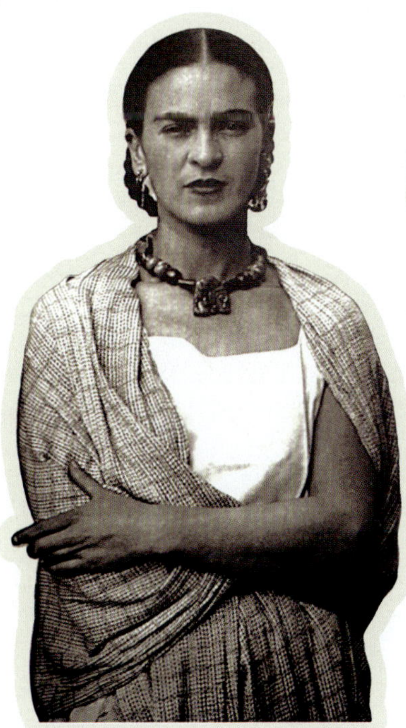
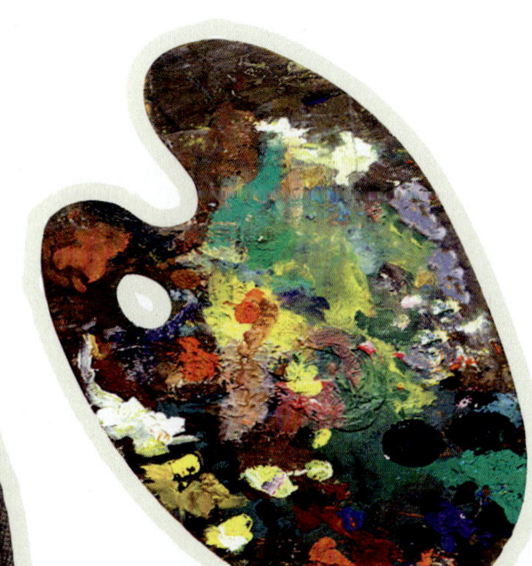

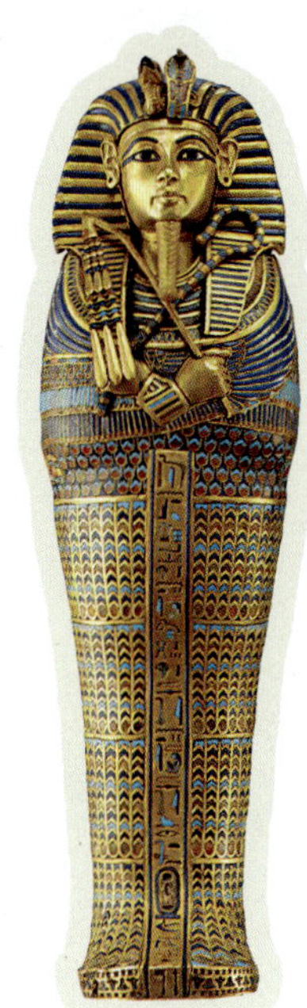
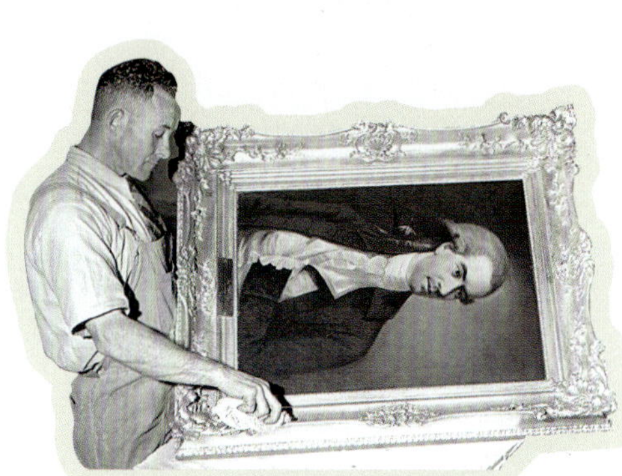

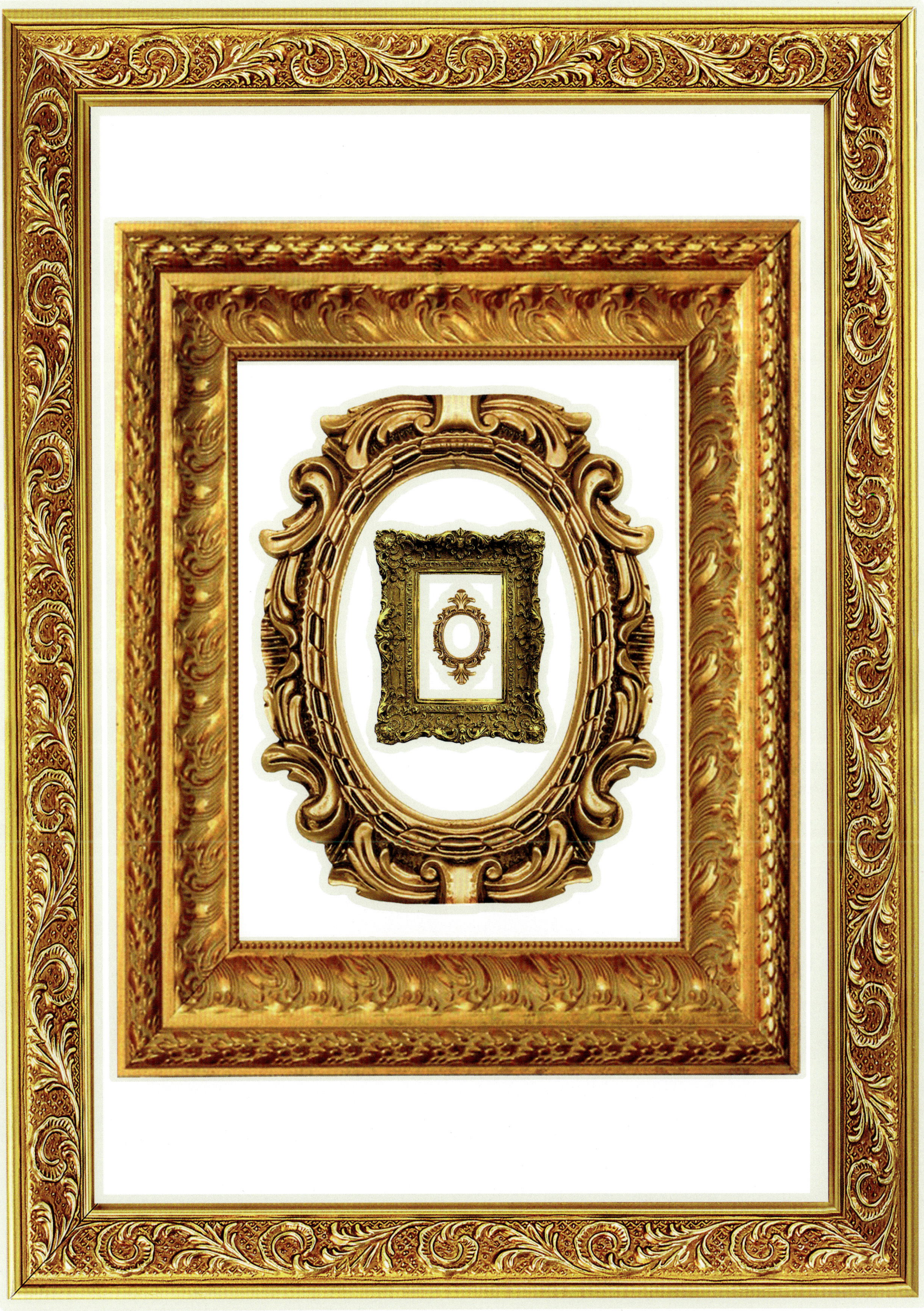

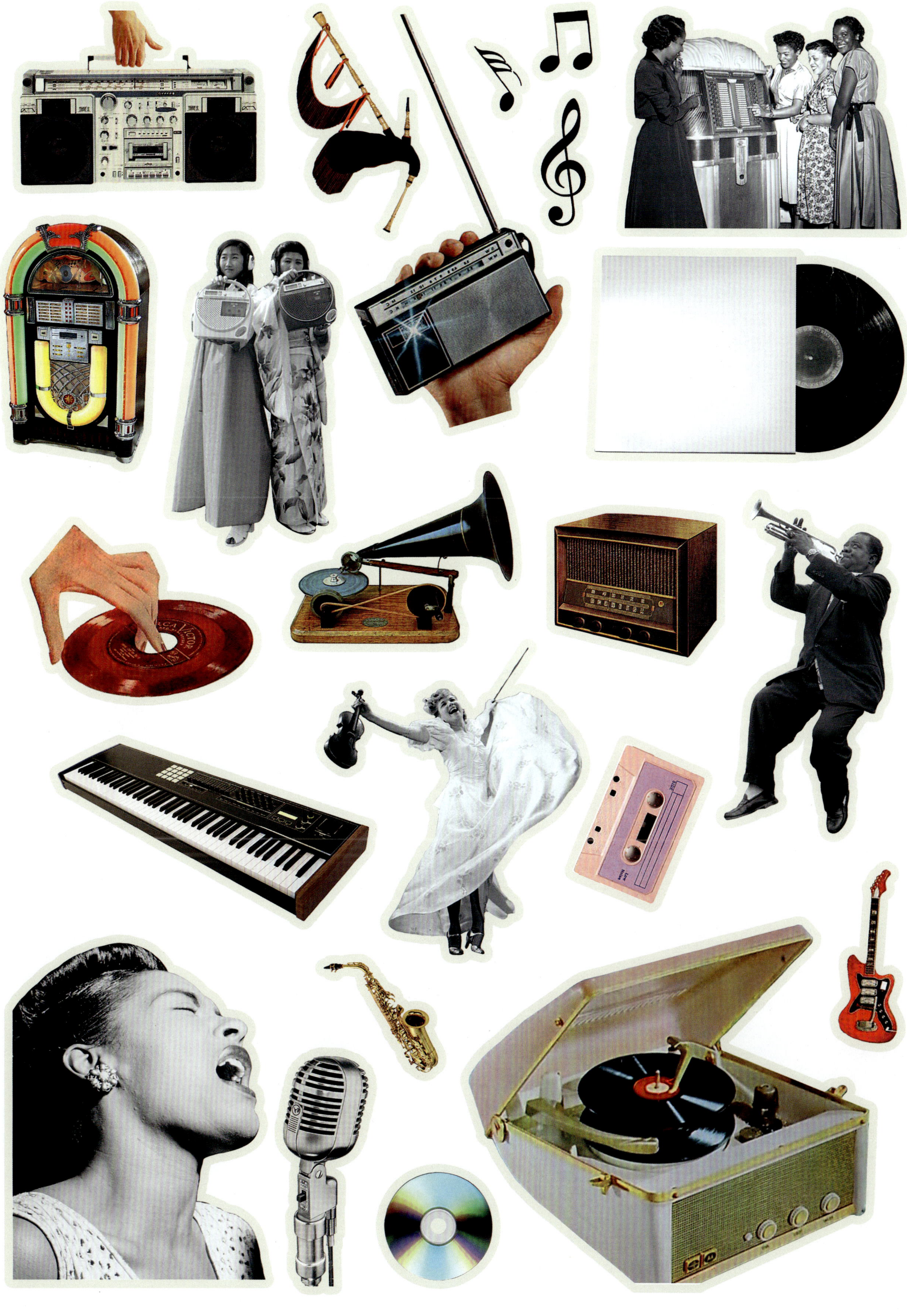

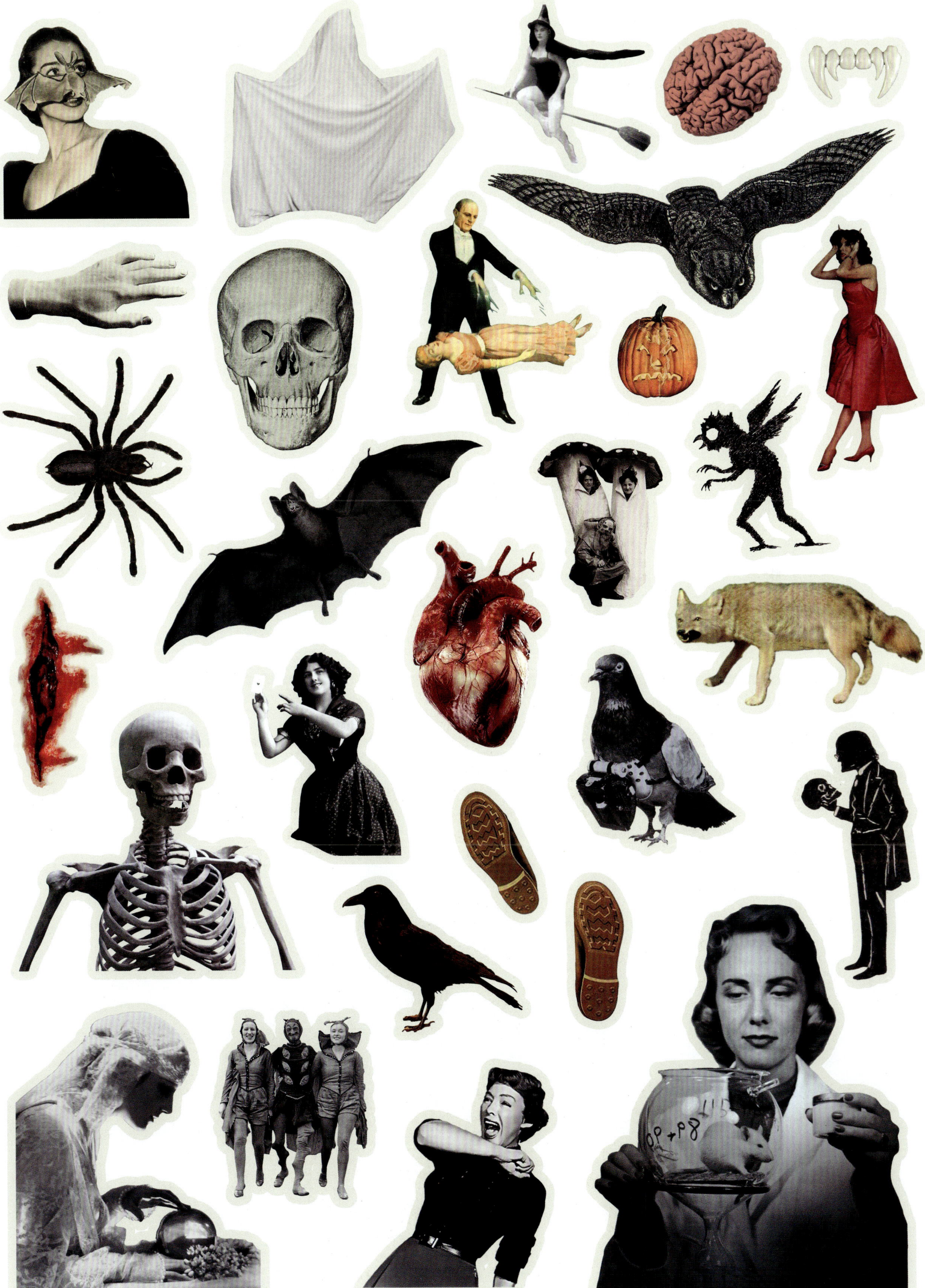

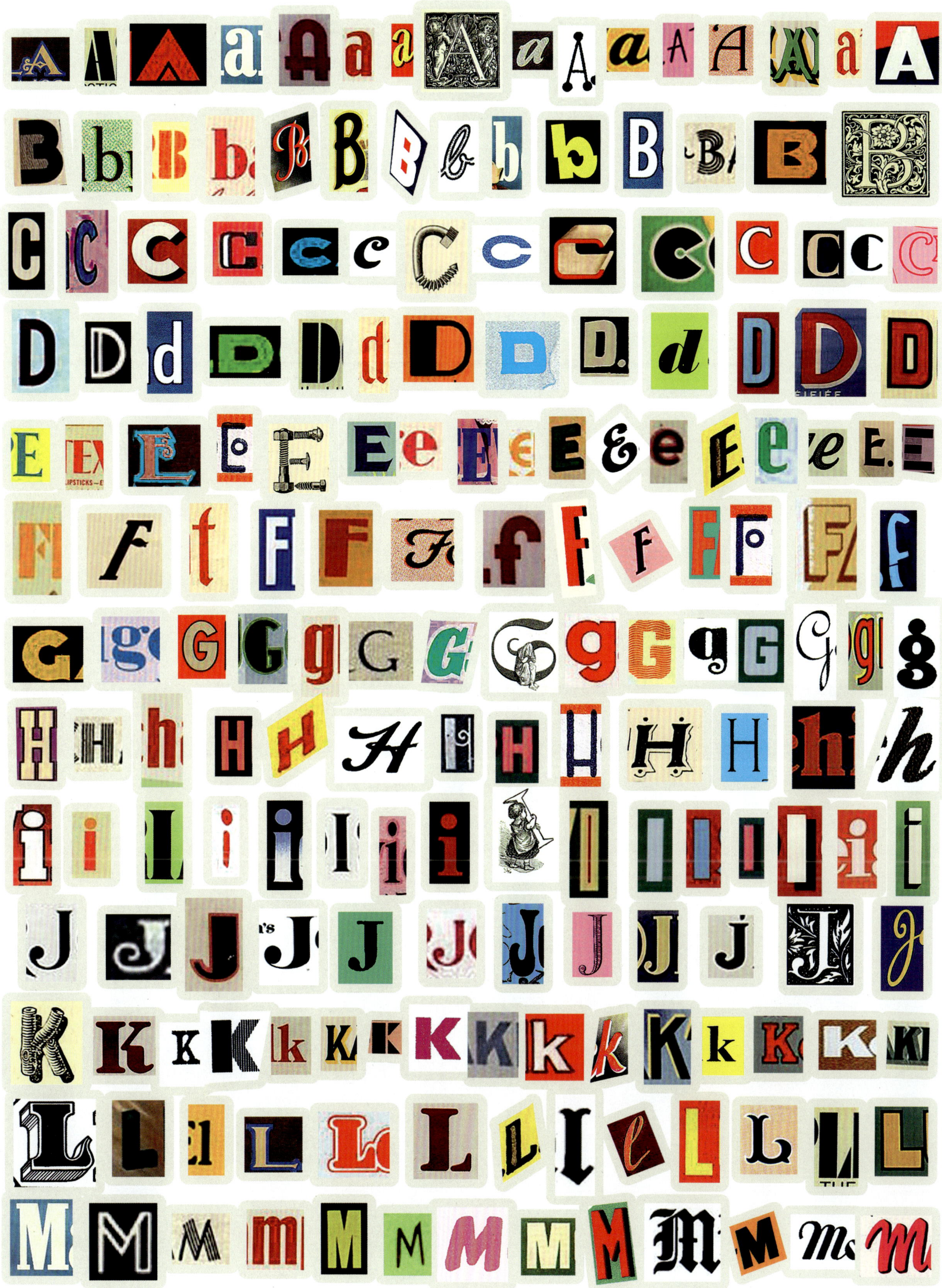

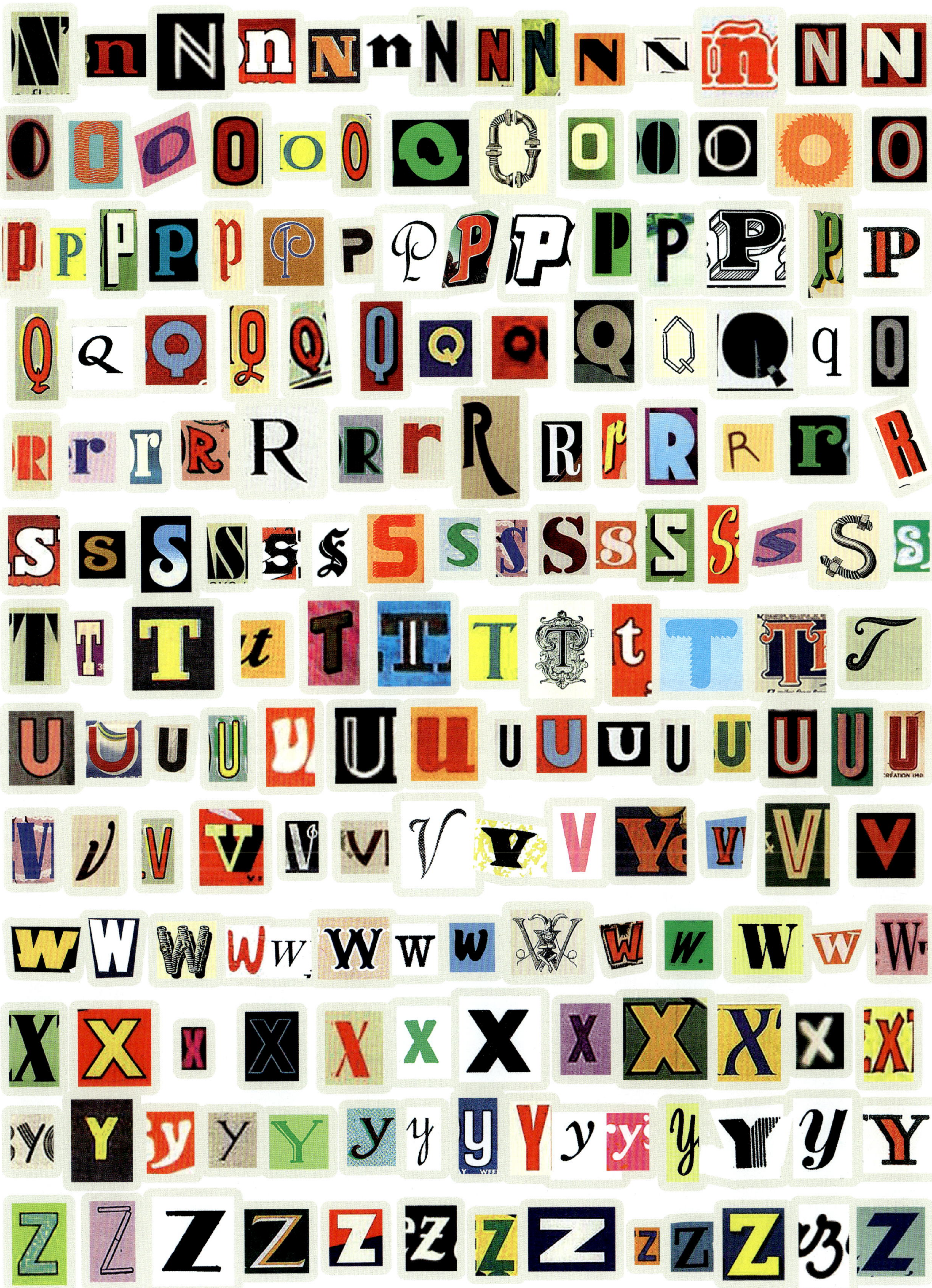

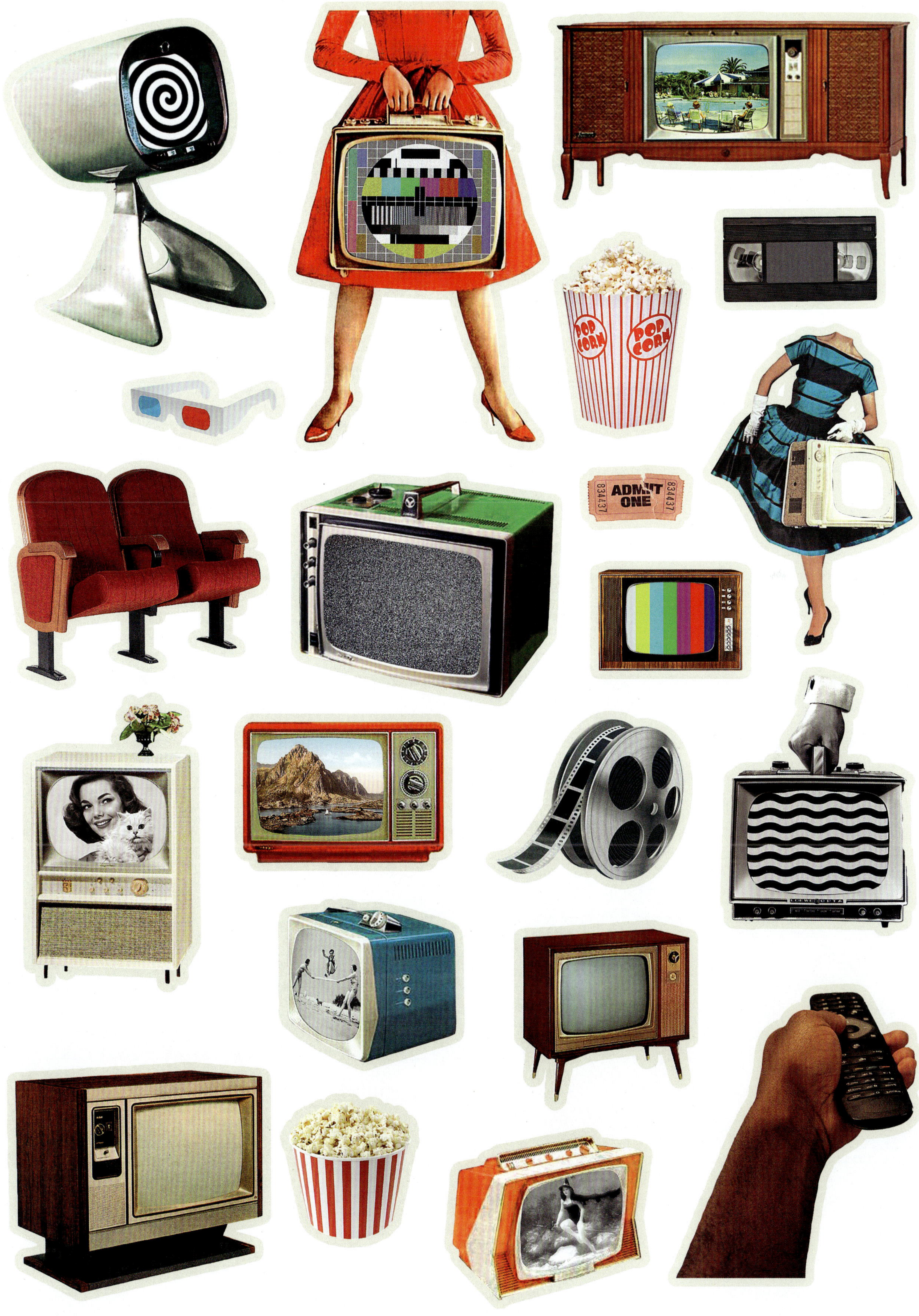
POP CORN
POP CORN
834437 ADMIT ONE 834437

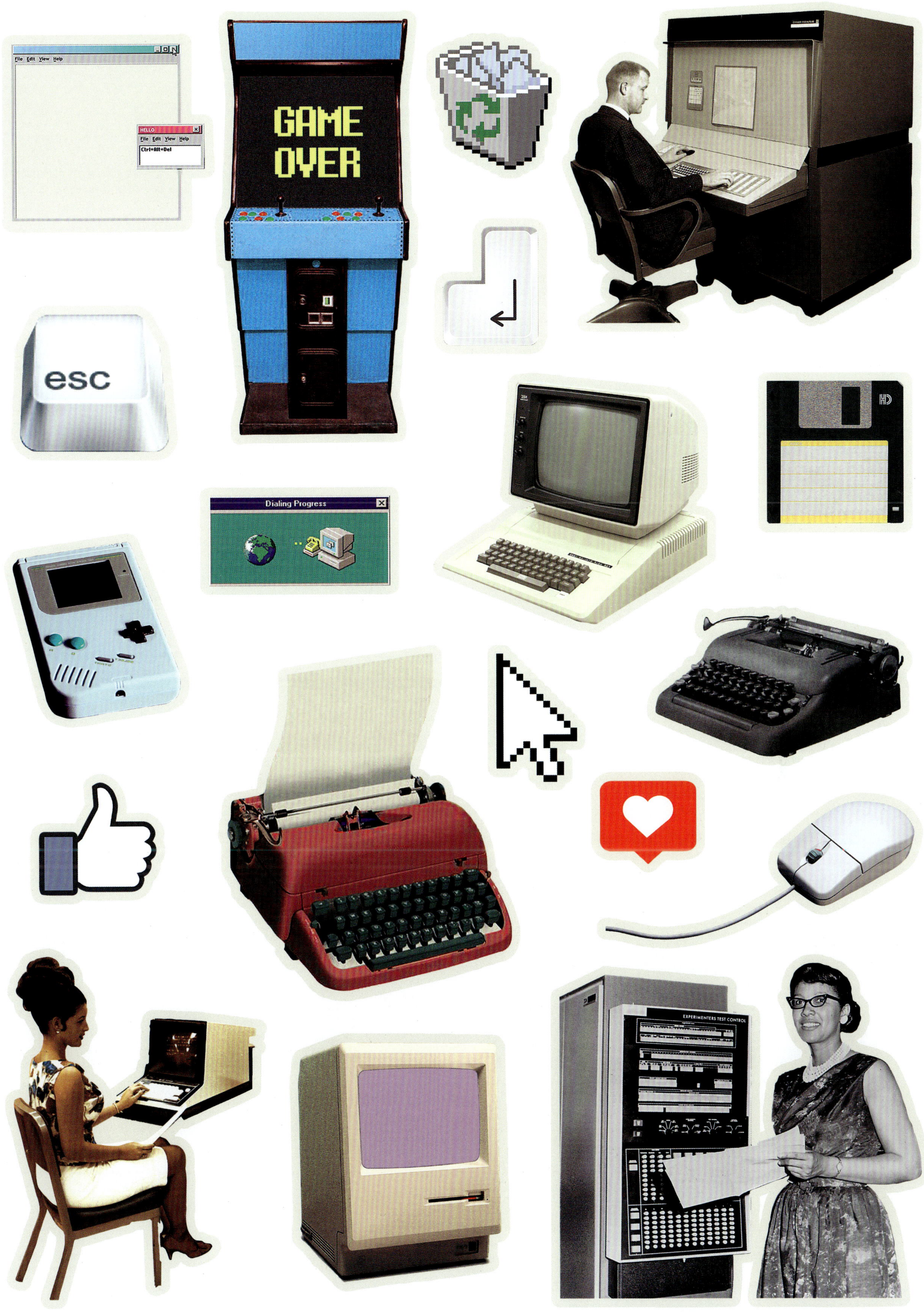
File Edit View Help
HELLO
File Edit View Help
Ctrl+Alt+Del
GAME
OVER
esc
Dialing Progress
HD
EXPERIMENTERS TEST CONTROL

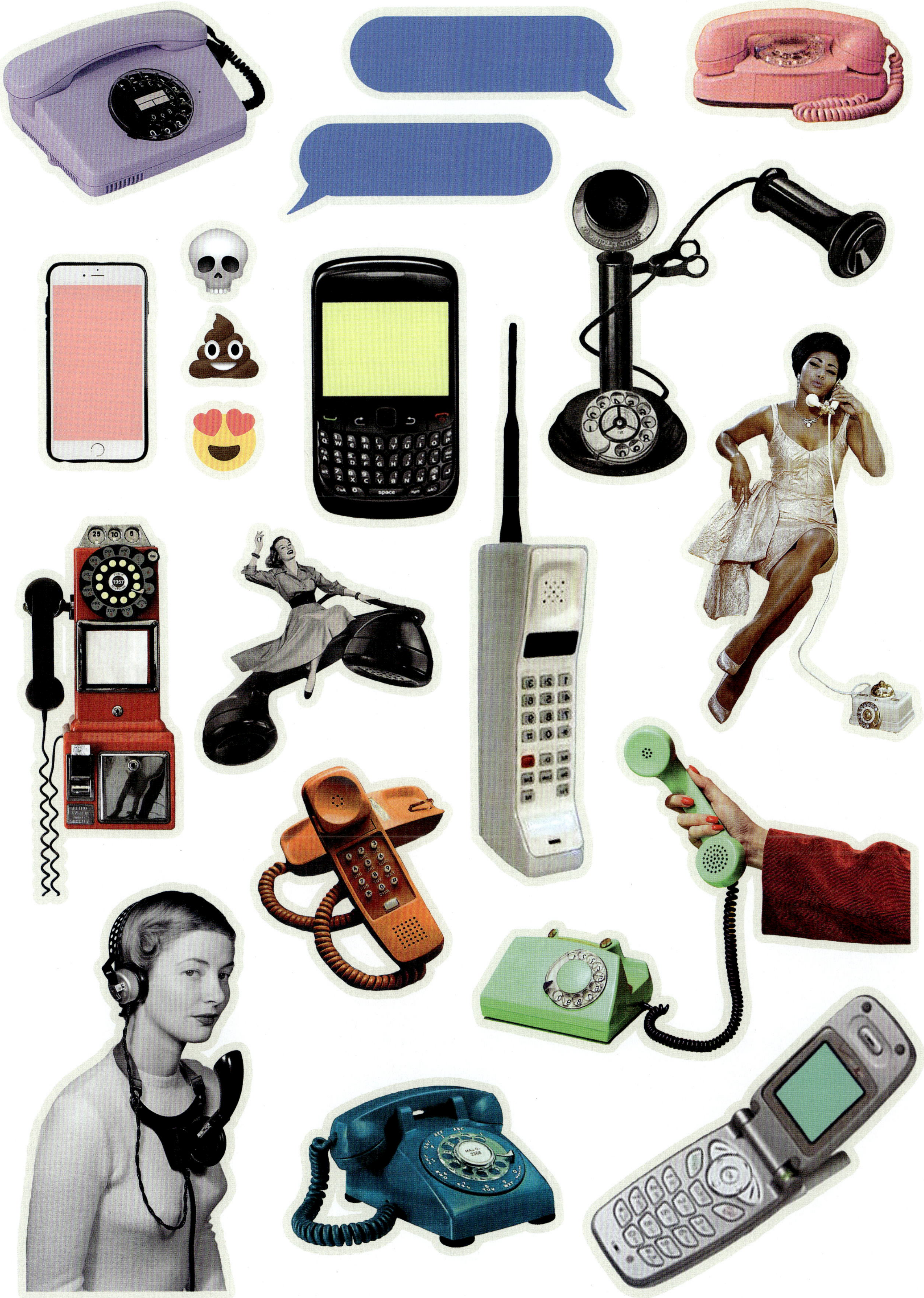

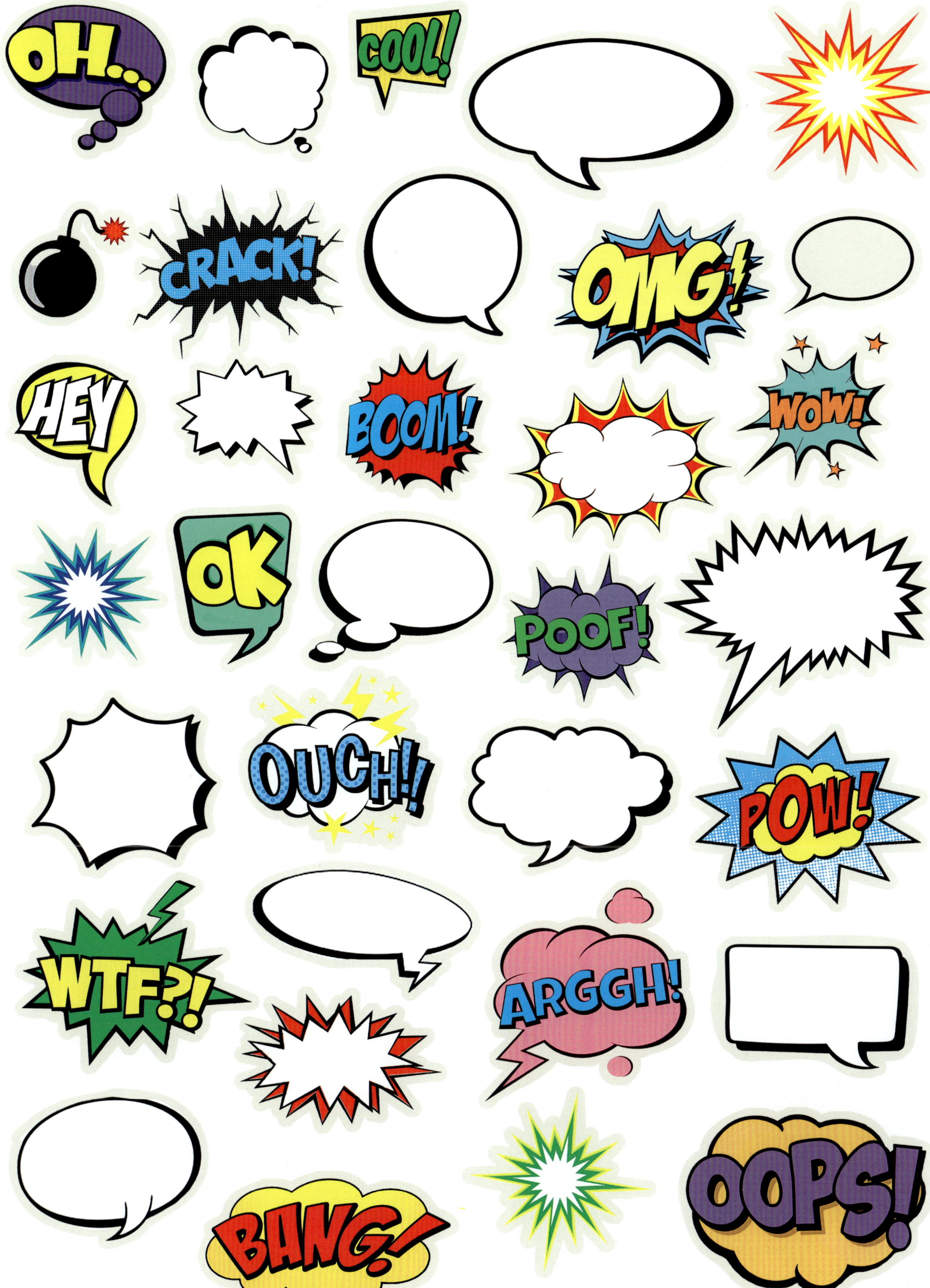
OH...
COOL!
CRACK!
OMG!
HEY
BOOM!
WOW!
OK
POOF!
OUCH!!
POW!
WTF?!
ARGGH!
BANG!
OOPS!

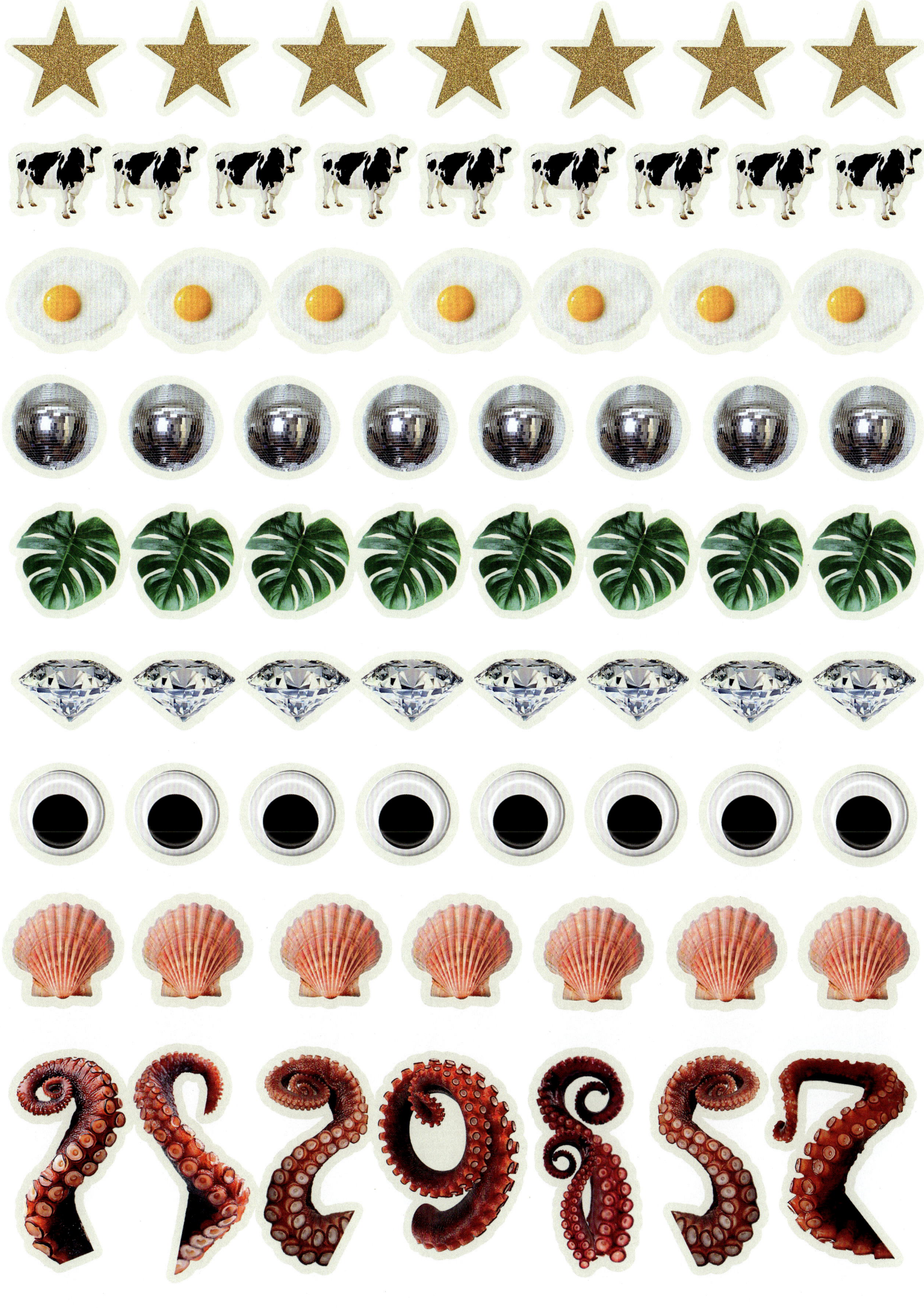

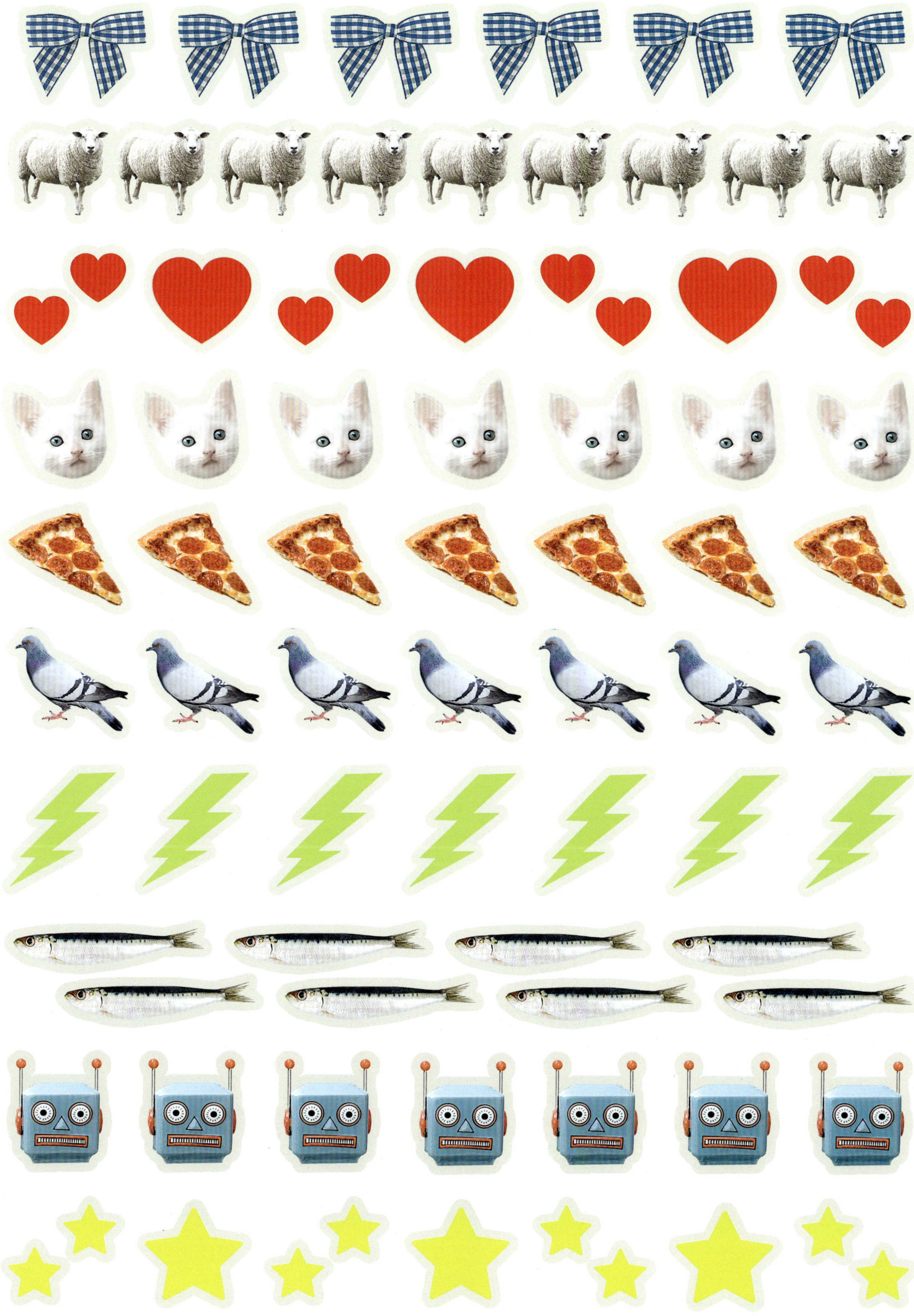

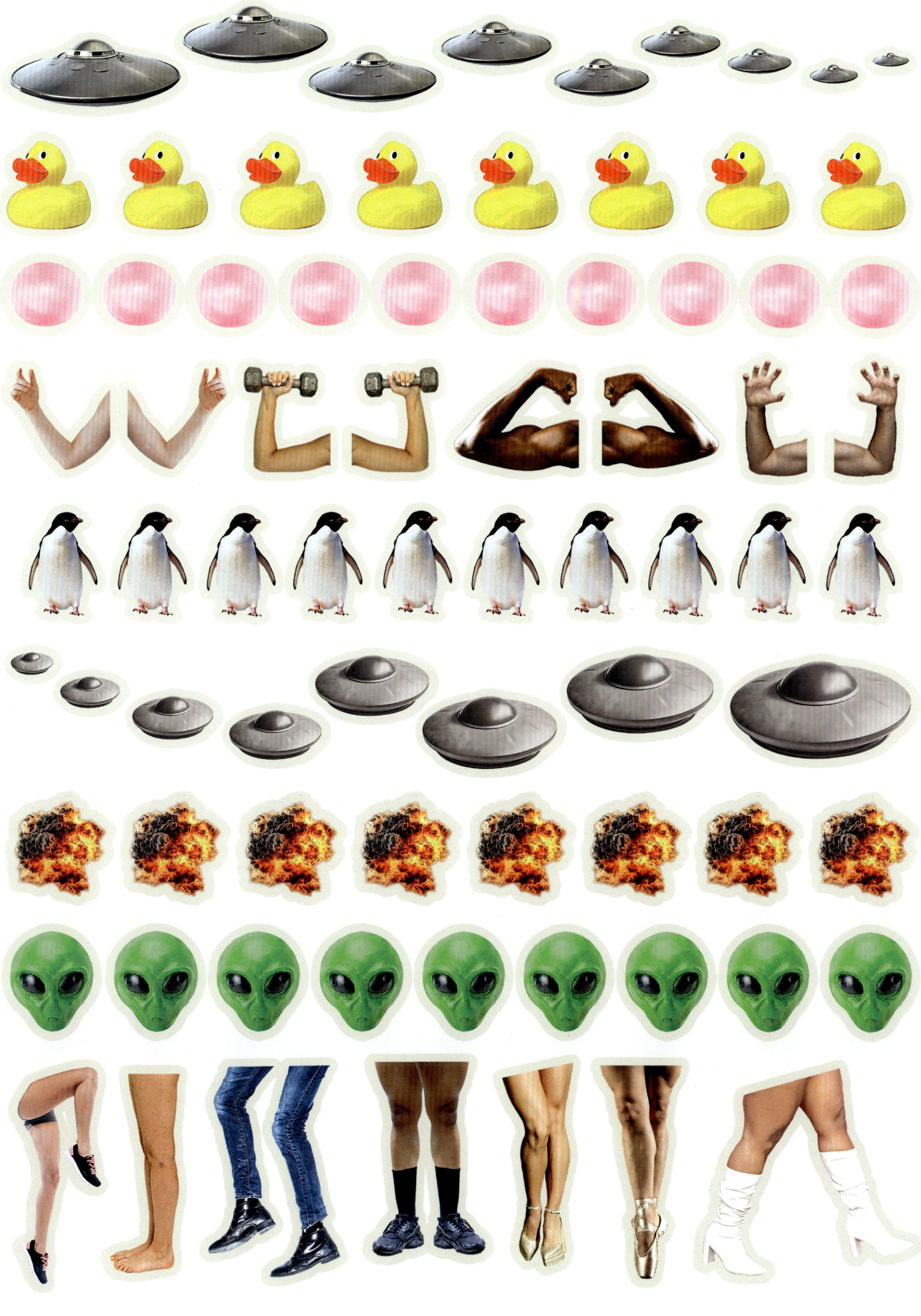

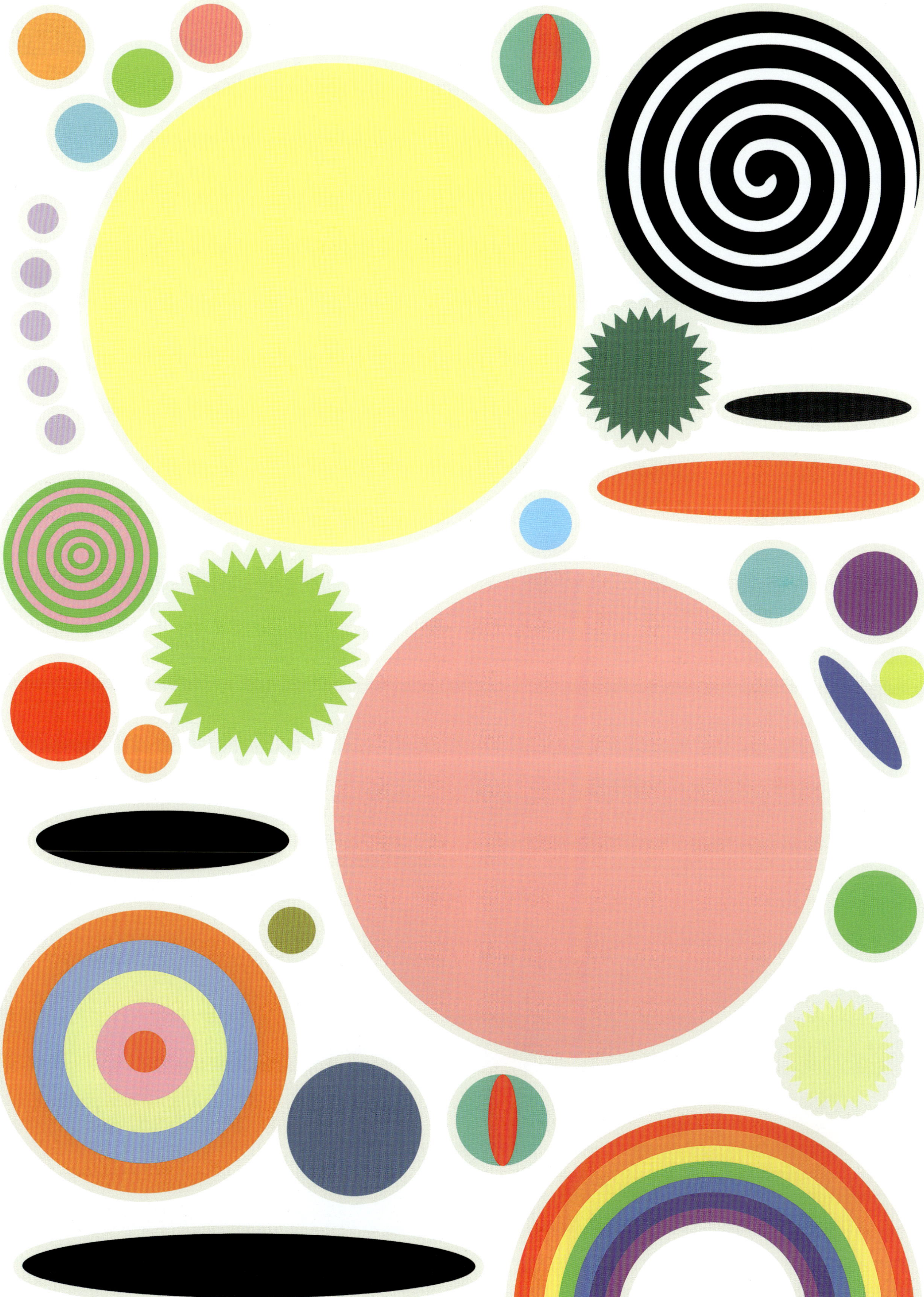

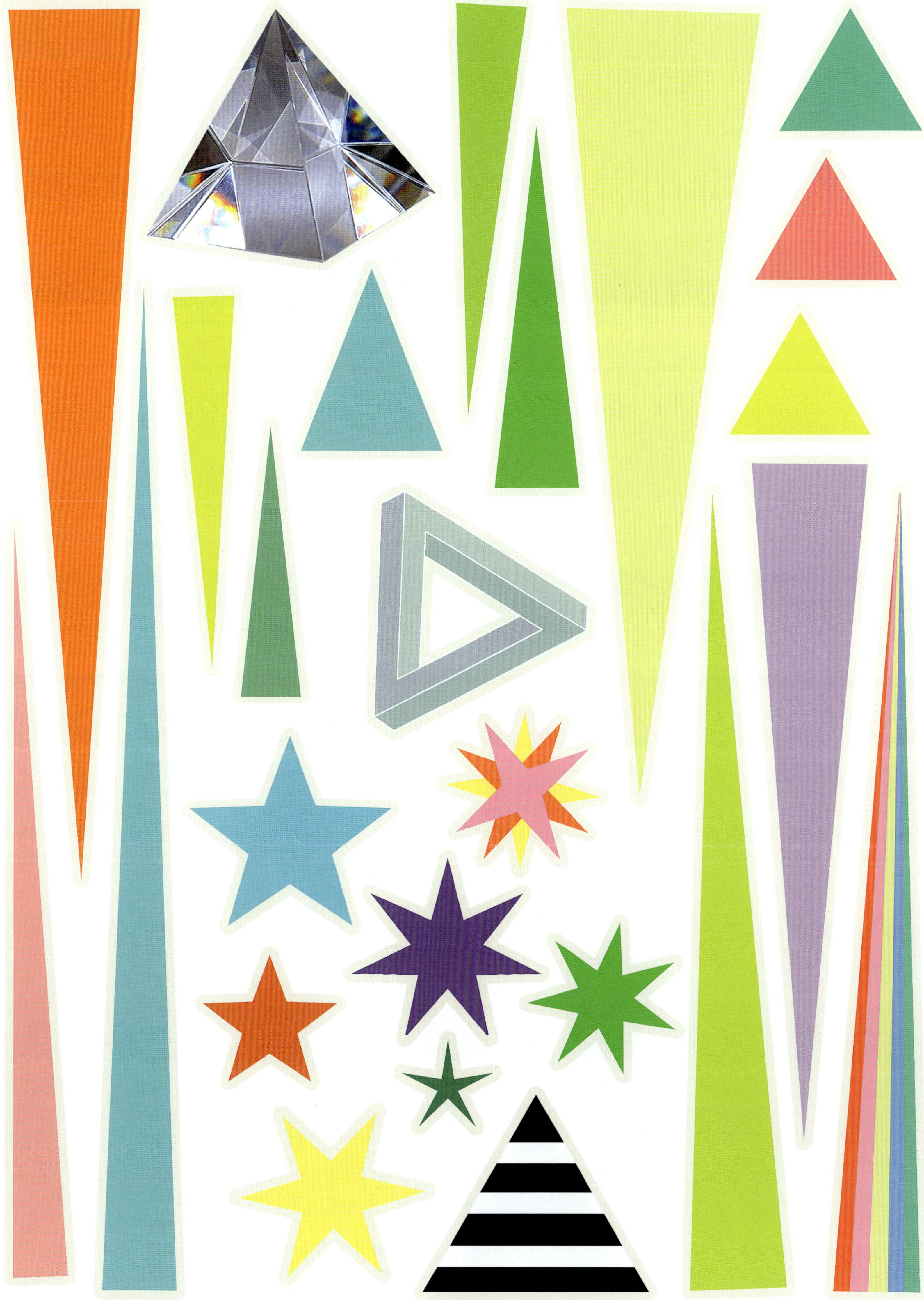

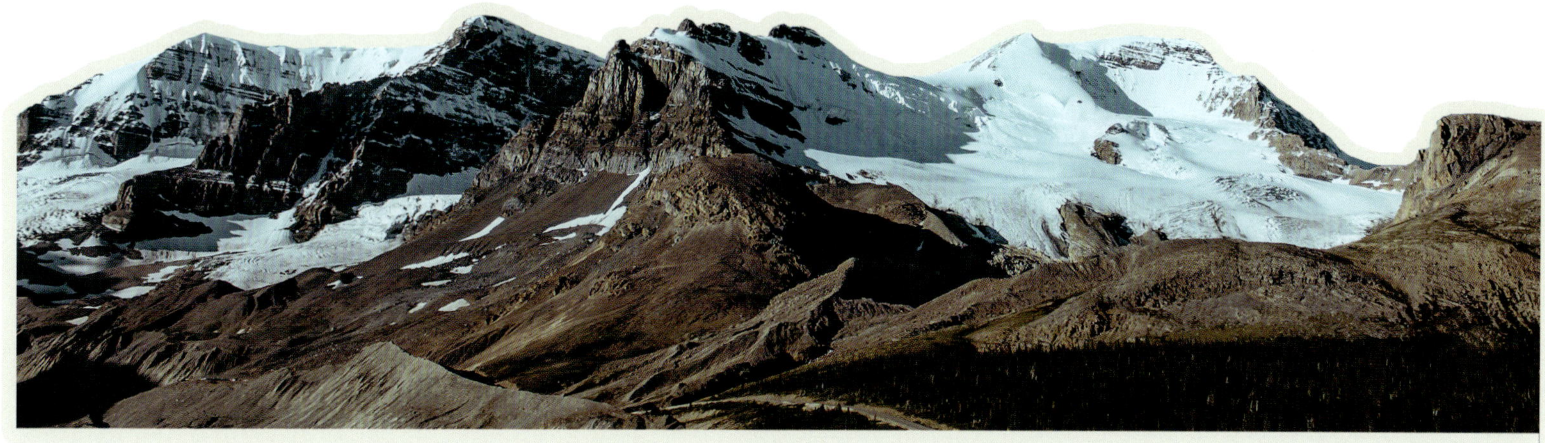

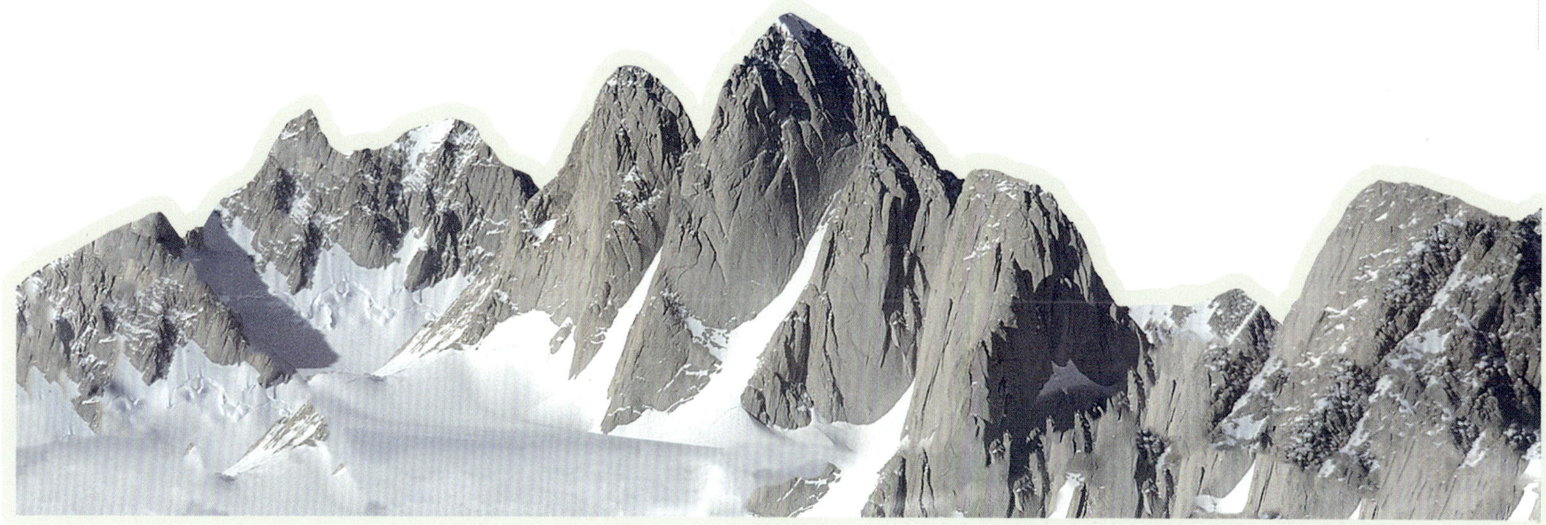

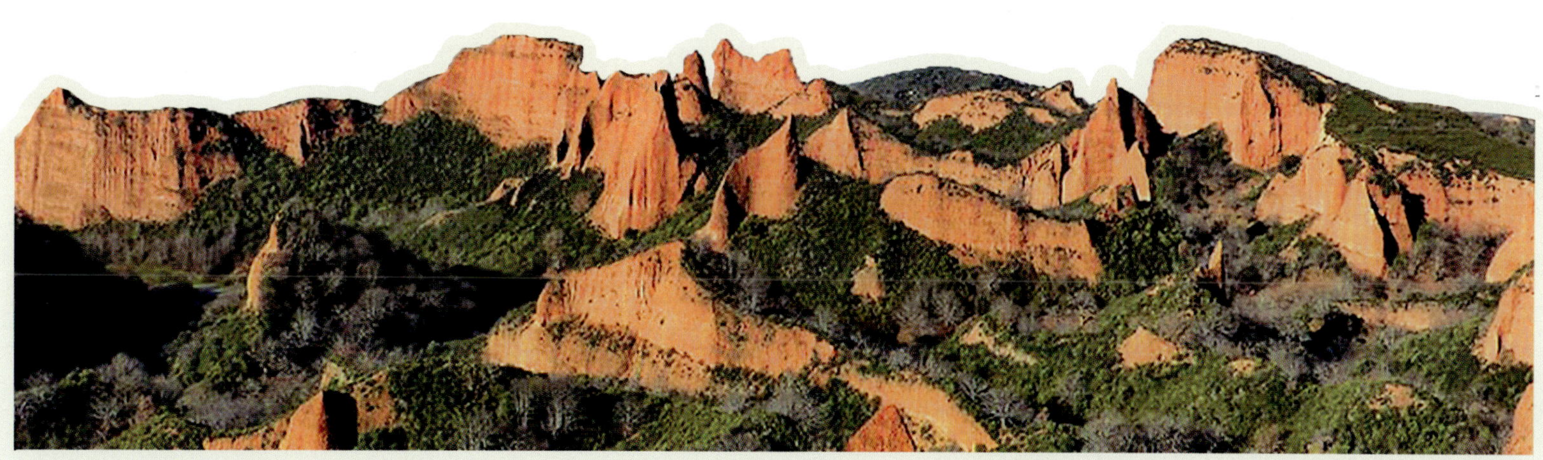

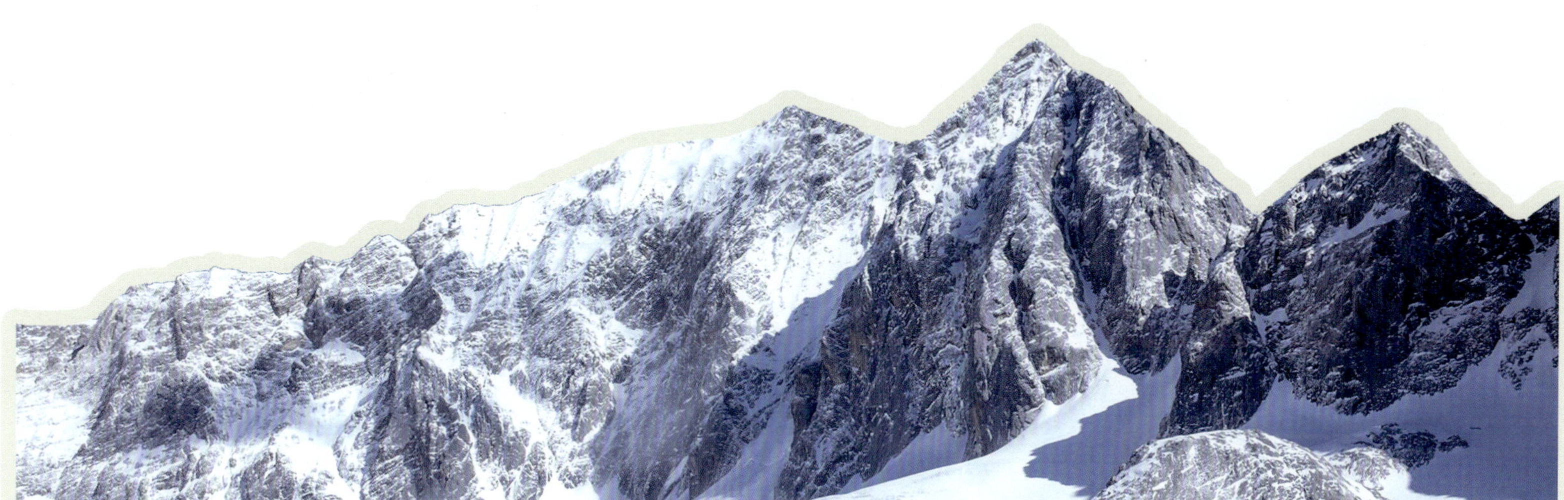

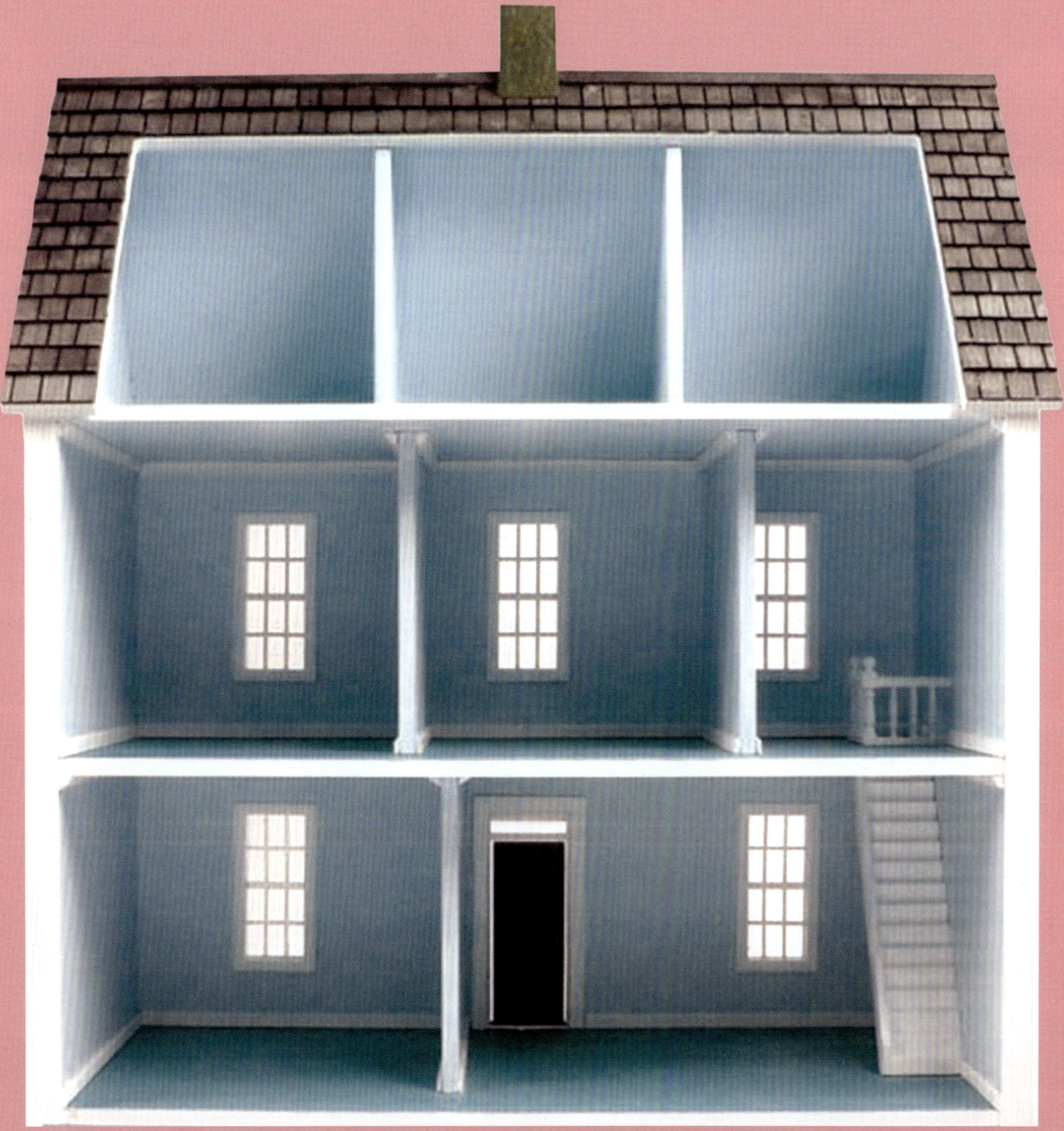

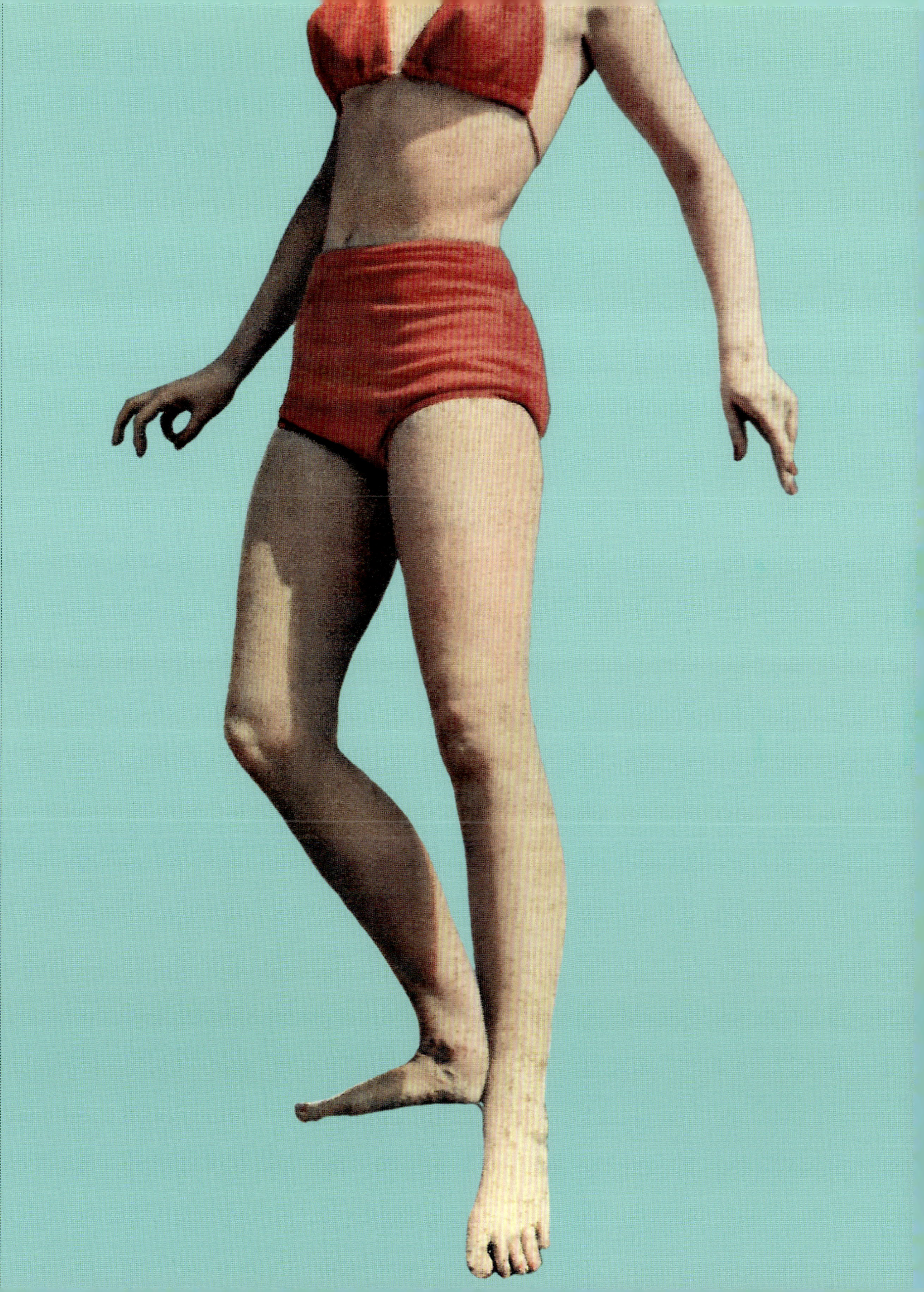

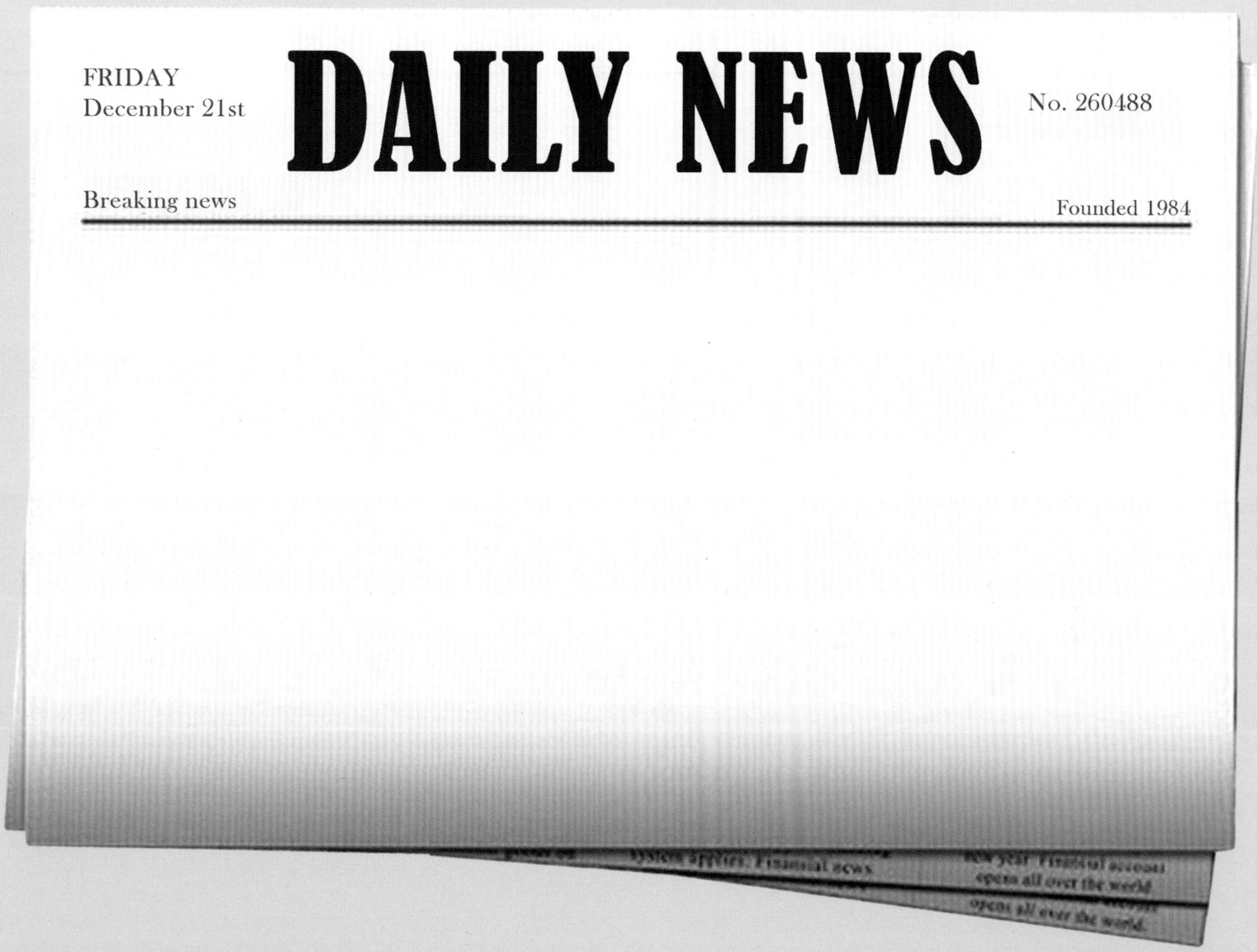
FRIDAY
December 21st
DAILY NEWS
No. 260488
Breaking news
Founded 1984

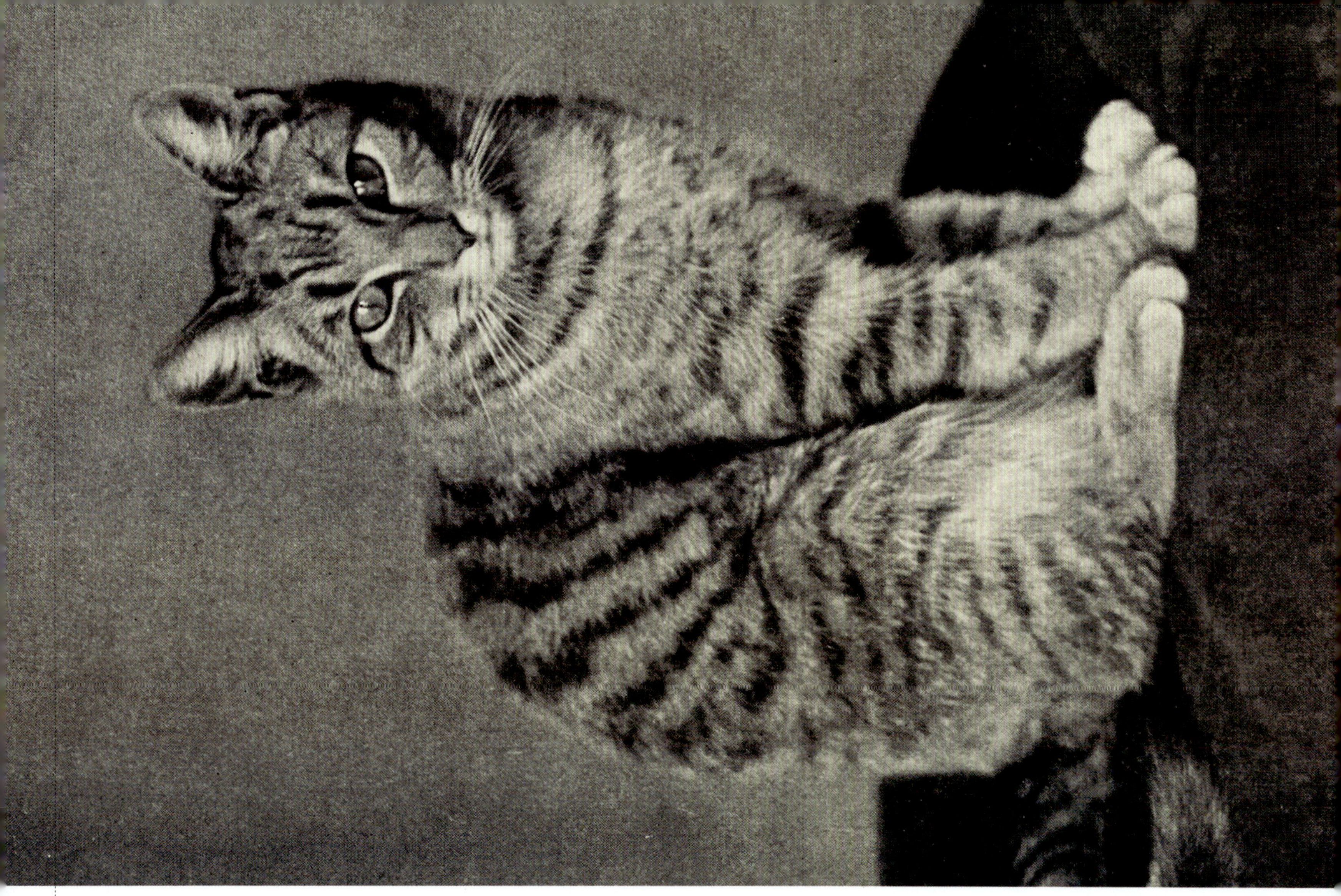

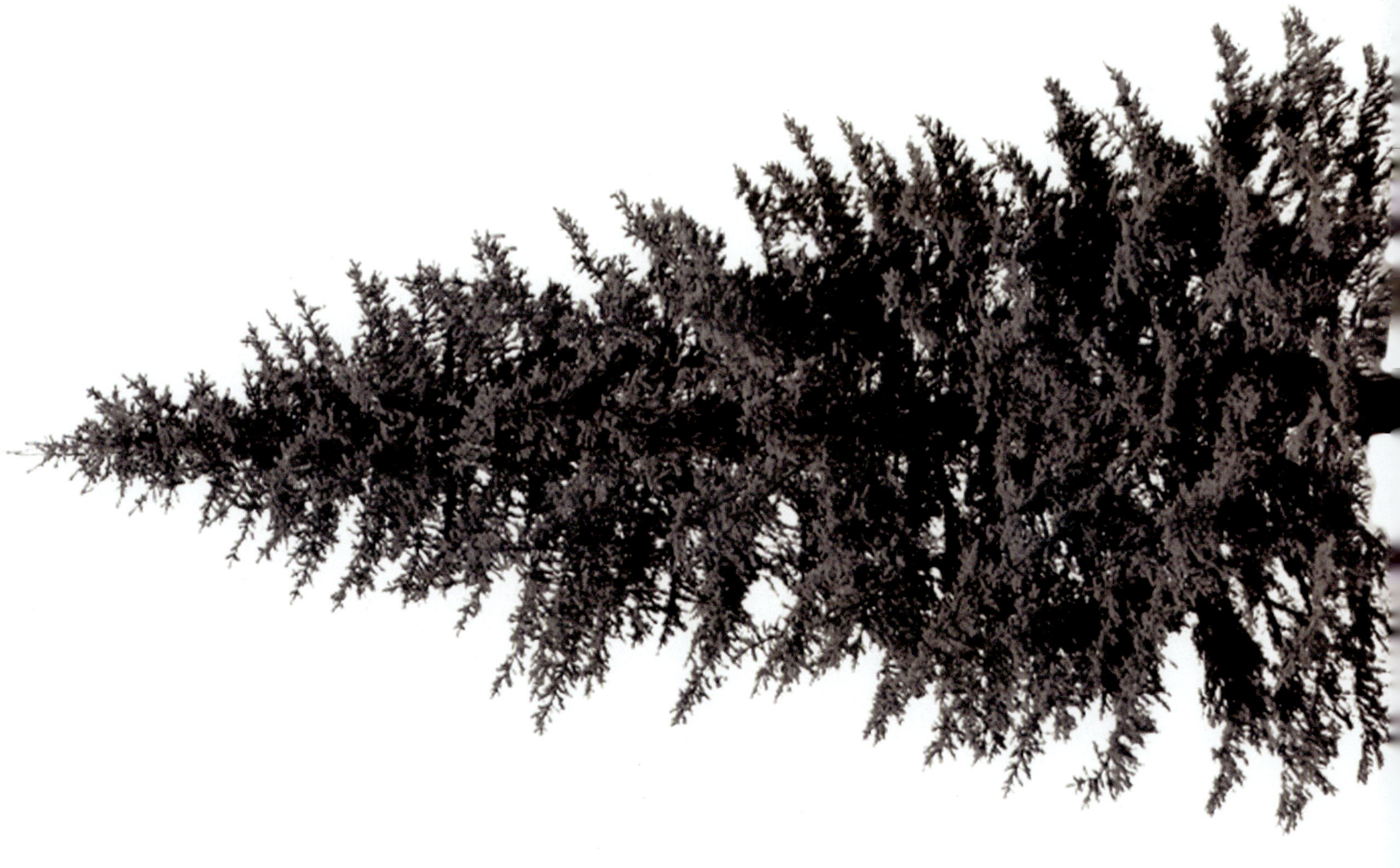

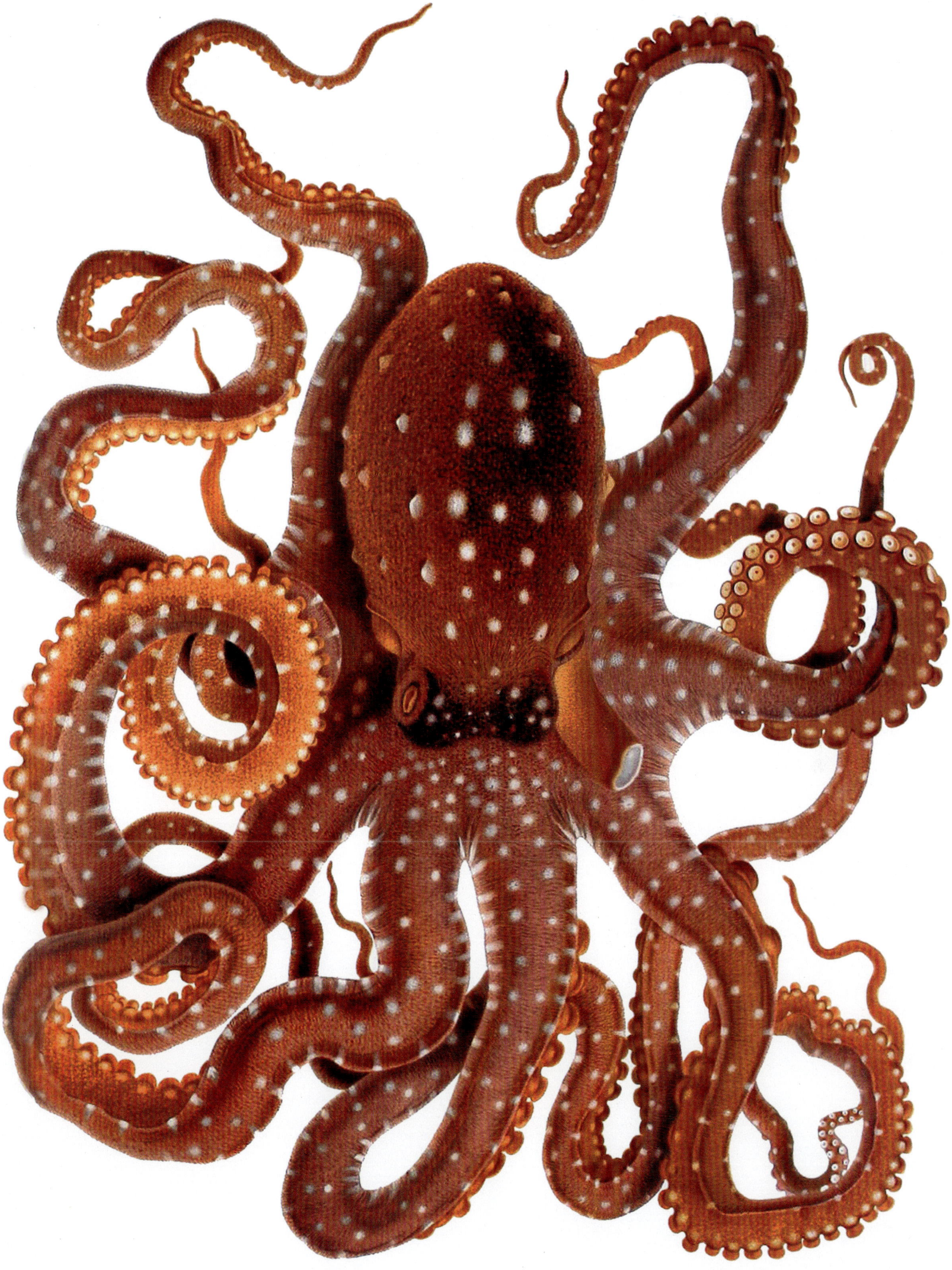

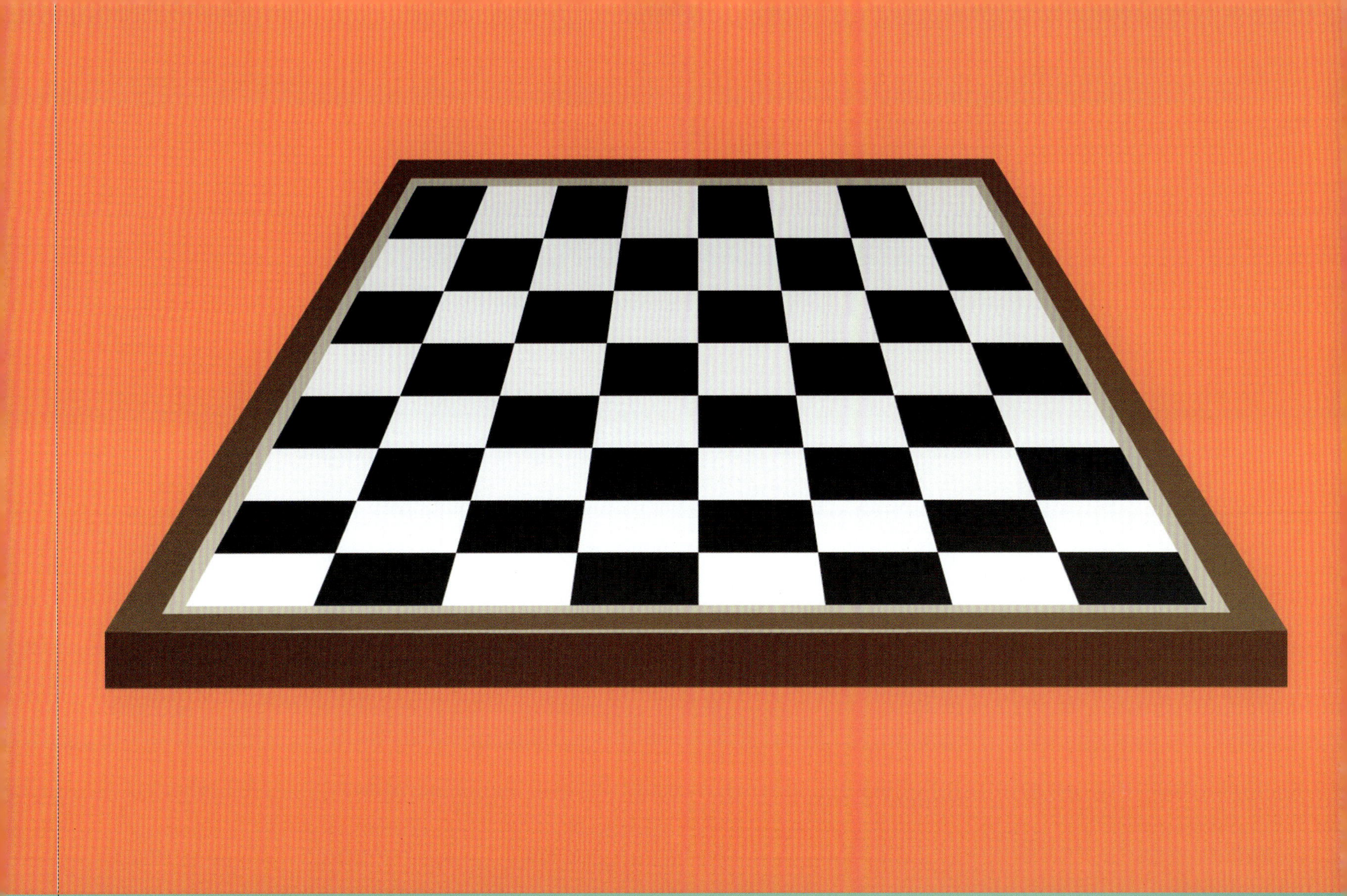

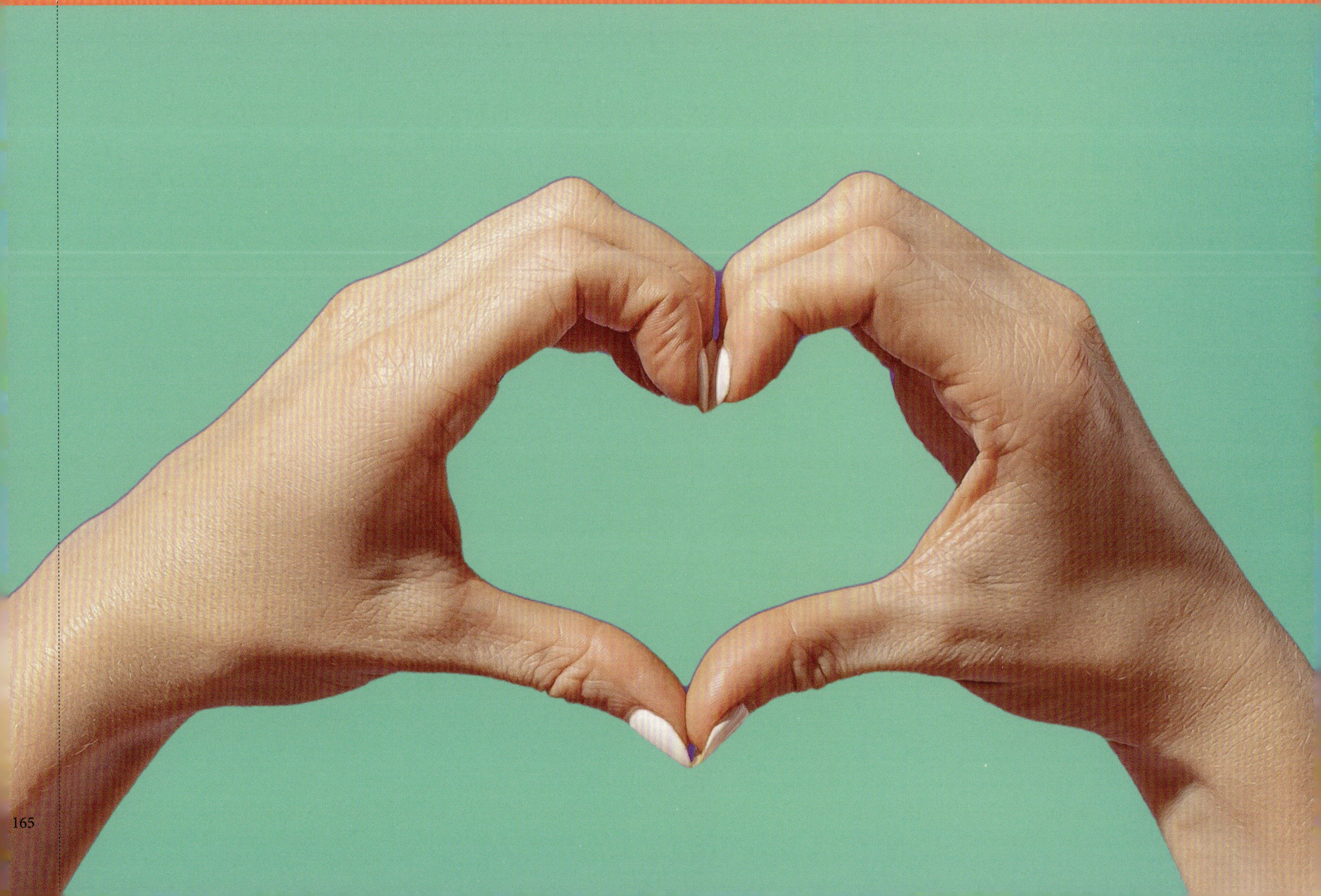

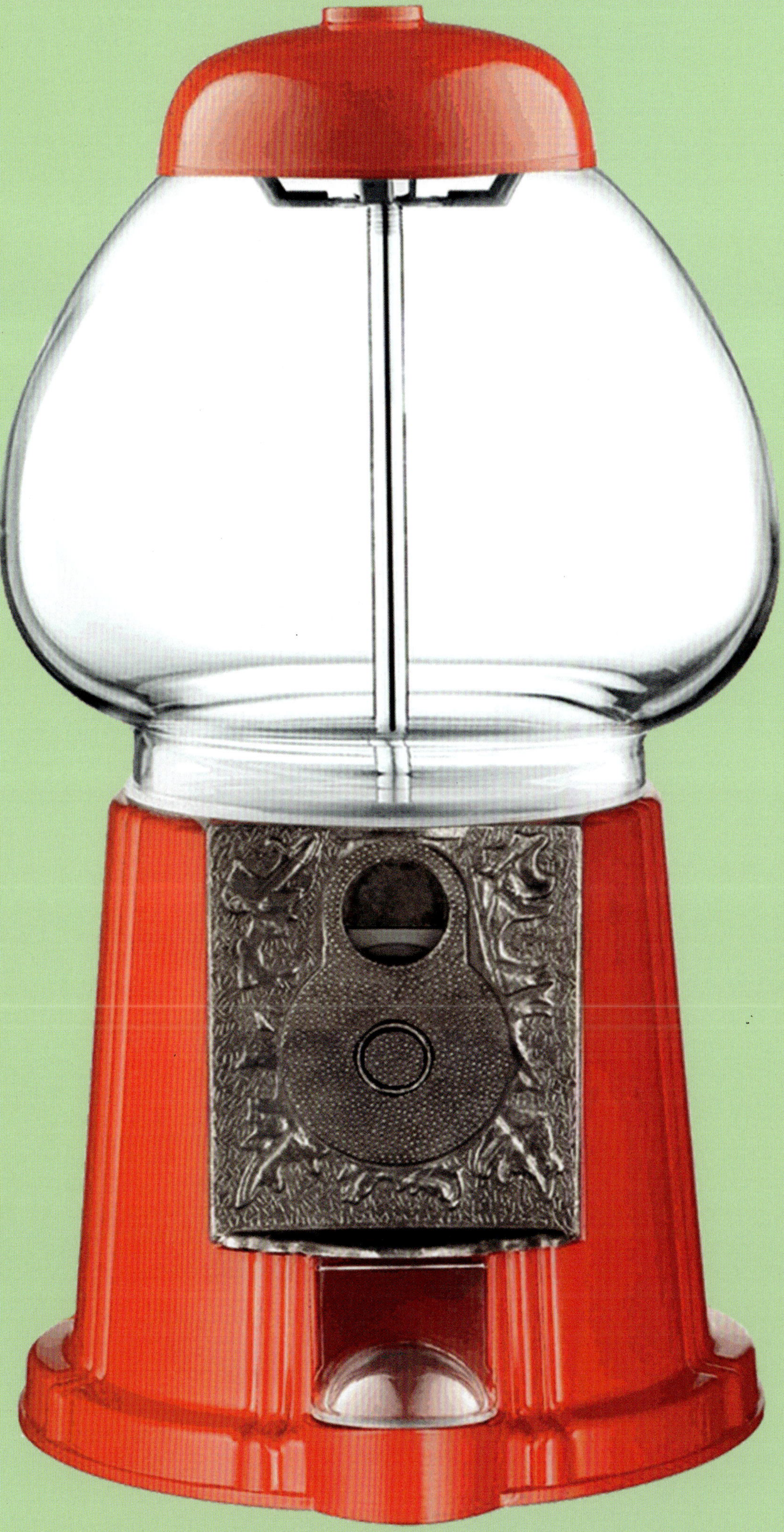

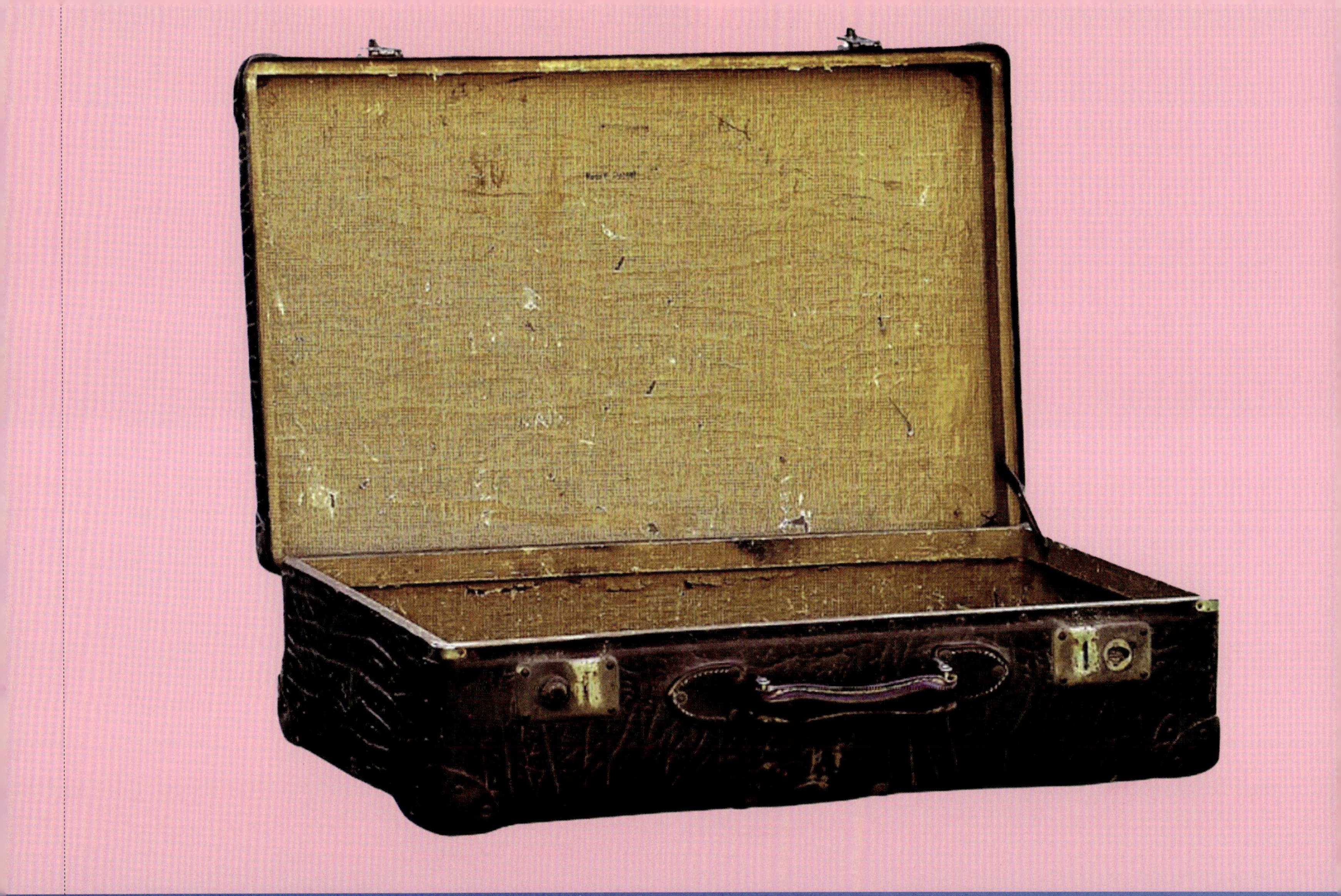

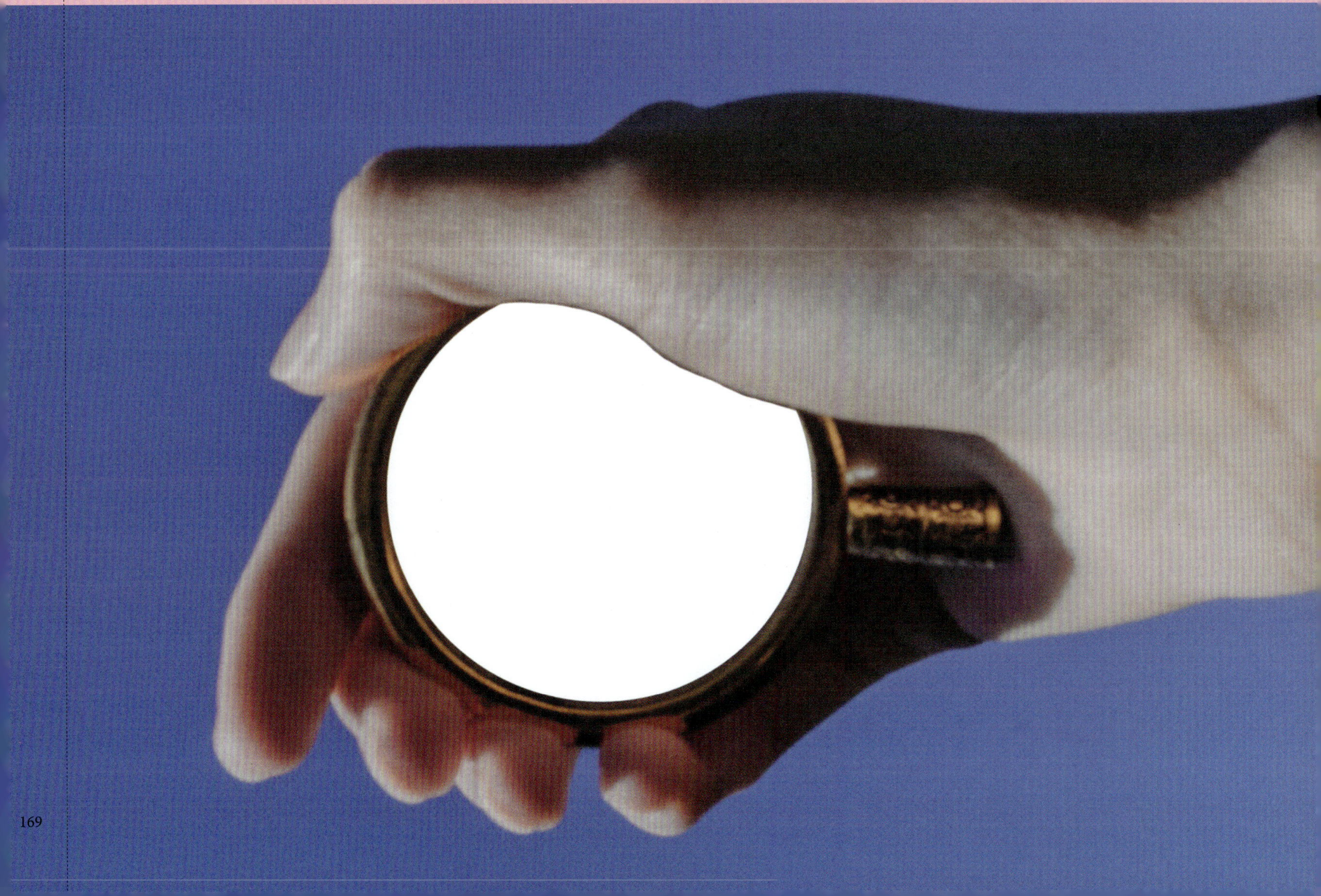

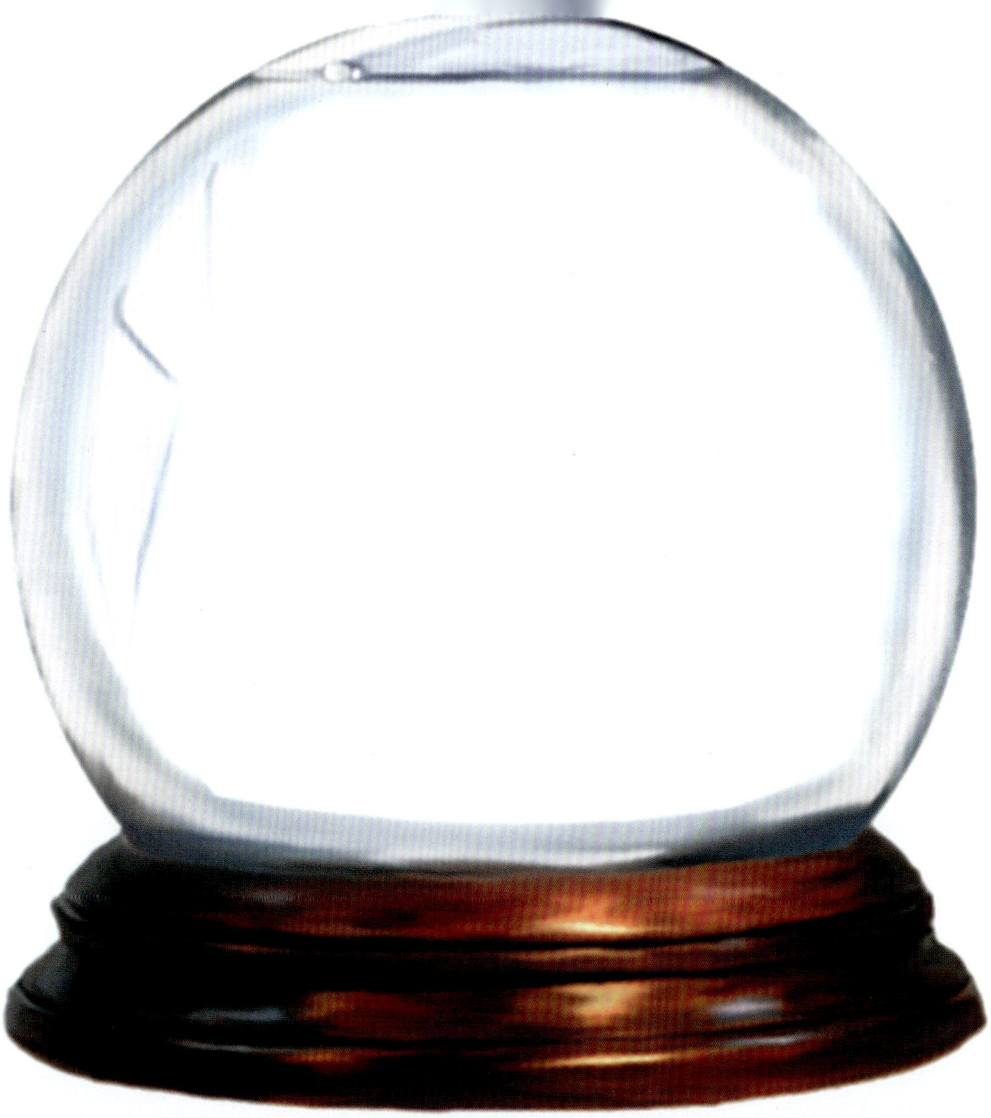

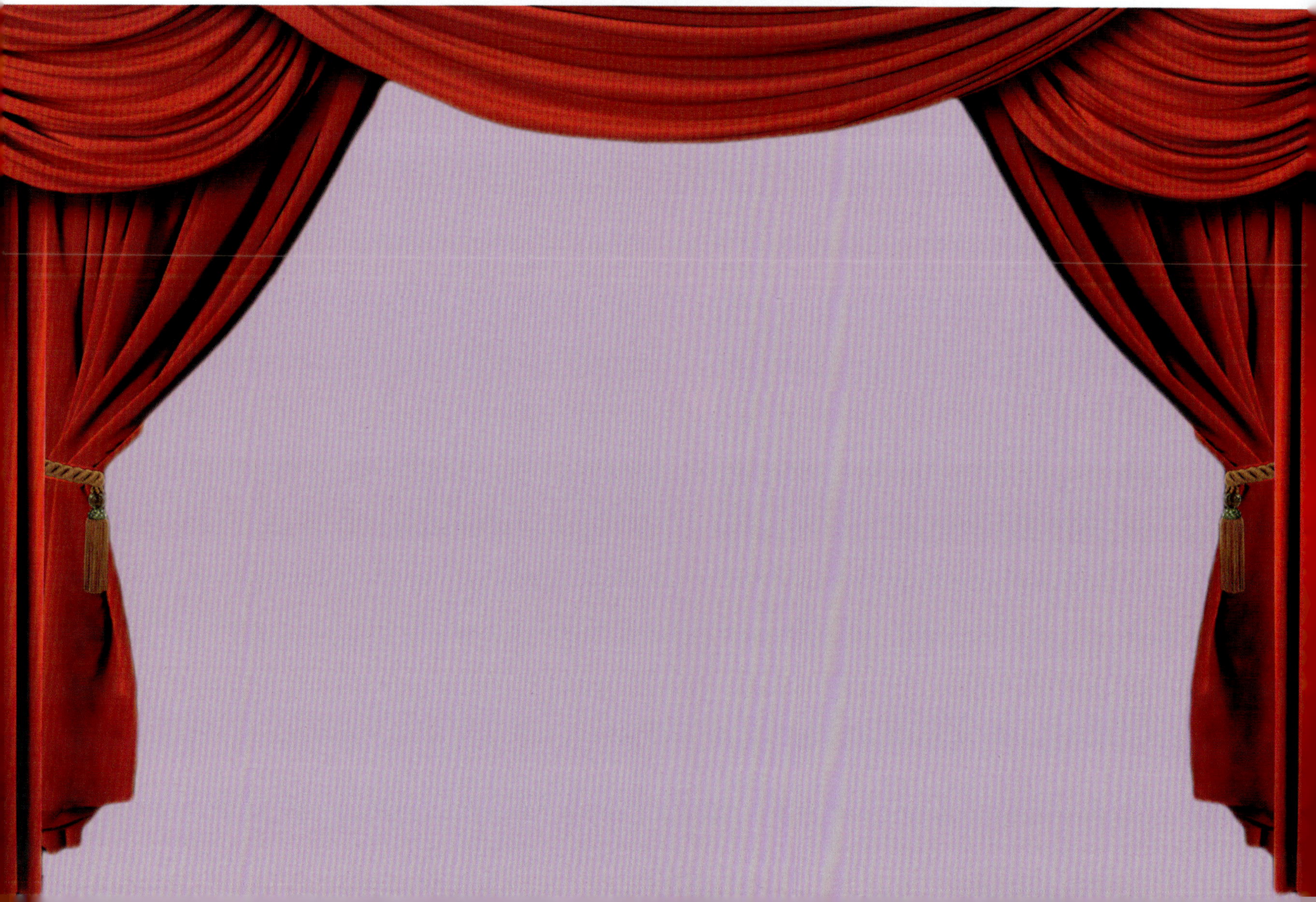

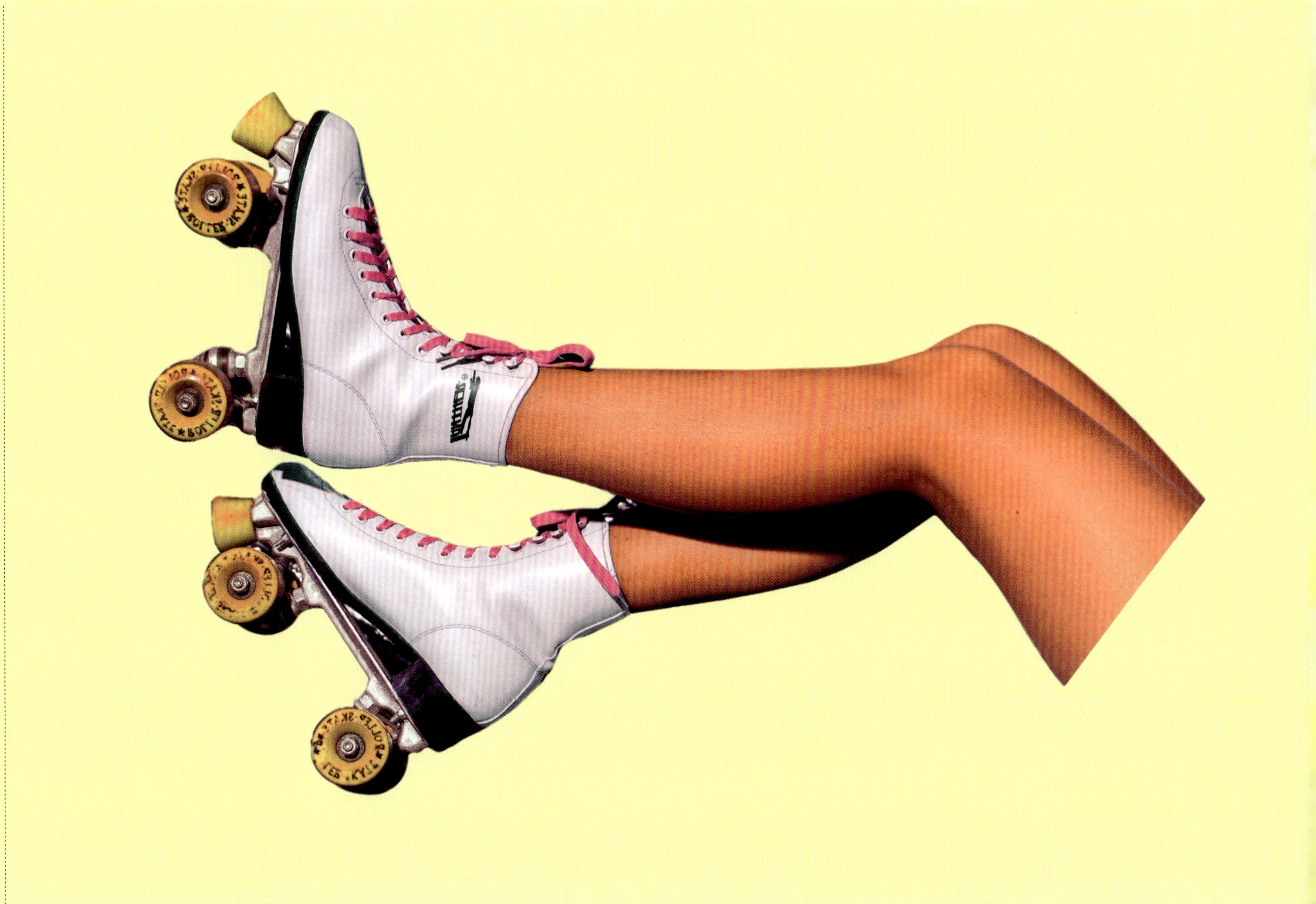

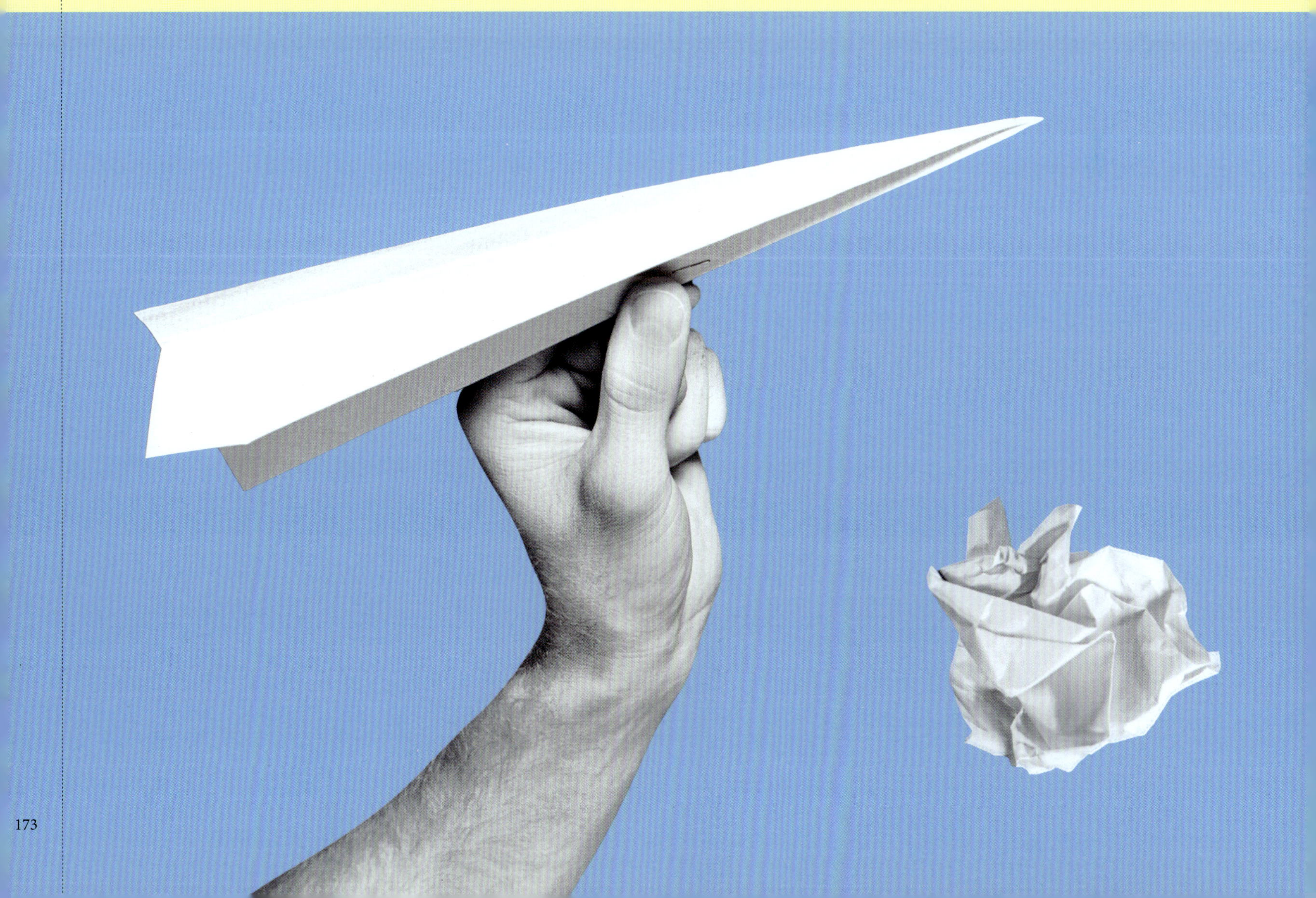

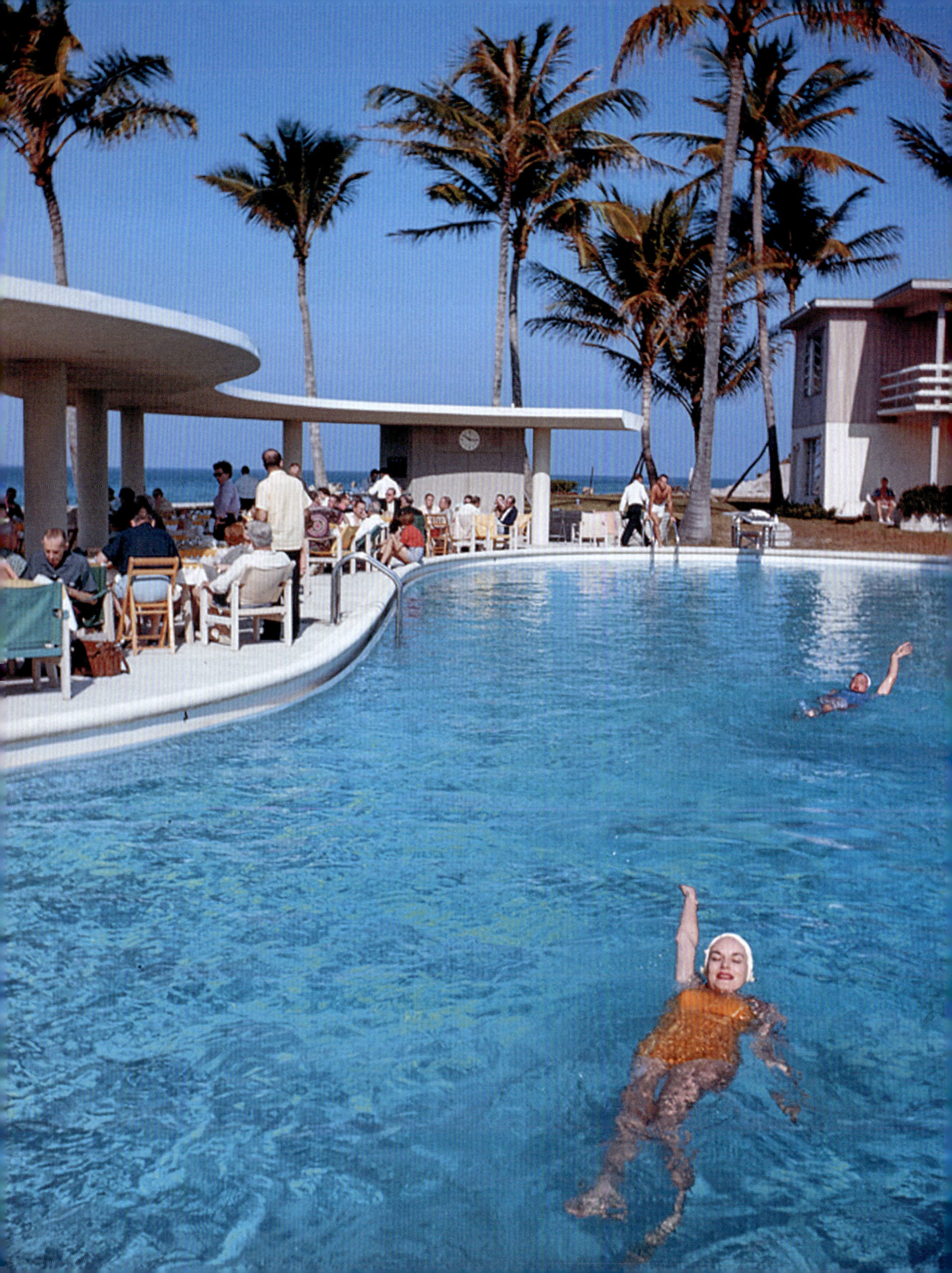

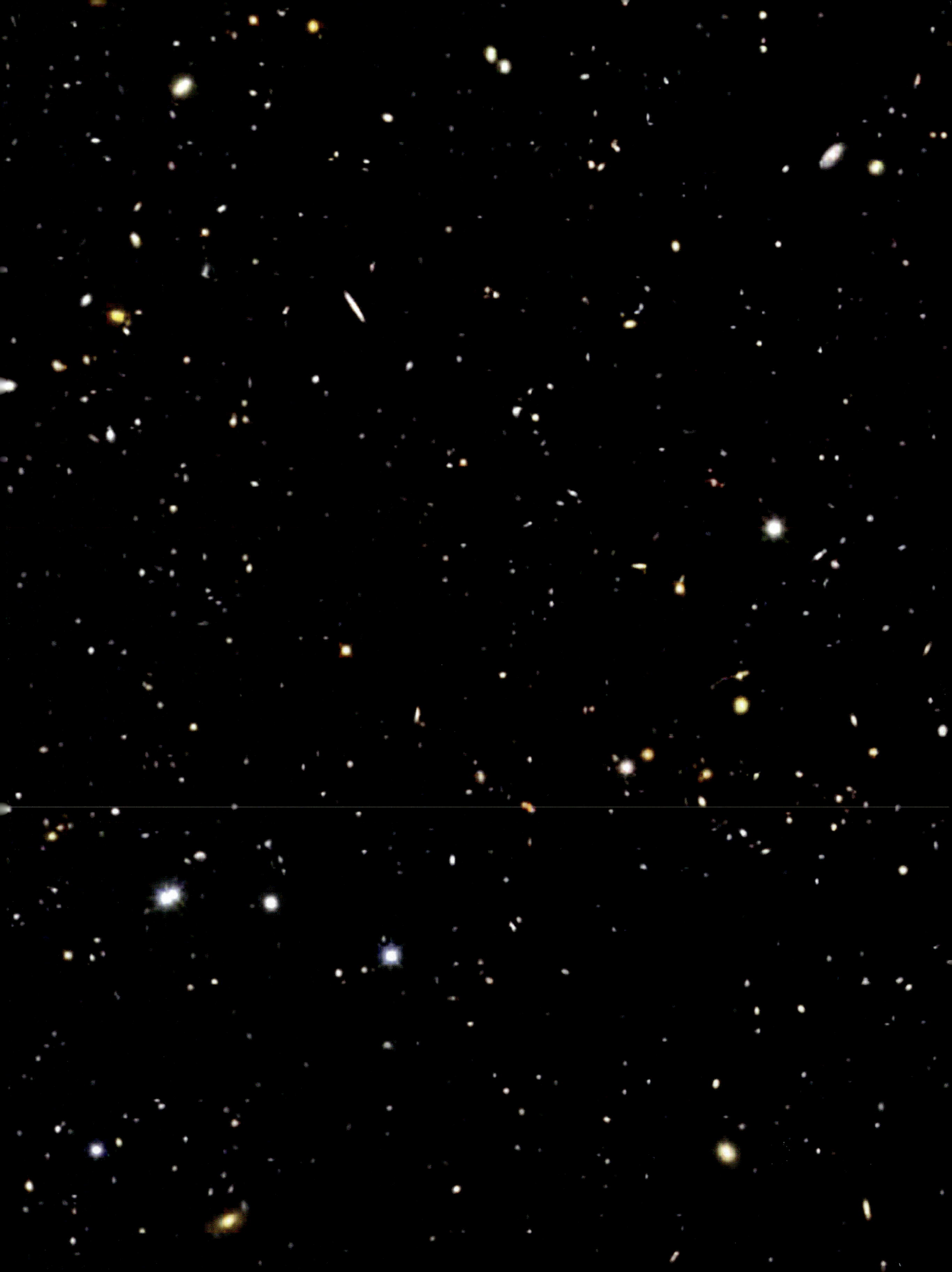

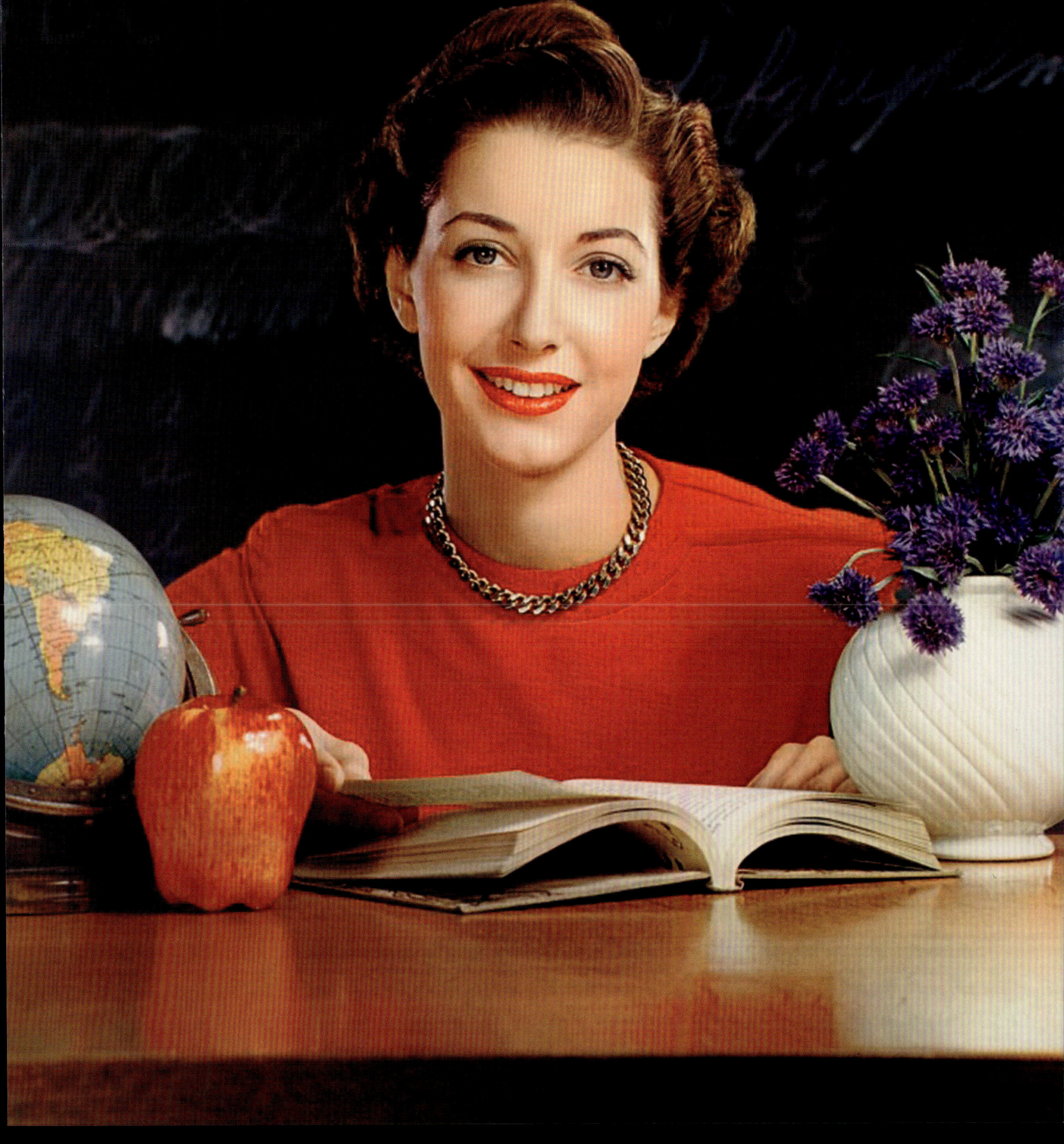

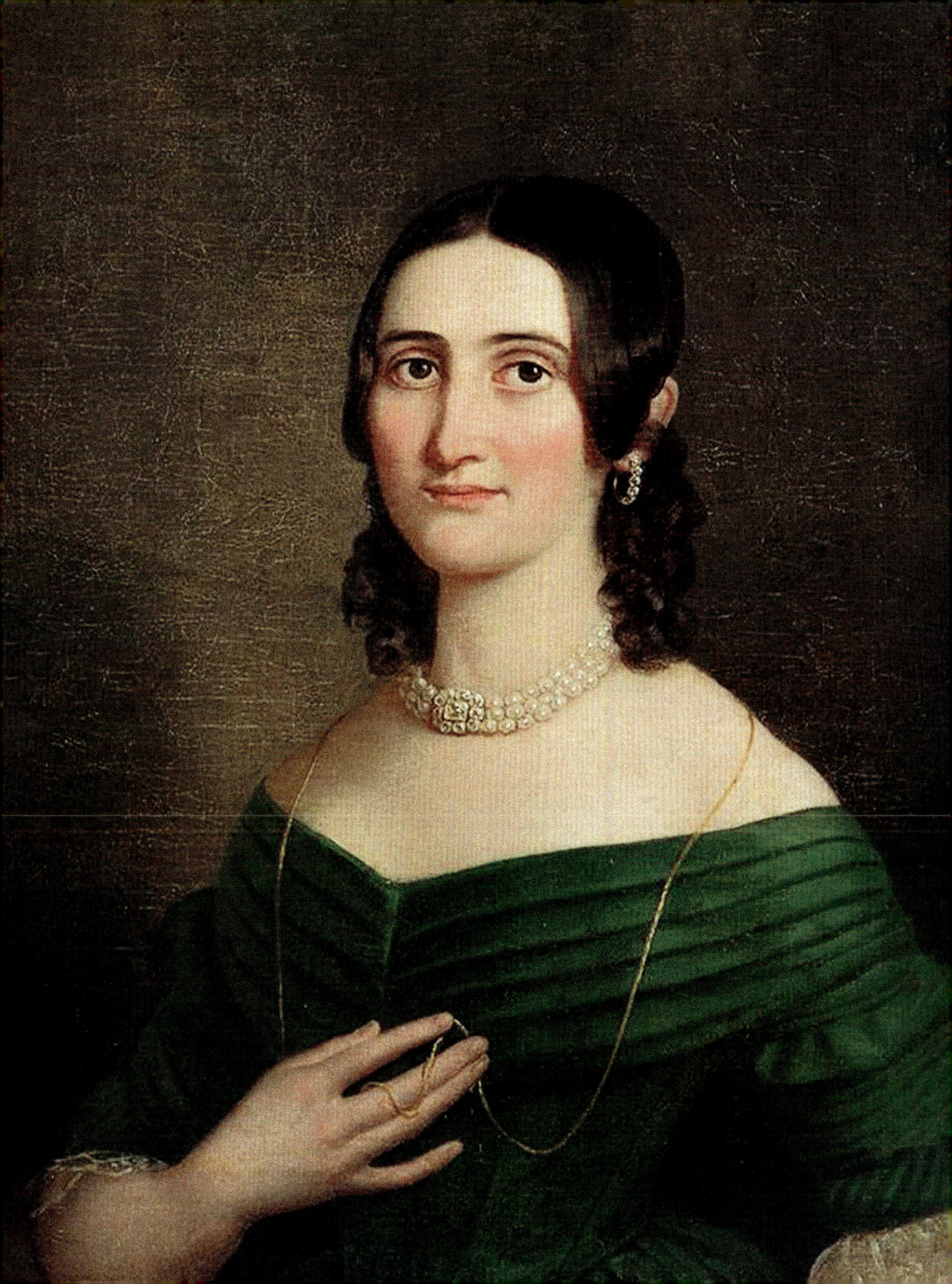

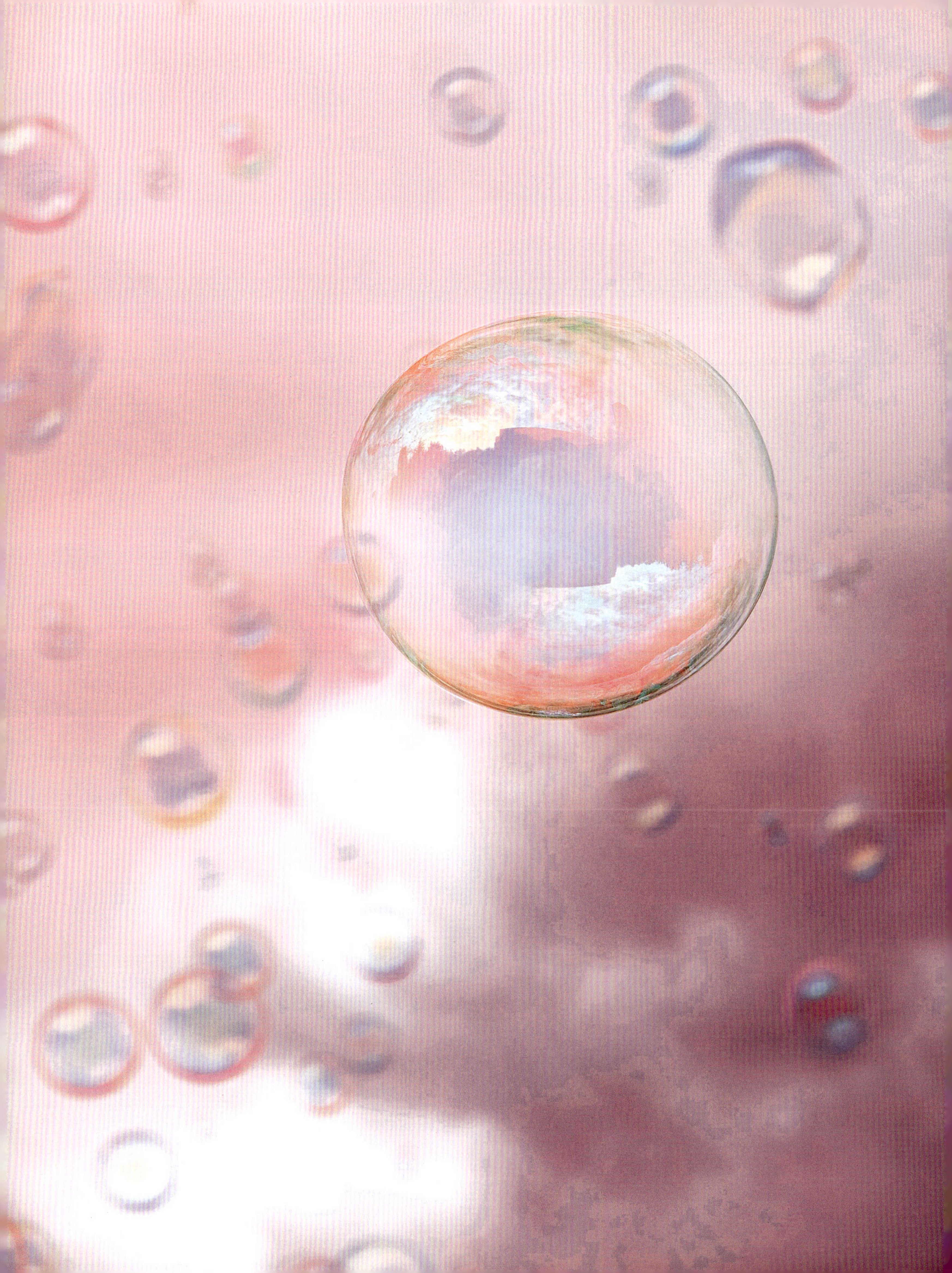

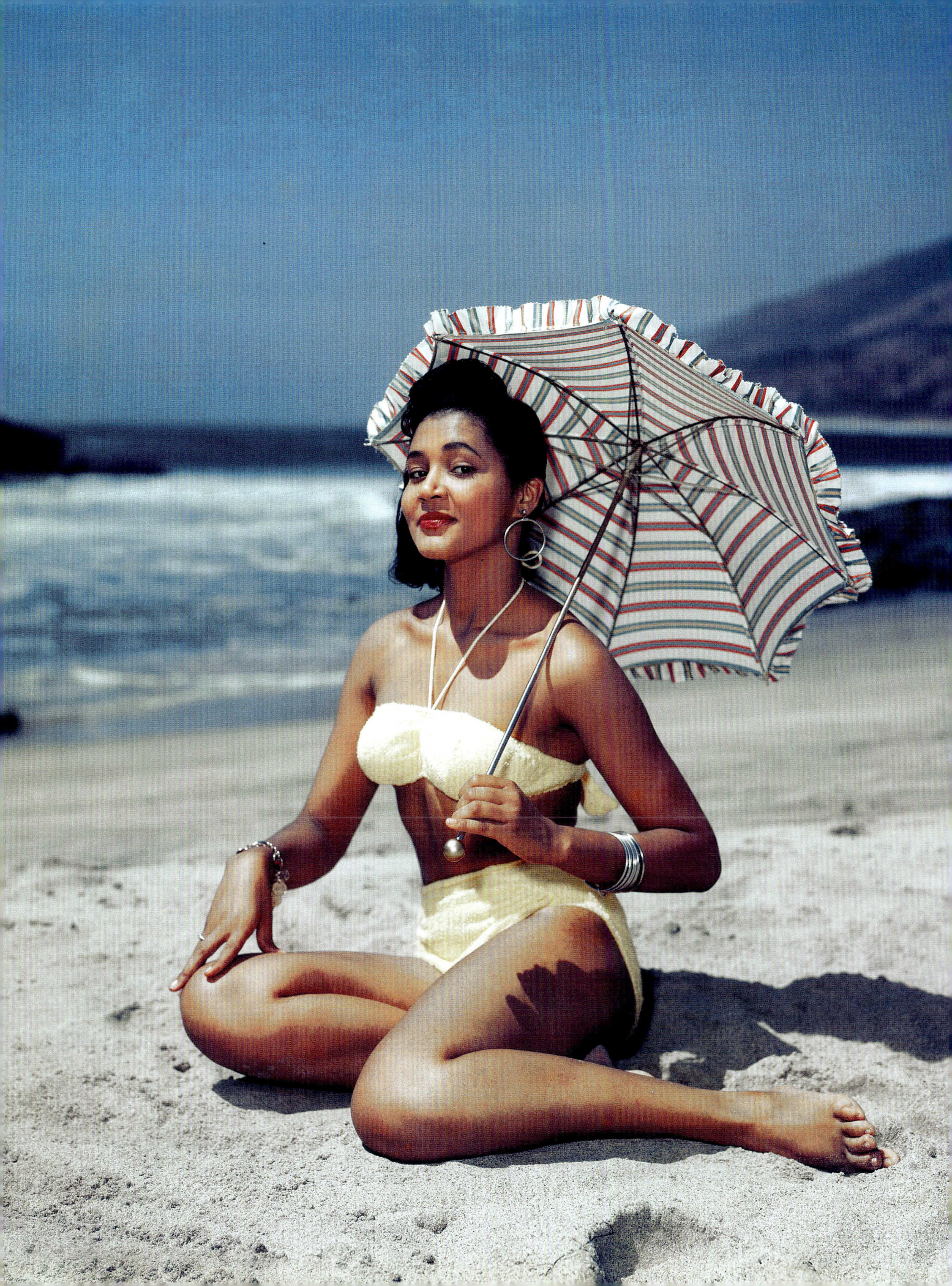

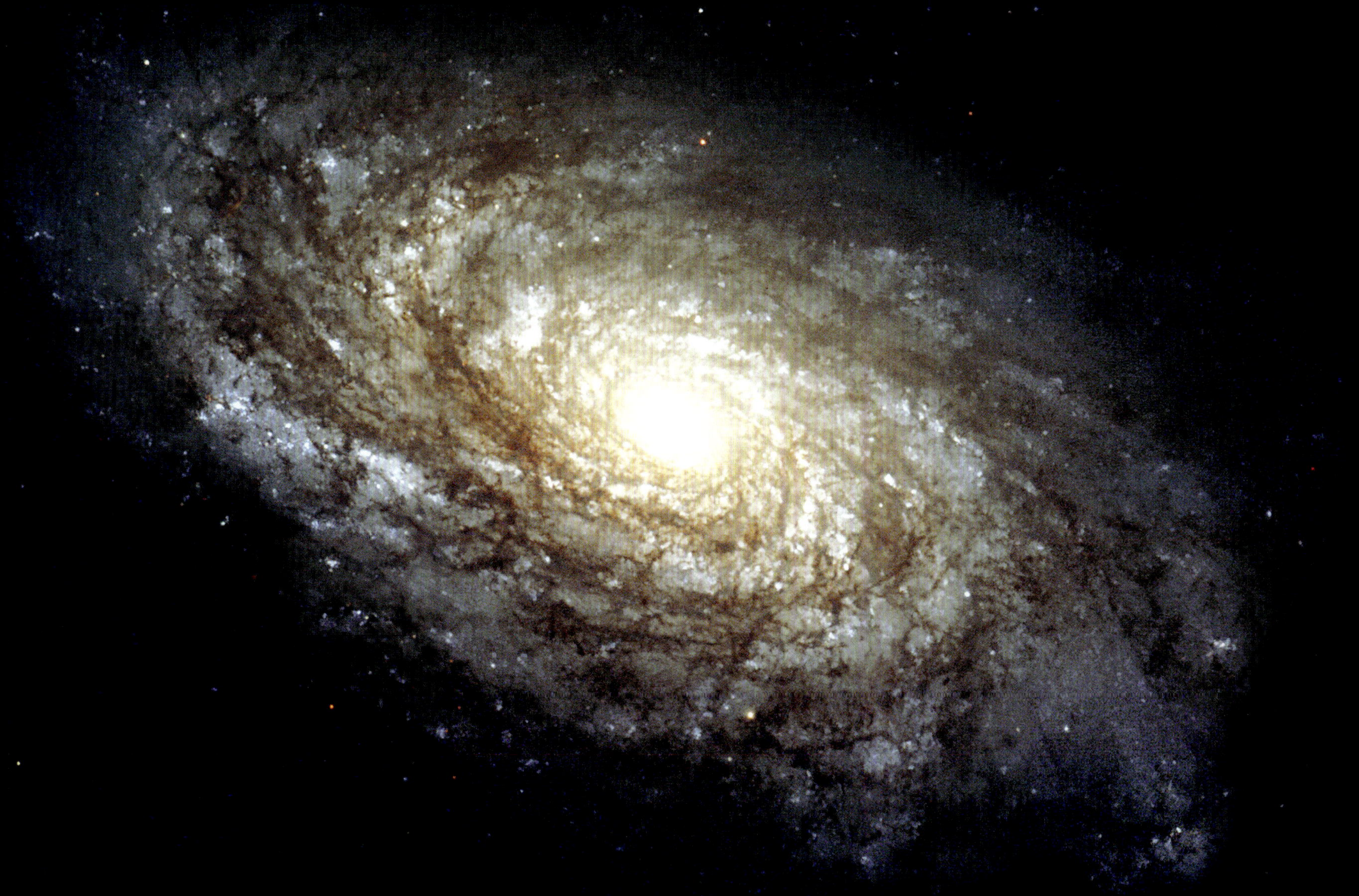

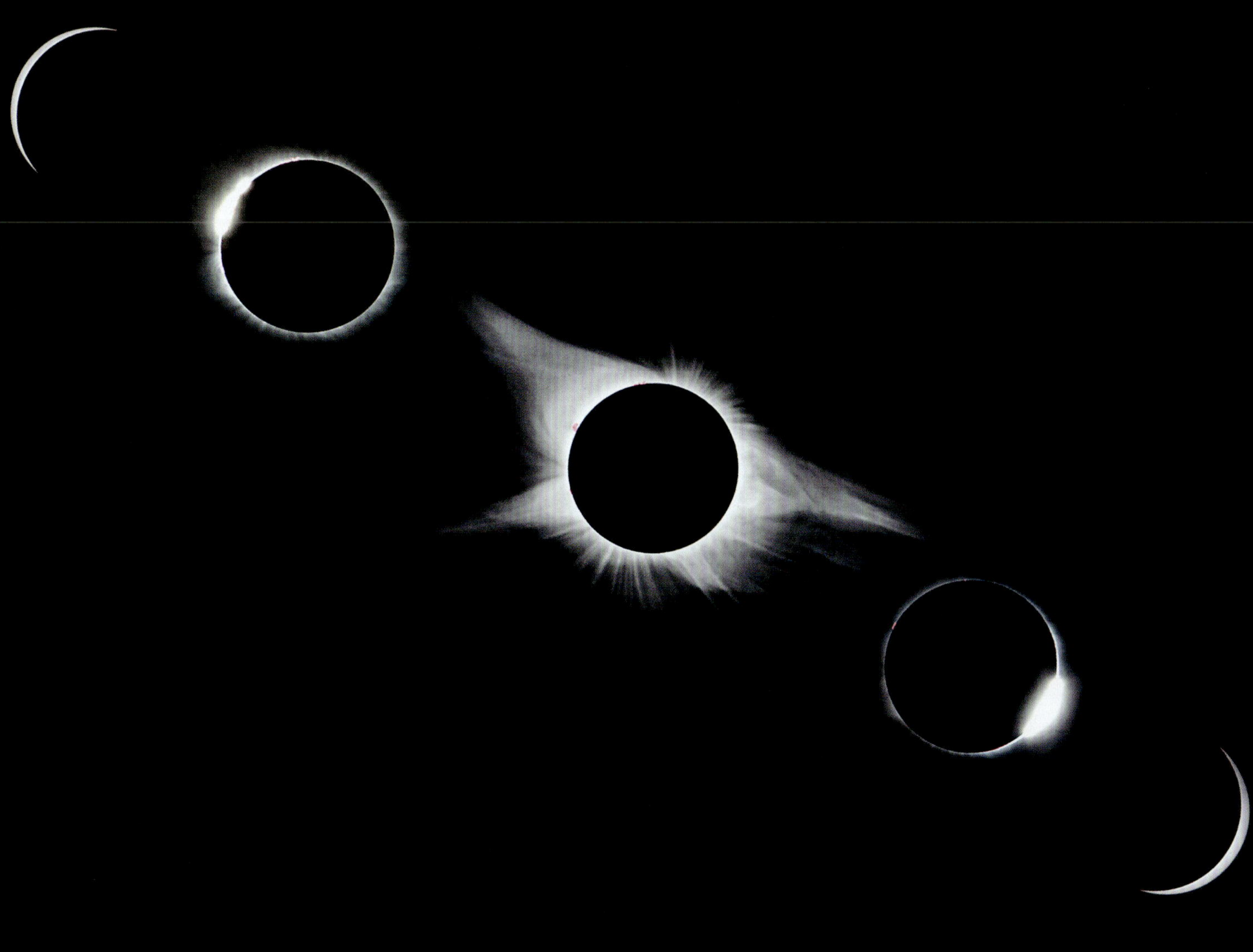

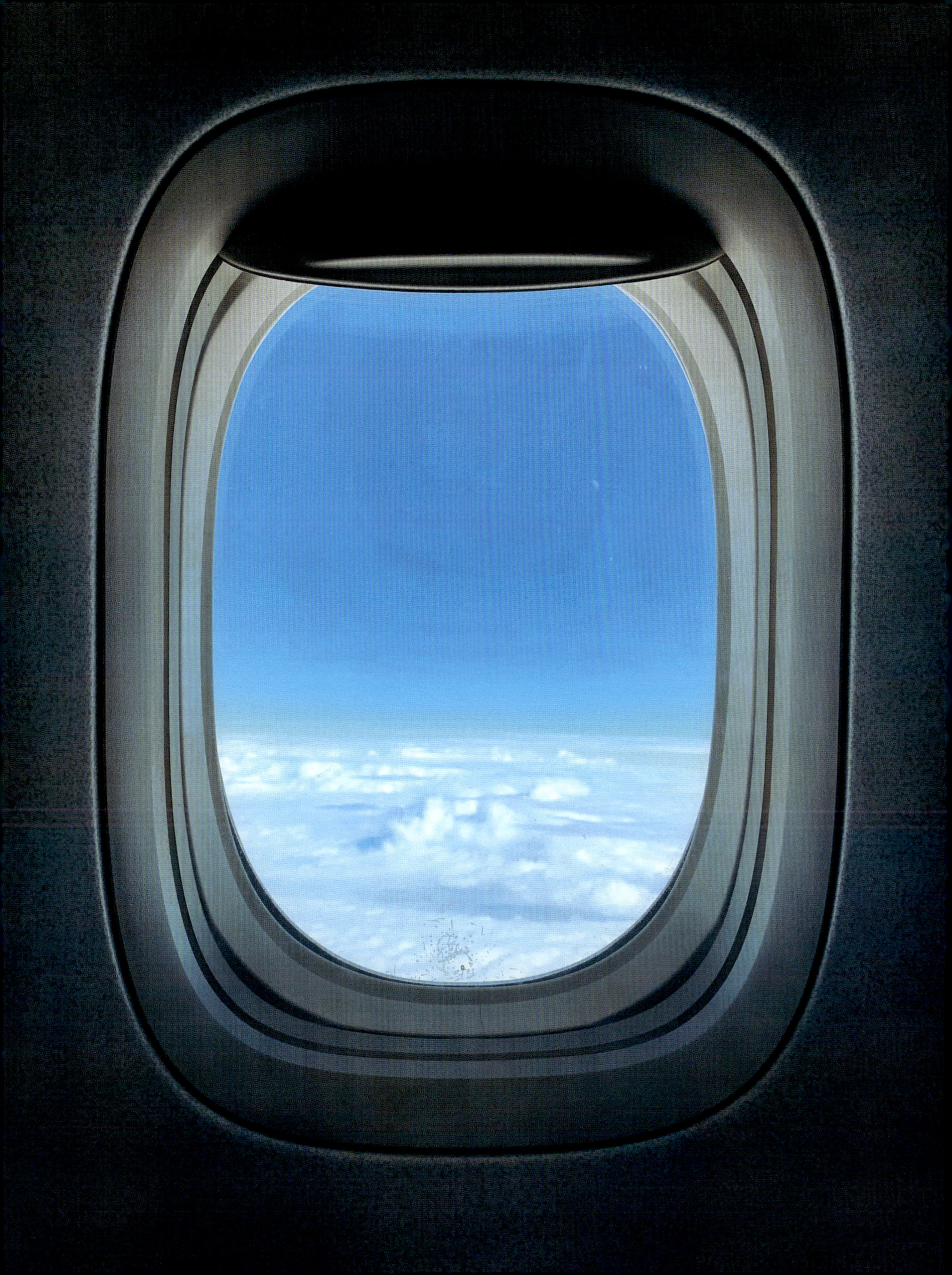

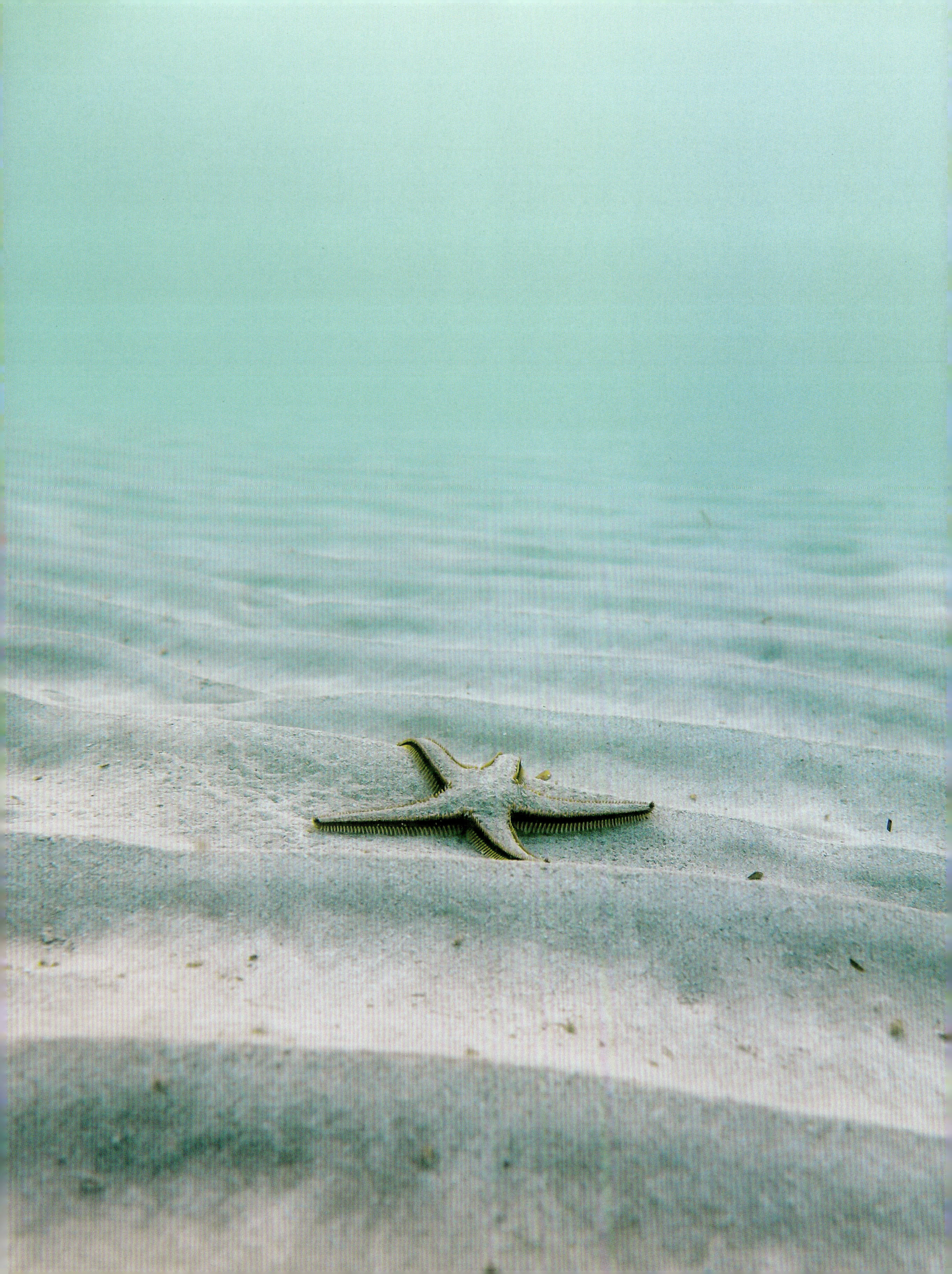

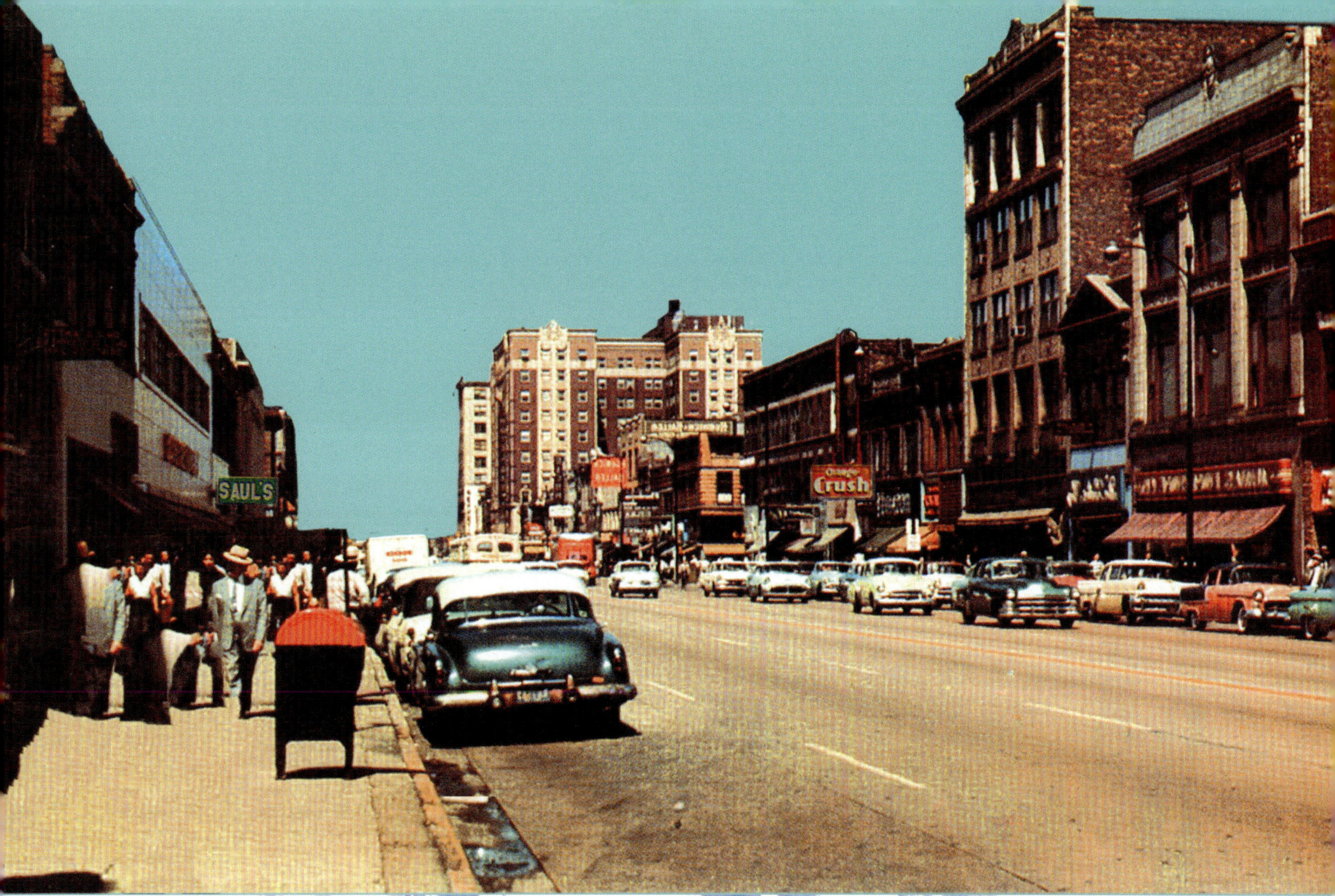
SAUL'S
Crush

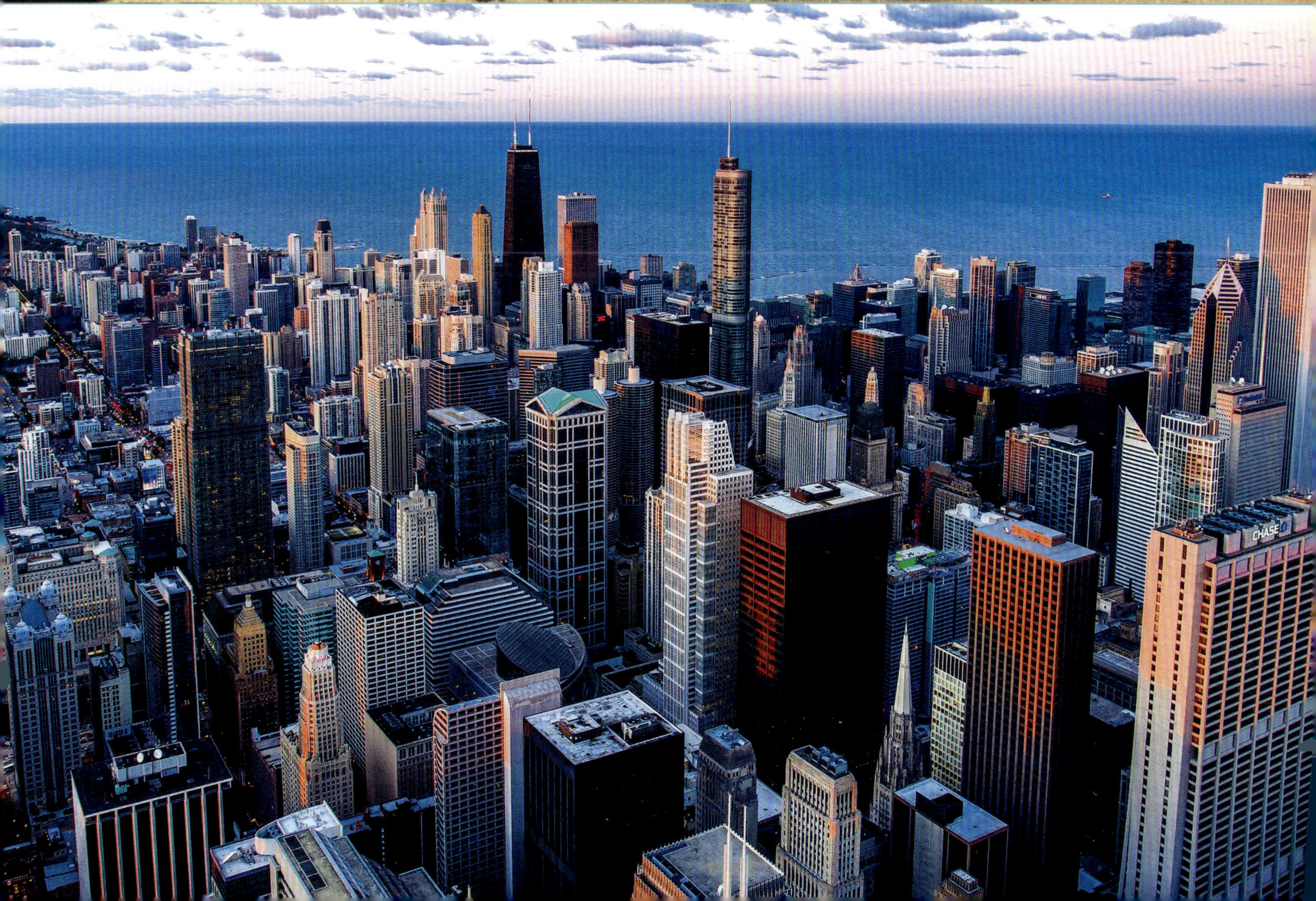
CHASE

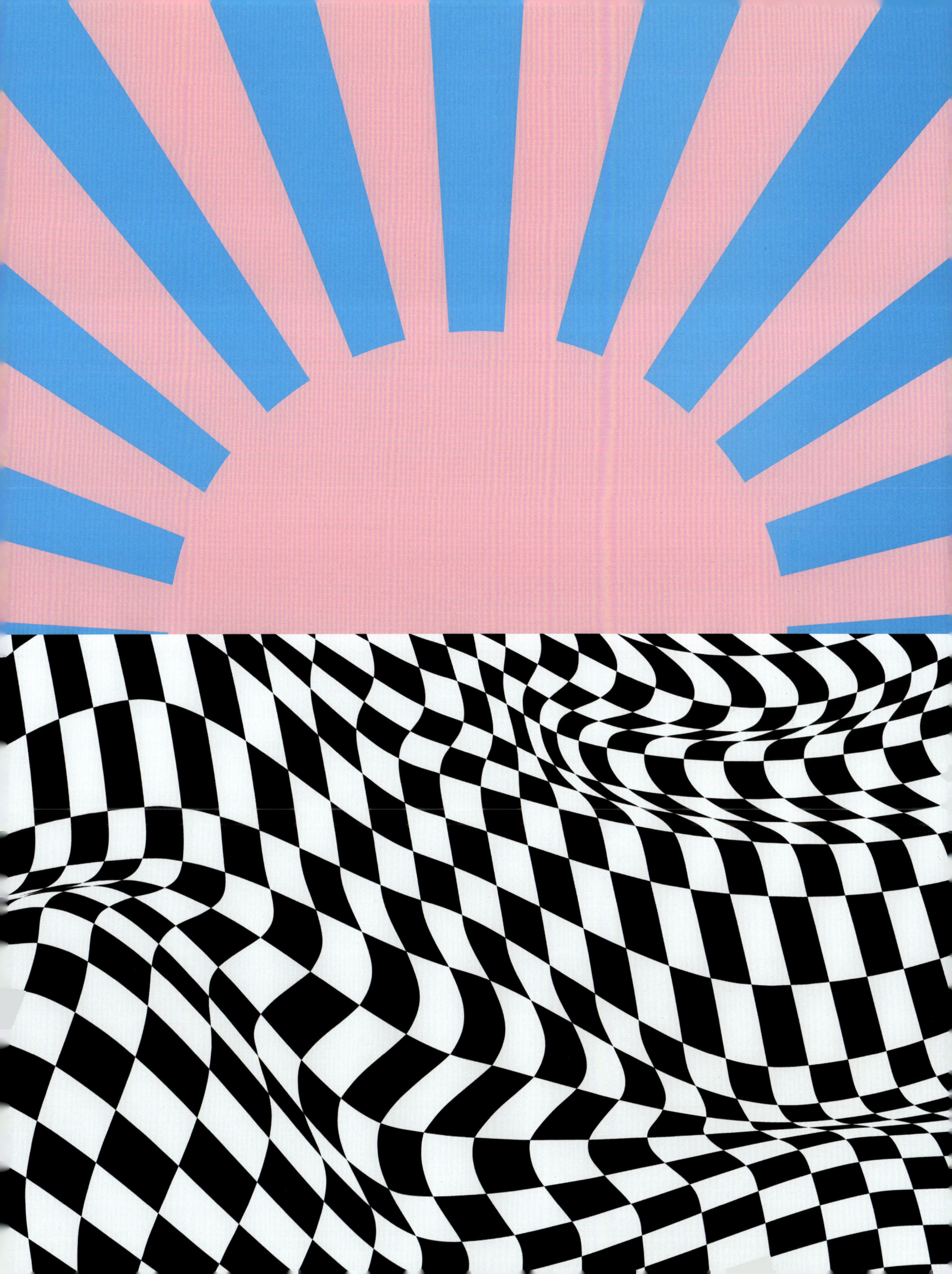

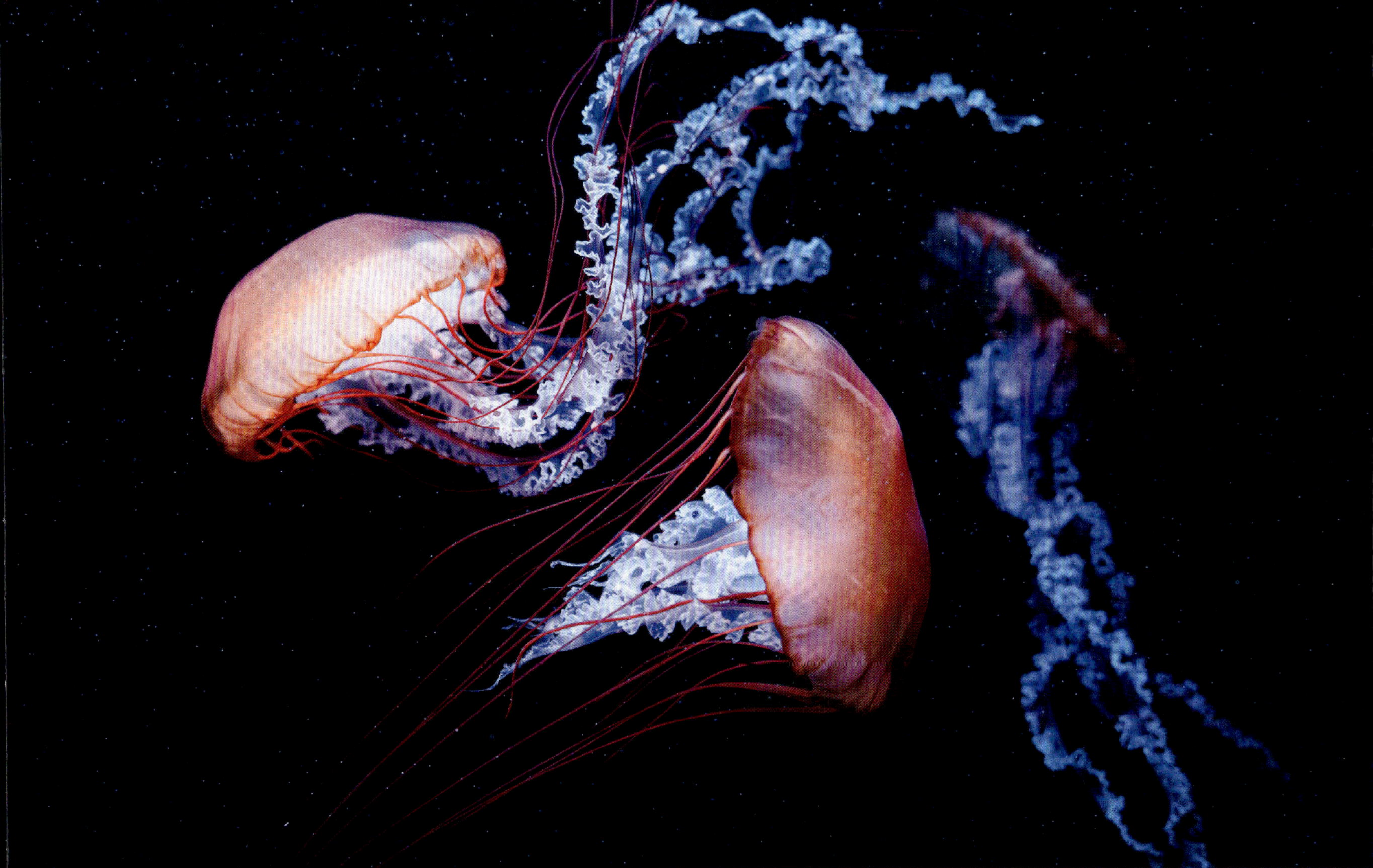

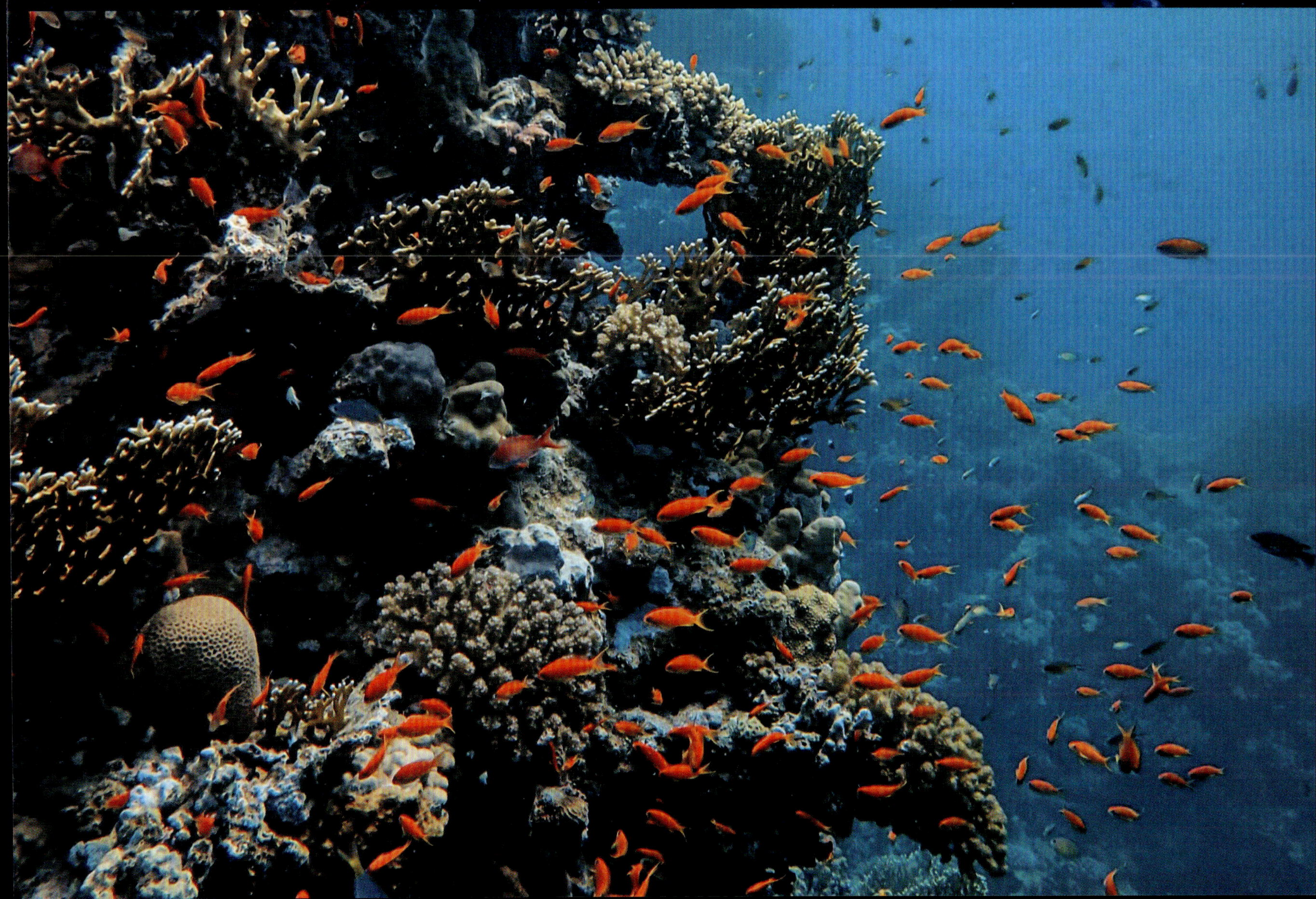

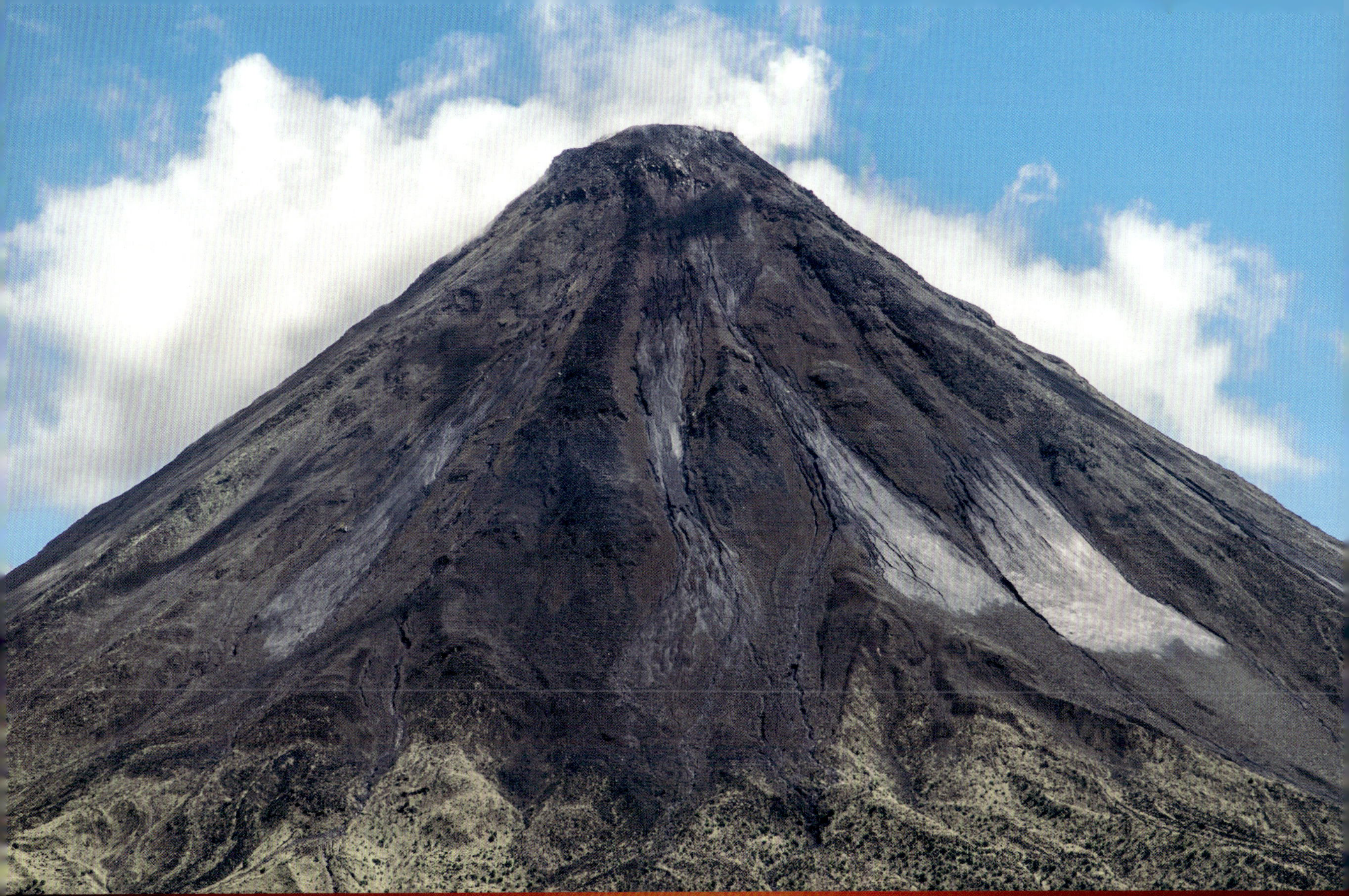
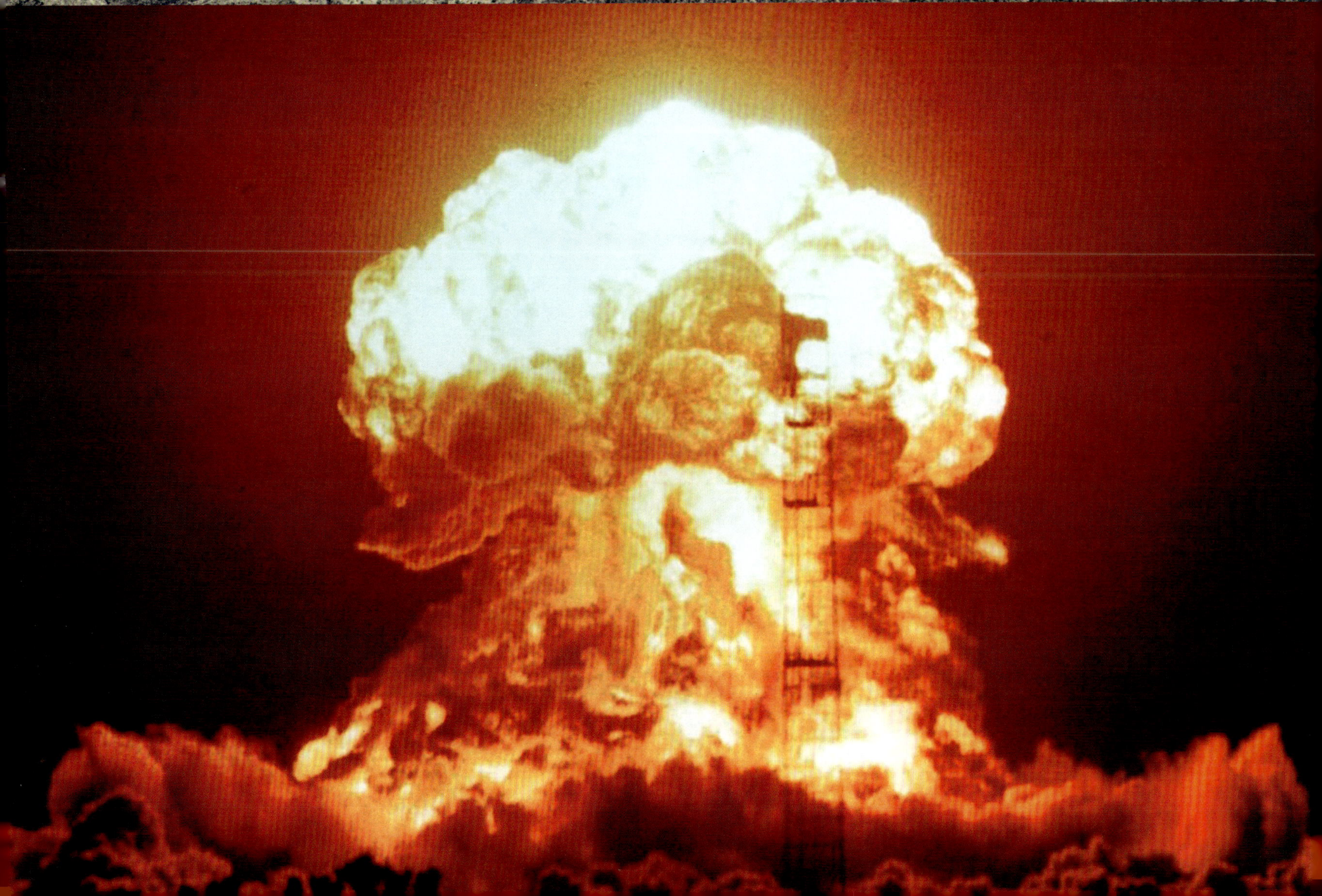

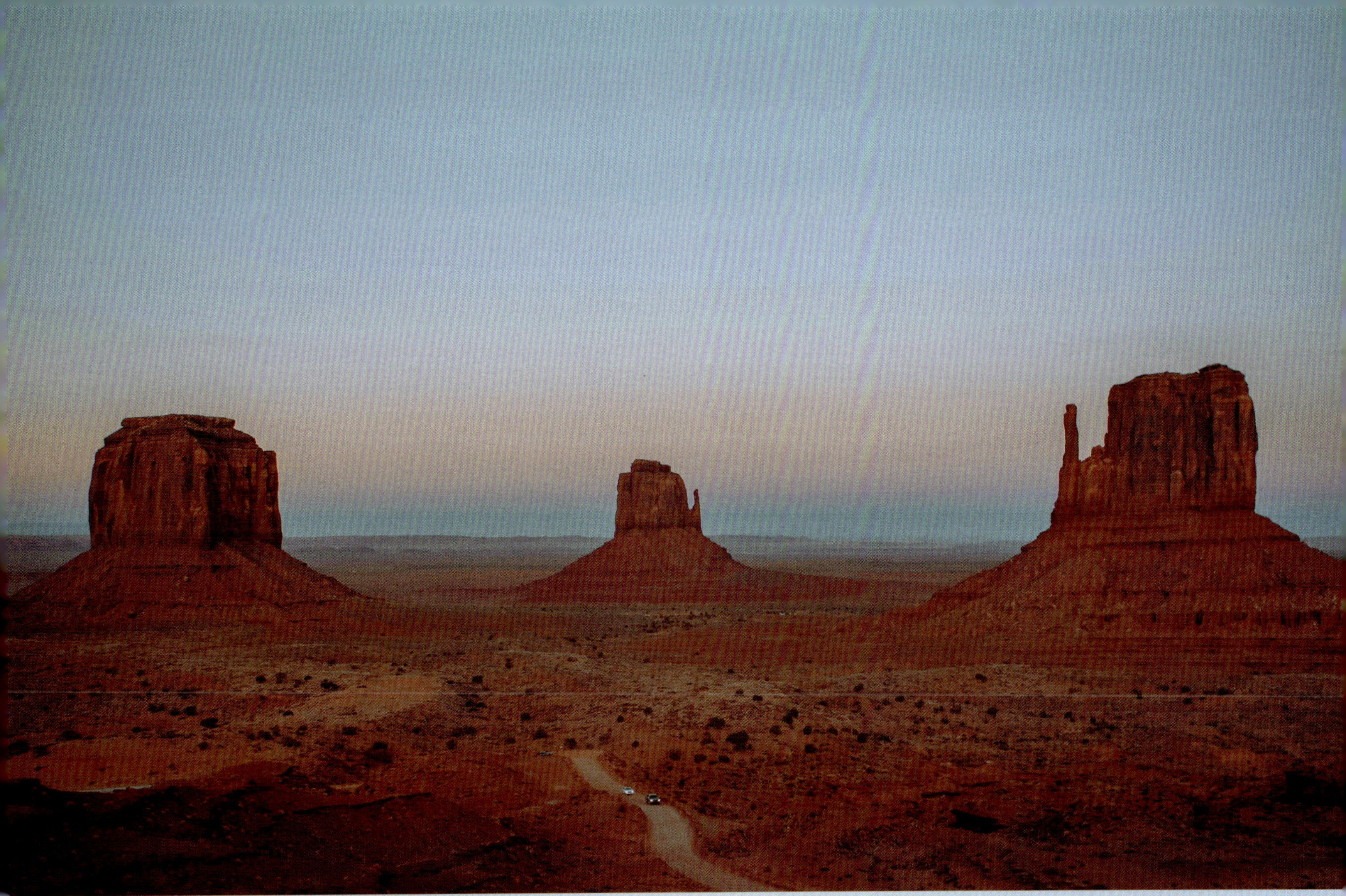

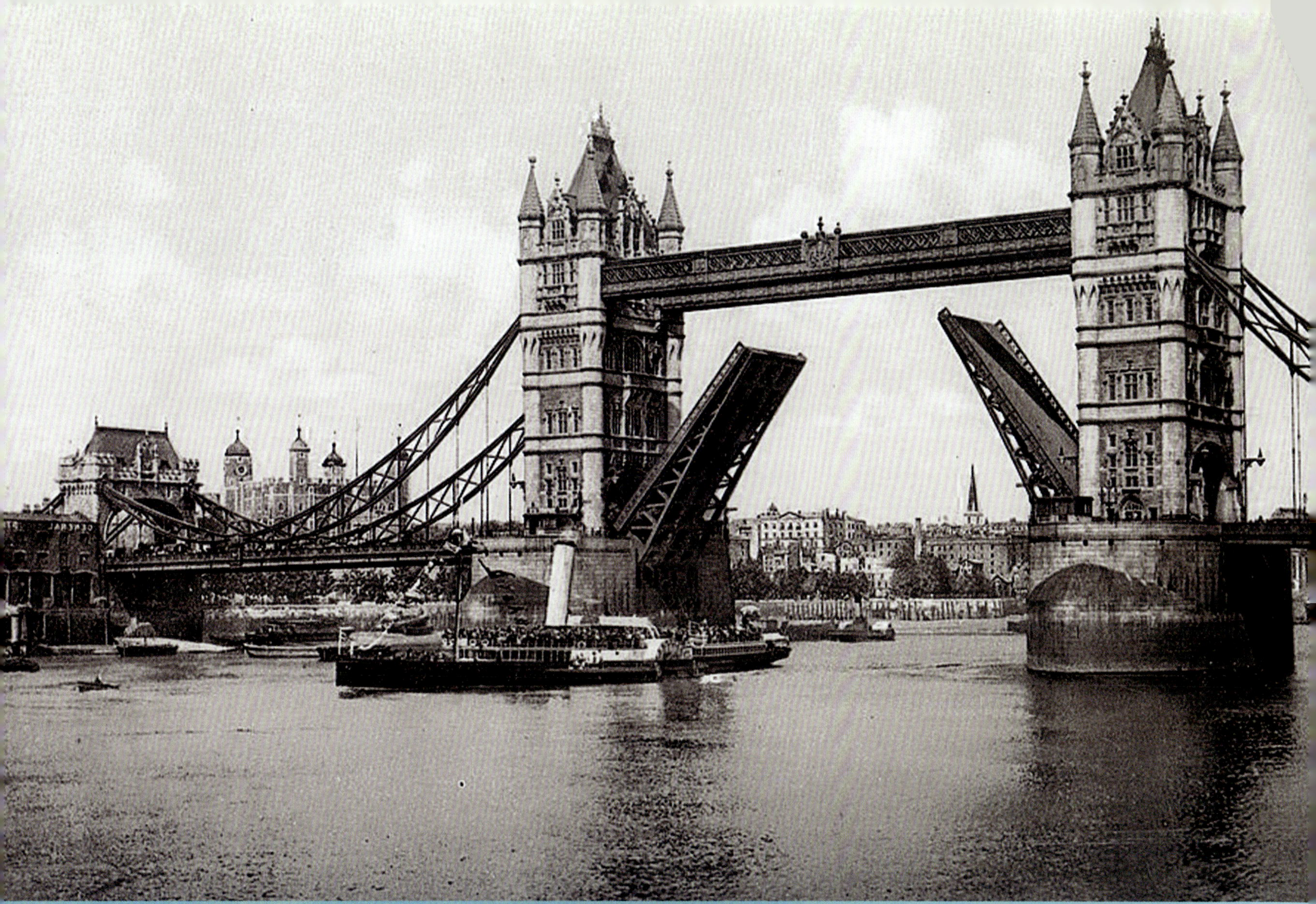

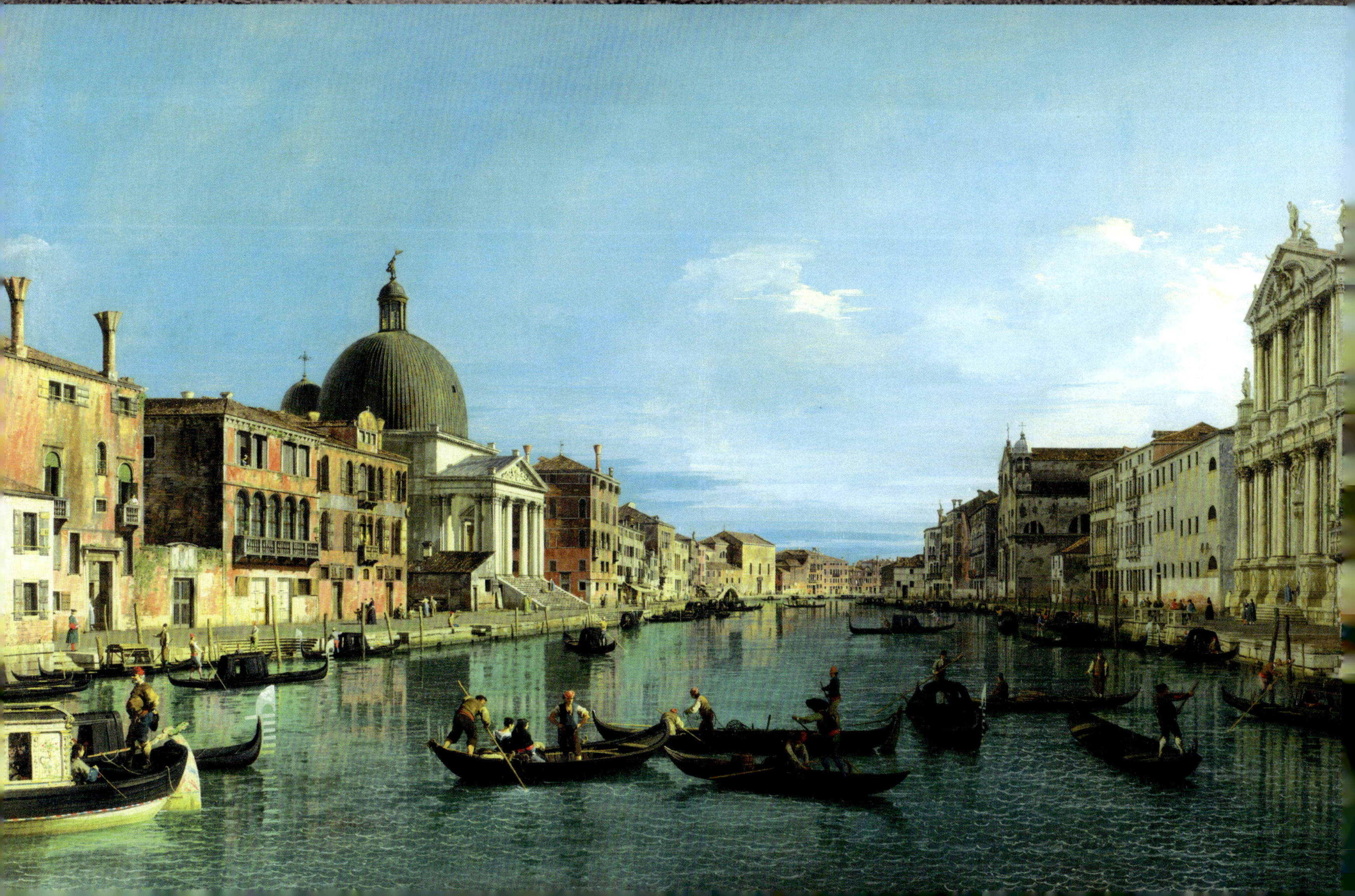

Bildnachweise

American Aviation Historical Society
Biodiversity Heritage Library
Camden Public Library
Europeana Collection
George Eastman Museum
Hemeroteca Municipal de Lisboa
Internet Archive Book Images
Library of Congress
LSE Library
Museum of Photographic Arts
NASA on The Commons
Nationaal Archief
National Library of Ireland on The Commons
National Museum of Denmark
National Science and Media Museum
New York Public Library
OSU Special Collections & Archives: Commons
Provincial Archives of Alberta
Smithsonian Institution
SMU Libraries Digital Collections
State Library and Archives of Florida
State Library of New South Wales
State Library of NSW
The Public Domain Review
The U.S. National Archives
The Wellcome Collection
Wikimedia Commons

Dank

Ein großes Dankeschön an Tina Persaud bei Laurence King, die mit dieser Projektidee zu mir kam und mich unterstützt hat.

Meiner Familie und meinen Freunden (von denen einige auf den Seiten dieses Buches zu finden sind) danke ich für ihre ansteckende Begeisterung und dafür, dass sie daran geglaubt haben, dass ich es schaffen kann – vor allem, wenn ich es nicht geschafft habe.

E, dem fürsorglichsten und solidesten Menschen, den ich kenne, danke ich dafür, dass du immer für mich da bist, mich auf meinem Weg anfeuerst und mich über Wasser hältst, wenn ich ertrinke. Du bist der Beste und ich liebe dich.

Dieses Buch ist für Saúl (und ein bisschen auch für David und die anderen Kinder, mit denen ich aufgewachsen bin).